データが読めると世界はこんなにおもしろい

データブック オブ・ザ・ワールド入門

データブック入門編集委員会 編

二宮書店

自然環境
世界の国々
人口・都市
農牧林水産業
エネルギー
鉱工業
交通・通信
貿易
企業・投資・経済協力
経済・生活・文化
環境問題
日本
国際機構

まえがき

『データブック オブ・ザ・ワールド』（以下，『データブック』）が今の形になったのは，1989年，平成元年からです。あれから32年の時を経て，令和元年の年の瀬に『データが読めると世界はこんなにおもしろい　～データブック オブ・ザ・ワールド入門』を世に送り出すこととなりました。

■ なぜ，今，「統計」なのか？　「データ」なのか？

われわれが日々見聞きする統計データは，その時代の情勢や動向を色濃く反映します。1989年版の『データブック』には「ソビエト」の文字がいたるところでみられました。ソビエト連邦が崩壊するのは1991年のことですので，当然のことです。東西ドイツが再統一したのは1990年，旧ユーゴスラビアが崩壊したのは1992年，当時の『データブック』を見返すと，「西ドイツ」や「東ドイツ」，「ユーゴスラビア」などの文字をみることができます。このように『データブック』は当時を知ることができる一級の資料となり得るのです。統計データは想像のものではありません。「事実」が反映されたものです。これを用いることで，各時代の地理情報を知ることができます。

しかし，『データブック』はあくまで「データベース」にしか過ぎません。使う人によって目的はさまざまで，開くページが異なります。ひょっとすると，一度も開かれていないページがあるかもしれません。統計データはただ眺めるだけでは意味がありません。その背後に存在する「景観」を読み解いていくところに面白さがあります。「景観」とは，さまざまな要素が関わり合って成り立つ「物語」のことです。統計データは「材料」で，その「材料」を組み合わせることによって，一つの「景観」ができあがります。本書では，『データブック』の統計データを引用して，「景観」をつくることを心がけました。特に「なぜ，この国が上位にあるんだろう？」，「この国の以前の統計はどうだったんだろう？」といった「なぜ」に着目して，丁寧に詳しく解説してあります。

■「統計データが読めると世界は面白い！」の第一歩

もちろん，統計は面白いのですが，それは面白く料理できる人がもつことのできる感覚です。点と点を繋げることのできる，ある程度の知識があってこその話です。『データブック』は使う人によって「面白い本」であったり，そうではなかったりします。

本書は「入門編」という位置づけです。『データブック』に掲載されているさまざまな統計データの背景知識を解説しました。つまり，『データブック』が非常に面白い本であることを理解するために，「こんな読み方をすれば良いんだ！」という指南書として役割を与えたのが，本書なのです。

2022年より高等学校において，「地理総合」という科目が新設され，必履修化されます。高校生の誰もが等しく地理を学ぶことになる，そんな時代がそこまで来ています。統計データの扱い方がこれまで以上に重要性をもつようになります。そういった時代に対応できるような視点をもてる，そんな一冊に仕上げました。本書を読み終えたとき，それまで頭の中で散らかっていた知識が連鎖して一つの「景観」ができあがっていることと思います。

ぜひ，最後までお付き合いください！

データブック入門編集委員会

本書中の図表にある以下の印は，『データブック オブ・ザ・ワールド2020』『地理統計要覧 2020』中の引用箇所を示しています。（『データブック 』の統計要覧編は，『地理統計要覧』と同一の内容です）

DB p.86⑨ — データブック・地理統計要覧のページと図表の番号

統計要覧 Vol.1
1961年刊行

データブック Vol.1
1989年刊行

『地理統計要覧』は発行から60年，『データブック』は32年。高等学校の地理学習で用いる定番の統計書として，多くの高等学校で採用され，大学入試問題においても本書から多数出題されています。

目　次

4 農牧・林・水産業

5 エネルギー

6 鉱工業

7 交通・通信

8 貿易

9 企業・投資・経済協力

10 経済・生活・文化

11 環境問題

12 日本

13 国際機構

◇数字は単位未満四捨五入(都市人口は単位未満切り捨て)。したがって構成比の合計が必ずしも100%にならない。また国により過去にさかのぼって数値が改訂される場合がある。

◇0＝単位未満…＝該当数なし・資料なし

出典表示
(世)……United Nations Statistical Yearbook ／ UNdata
(工)……〃 Industrial Commodity Statistical Yearbook 2016
(貿)……〃 International Trade Statistics Yearbook ／ UN Comtrade
(E)……〃 Energy Statistics Yearbook 2016 ／ UNdata
(F)……FAOSTAT (2019年7月ダウンロード)
(M)……USGS Minerals Yearbook
(鉄)……鉄鋼統計要覧 2018
(電)……電気事業便覧 2018
(財)……財務省 貿易統計 (2019年2月ダウンロード)
(界)……世界国勢図会 2019／20
(国)……日本国勢図会 2019／20
(理)……理科年表　2019

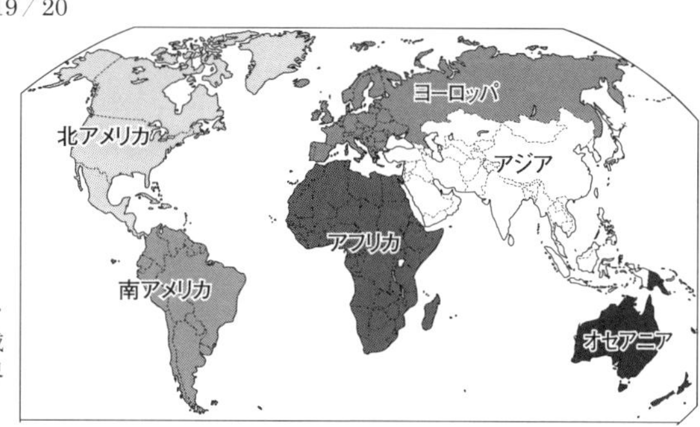

➡ 本書の地域区分
本書ならびに『データブック オブ・ザ・ワールド』では，国連の統計での地域区分にしたがって，右図のように世界の国や地域を区分しています。

データブック オブ・ザ・ワールド ▶ p.2-3

① 南北両半球の海陸分布

陸地は北半球，海洋は南半球に！

⬆1　世界地図(サンソン図法)
正積図法であるサンソン図法では，地球上のどの部分についても，その面積比率が地図上に正しく表示される。

➡2　緯度帯別の陸・海の面積とその割合

DB p.3①　　(理)

緯　度	陸地 %	海洋 %
北半球	**39.4**	**60.6**
90°～80°N	10	**90**
80°～70°	30	70
70°～60°	**71**	29
60°～50°	57	43
50°～40°	52	48
40°～30°	43	57
30°～20°	38	62
20°～10°	26	74
10°～　0°	23	77
0°～10°S	24	76
10°～20°	22	78
20°～30°	23	77
30°～40°	11	89
40°～50°	3	97
50°～60°	1	99
60°～70°	8	92
70°～80°	63	37
80°～90°	**89**	11
南半球	**18.4**	**81.6**
計	**28.9**	**71.1**

「地球は青かった」といったのは，ソビエト連邦(当時)の宇宙飛行士ユーリ・ガガーリン。1961年，初めて有人飛行に成功したときの言葉です。ほんとうは「空はひじょうに暗く，地球は青みがかっていた」といったそうで，水の惑星といわれる地球は，やはり青くみえたようです。地球上の陸地と海洋の面積の割合は29：71（およそ3：7)で，陸地より，断然，海洋の方が広いのです(**表2**)。

北半球と南半球の海陸分布の違い

地球の表面積は約5.1億km^2（4×π×6400km×6400km)，日本の陸地面積が38万km^2ですからおよそ1400個分。その地球に，どういうわけか，陸地は北半球に，海洋は南半球に偏っています。しかし，陸地が偏っている北半球でも，陸地と海洋の面積の割合は39：61と，陸地より海洋の方が1.5倍も広いのです。一方，南半球の陸地と海洋の割合は18：82で，海洋が陸地の約4倍，南半球の8割以上が海洋ということになります。

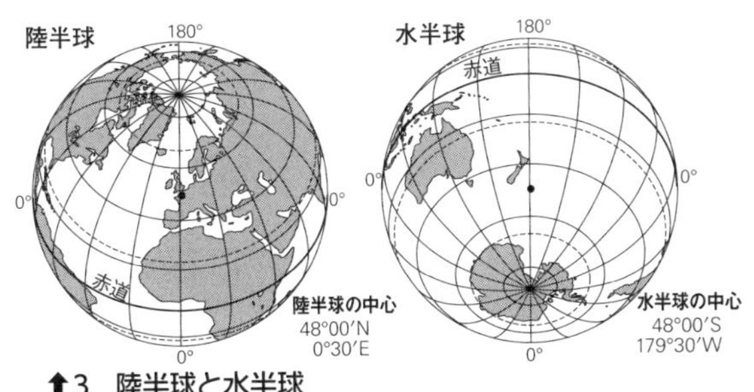

⬆3　陸半球と水半球

DB p.2①

	陸地	海洋
陸半球	1.2億 km^2（49%）	1.3億 km^2（51%）
水半球	0.2億 km^2（10%）	2.3億 km^2（90%）

⬆4　陸半球と水半球の面積

次に，気候を比較してみましょう。北半球には，北緯40度以北にケッペンの気候区分（→p.12「大陸別の気候区割合」）でいう寒冷な**亜寒帯**（冷帯）があるのに対し，南半球にないのはどうしてでしょう。まず，水は，温まりにくく冷めにくいという性質をもっています。そのため，海洋の近くは湿潤で気温の変動が少ない**海洋性気候**になり，内陸にいくほど寒暖差の激しい**大陸性気候**になります。つまり，寒さの厳しい亜寒帯は海洋から離れた内陸にいくほど多くなり，さらに，北緯40～70度の間は，海洋より陸地の方が広いため，大陸性気候が強くなり，亜寒帯も広くなるのです。

一方，南半球では，海洋より陸地の割合が大きくなるのは，南極大陸のある南緯70度以南だけで，そのほかは海洋の方が圧倒的に大きくなっています。そのため，夏の気温も北半球のように高くはならず，冬も北半球ほど寒くはなりません。もともと陸地部分が少ないこともあり，南半球には亜寒帯がないのです。

陸半球，水半球って何？

北半球と南半球という区分のほかに，陸半球と水半球という分け方もあります。それをあらわしたのが**図3**です。ある一点を中心に地球をみて，陸地面積の占める割合が最も大きくなるのが**陸半球**，逆に，海洋面積の占める割合が最大になるのが**水半球**です。その，ある一点は，陸半球ではフランスのパリの南西付近，水半球ではニュージーランドのアンティポディーズ諸島付近です。

表4からわかるように，水半球の陸地と海洋の面積比率は1対9で，水半球のほとんどは海洋です。一方，陸半球には，オーストラリア大陸と南極大陸を除いた大部分の陸地が含まれていて，**図3**をみても，陸地の方が広いようにみえるのですが，面積比率は陸地49対海洋51と，やはり海洋の方が広いのです。このことからも，地球は水の惑星といってもまちがいありません。

データブック オブ・ザ・ワールド ▶ p.4

② 大陸の高度別面積

世界平均より高いのはアジアと南極だけ！

DB p.4❷

理科年表1958

高度(m) ＼ 大陸	アジア（カフカスを含む）	ヨーロッパ（カフカスを除く）	アフリカ	北アメリカ	南アメリカ	オーストラリア（ニューギニアなどを含む）	南極	全大陸
200 未満	24.6	**52.7**	9.7	29.9	**38.2**	39.3	6.4	25.3
200〜 500	20.2	21.2	**38.9**	**30.7**	29.8	**41.6**	2.8	**26.8**
500〜1,000	**25.9**	15.2	28.2	12.0	19.2	16.9	5.0	19.4
1,000〜2,000	18.0	5.0	19.5	16.6	5.6	2.2	22.0	15.2
2,000〜3,000	5.2	2.0	2.7	9.1	2.2	0.0	**37.6**	7.5
3,000〜4,000	2.0	0.0	1.0	1.7	2.8	0.0	26.2	3.9
4,000〜5,000	4.1	0.0	0.0	0.0	2.2	0.0	0.0	1.5
5,000 以上	1.1	−	0.0	0.0	0.0	−	−	0.4
平均高度	**960**	**340**	**750**	**720**	**590**	**340**	**2200**	**875**

(注) 数値は原典のまま。一部の構成比計は100%にならない。

⬅**1　大陸の高度別面積割合**（%）

世界の七大陸について，**表1**を使って，**高度別面積割合**をみていきます。七大陸の平均高度は875mで，これより高いのはアジア大陸の960mと南極大陸の2200mだけです。高峻（こうしゅん）な山地が連なるアジア大陸や北アメリカ大陸，南アメリカ大陸，そして南極大陸は高度2000m以上の割合が高くなっています。

世界で最も平均高度が高いのは南極大陸

南極大陸は，高度1000m以上の割合が85.8%，2000m以上の割合だけでも63.8%と高度の高い地域の占める割合が非常に高い大陸です。

図2は南極大陸の断面を表したもので，西経90度付近には環太平洋造山帯が走っているため険しい山脈がありますが，岩盤構造からみれば，決して山脈や山地の多い大陸ではありません。南極大陸は緯度が高く，太陽エネルギーの到達量が極端に少なく寒冷なため，大陸氷河が発達しています。南極大陸の平均高度はその氷河までも含んだ数値となるのです。

アフリカ大陸は高原状の大陸

ほとんどの地図帳では，高度200m未満の低平な地域を緑色で表示しています。手元の地図帳を開いて確認してみてください。アフリカ大陸には緑色（200m未満）の地域が少ないことがわかります。当然のことで，分厚い大陸氷河におおわれた

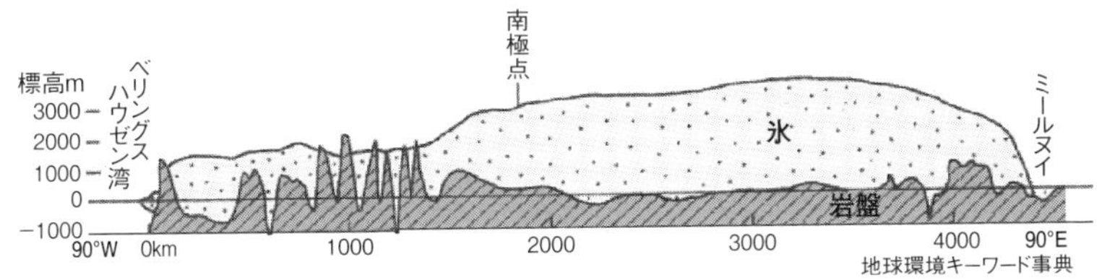

⬆2 南極大陸断面図

南極大陸を除けば，アフリカ大陸は高度200m未満の割合が10%に満たないただ一つの大陸です。あとは，200 ～ 1000mの地域がおよそ7割，1000 ～ 2000mの地域がおよそ2割と，大陸全体が高原のようになっています。つまり，アフリカ大陸は全体的に**高原状**の大陸で，海岸線付近まで高原が迫っているのです。

そのため，例えば，大陸を東西に流れるコンゴ川とザンベジ川は下流域が急流になっていて，ところどころに滝があります。そんな地形の高低差を利用して，モザンビーク海峡に流れ出るザンベジ川には，世界最大の流量を誇る**カリバダム**が建設されています。

ヨーロッパとオーストラリア大陸はほぼ真っ平ら

ヨーロッパ大陸は，スペインやイタリア，ギリシャの一部を除いてほとんどが北緯40度以北にあり，特に北緯50度以北は**氷河の侵食作用**を受けているため，非常に低平な平野が広がっています。

高度別面積の割合でも，200m未満が5割をこえています。さらに，一年を通じて降水量に大きな変化がないため，河川の水位が安定していて，ライン川やドナウ川など，流れのゆるやかな河川が多いことから，古くから水運交通が発達してきました。例えば，ライン川河口の港町ユーロポート（ロッテルダム港）は，約900km上流のスイスのバーゼルまで大型船が航行できるため，ヨーロッパ最大の貿易港になっています。ヨーロッパの河川はゆったりとして，流れの険しい日本の河川とは大きくようすが違っています。

一方，オーストラリア大陸には，東部の沿岸を南北に走るグレートディヴァイディング山脈を除いては大きな山脈がなく，中央部も大砂漠や大盆地が広がっていて，高度1000m以上の地域も2.2%とごくわずかで，非常に低平な大陸になっています。

データブック オブ・ザ・ワールド ▶ p.9

③ 大陸別の気候区割合

最も広い気候区は乾燥帯！

DB p.9 ①

	区分	陸地全域		ユーラシア	アフリカ	北アメリカ	南アメリカ	オーストラリア	南極大陸
		百万km²	%	%	%	%	%	%	%
熱帯雨林気候	Af	14.0	9.4	3.5	19.8	2.8	26.9	7.9	…
サバナ気候	Aw	15.7	10.5	3.9	18.8	2.4	**36.5**	9.0	…
ステップ気候	BS	21.2	14.3	15.9	21.5	10.7	6.7	25.8	…
砂漠気候	BW	17.9	12.0	10.2	**25.2**	3.7	7.3	**31.4**	…
地中海性気候	Cs	2.5	1.7	2.2	1.3	0.8	0.3	7.9	…
温帯冬季少雨気候	Cw	11.3	7.5	9.6	13.1	2.0	6.7	6.8	…
温暖湿潤／西岸海洋性気候	Cf	9.3	6.2	5.7	0.3	10.7	14.0	11.2	…
冷帯湿潤気候	Df	**24.5**	**16.5**	**25.8**	…	**43.4**	…	…	…
冷帯冬季少雨気候	Dw	7.2	4.8	13.4	…	…	…	…	…
ツンドラ気候	ET	10.3	6.4	9.8	…	17.3	1.6	…	3.6
氷雪気候	EF	15.0	10.7	…	…	6.2	…	…	**96.4**

⬆1 大陸別の気候区の割合　H.Wagner

高校の授業に出てくる気候区分をつくったのはケッペン(W. Köppen)です。ロシア生まれですがドイツ人の気候学者で，20世紀初頭のことでした。植物の分布と気候の関係に注目して，**表2**のように世界の気候を区分しています。この**ケッペンの気候区分**によれば，熱帯(A)，乾燥帯(B)，温帯(C)，亜寒帯(D)，寒帯(E)のうち，地球の陸地に最も広く分布する気候区は，意外にも**乾燥帯**で，陸地全域の26.3%を占めています(**表1**)。

各気候区のなりたち

気候を最も大きく左右するのは太陽エネルギーで，その到達量が一番多いのが低緯度地域です。そのため赤道周辺では気温が高くなり，温められた空気は軽くなって上昇気流が生まれ，大量の雲をつくって大量の雨を降らせます。こうした地域では，気温が高く雨が多いという特徴をもっています。一方，赤道付近で上昇した大気は，上空を南北それぞれ高緯度側に移動して南北両回帰線付近に集まります。すると大気の密度が高くなって重くなり，下降気流が生まれます。そのため，回帰線付近では一年を通じて大気が乾燥した気候になっています。

ある地点がケッペンの気候区分のどの気候帯にあてはまるかは，その地点の月平均気温や月降水量をもとに判定していくことになります。樹木が生育するためには，1年で最も暖かい月の平均気温が10℃以上必要ですし，ある程度の降水も必要です。こうして**表2**のように，各気候帯には条件式が設定されています。

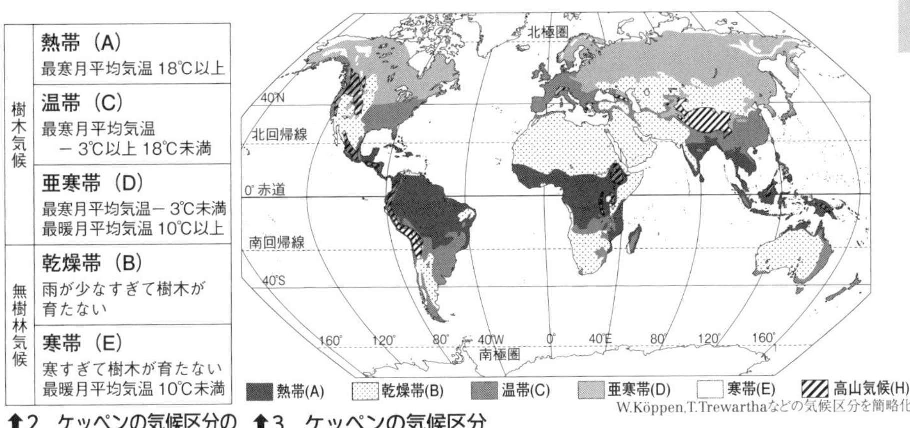

	気候帯	条件
樹木気候	**熱帯（A）**	最寒月平均気温 18℃以上
	温帯（C）	最寒月平均気温 －3℃以上 18℃未満
	亜寒帯（D）	最寒月平均気温－3℃未満 最暖月平均気温 10℃以上
無樹林気候	**乾燥帯（B）**	雨が少なすぎて樹木が育たない
	寒帯（E）	寒すぎて樹木が育たない 最暖月平均気温 10℃未満

⬆2　ケッペンの気候区分の条件式　⬆3　ケッペンの気候区分

ど真ん中を赤道が走るアフリカ大陸

図3のケッペンの気候区分図で，アフリカ大陸の気候分布をみてみましょう。大陸のほぼ真ん中を赤道が通過しています。そのため，アフリカ大陸の気候は，赤道を中心に，南北対照的に同じ気候区が分布するという特徴をもっています。

地形的にみると，全般的に高原状です。気候が緯度に平行しているのは，全体に凹凸のない地形になっているためです（→p.10「アフリカ大陸は高原状の大陸」）。また，アフリカ大陸は北緯35度から南緯35度の間に，全体がほぼすっぽりとおさまっていて，高緯度まで広がっていません。そのため**亜寒帯**がなく（→p.9「北半球と南半球の海陸分布の違い」），温帯の割合も小さいため，熱帯と乾燥帯で全体の85%を占めているのです。

南アメリカ大陸では熱帯，オーストラリア大陸では乾燥帯

南アメリカ大陸は北部のエクアドル（ecuador，スペイン語で赤道のこと）を赤道が，中央部を南回帰線がそれぞれ通過しています。回帰線とは太陽の真下となる地域の北限と南限にあたり，その南北両回帰線の間にあるのが**熱帯**です。南アメリカ大陸の半分以上は南回帰線よりも低緯度にあるため，熱帯の割合がおよそ6割とほかの大陸と比べて最も高くなっています。

一方，オーストラリア大陸も中央部を南回帰線が通っていて，その周辺では亜熱帯高圧帯の影響を強く受けています。そのため一年を通じて発生する下降気流によって**乾燥帯**が広がり，その割合は6割近くを占めています。全大陸のなかでも最も高い割合になっています。

データブック オブ·ザ·ワールド ▶ p.18-25

① 独立国と世界の地域区分

世界には197の独立国がある！

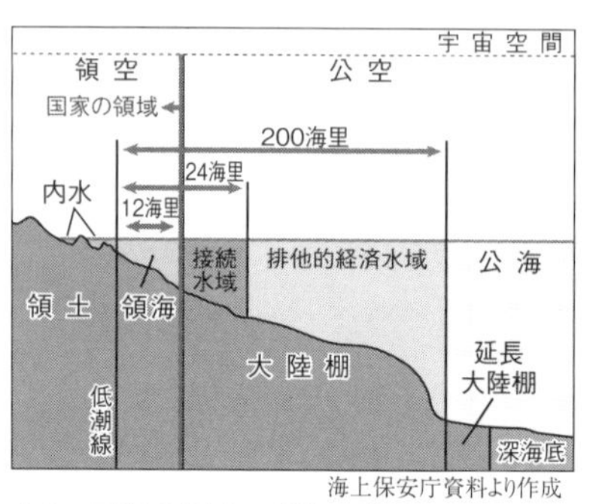

海上保安庁資料より作成

⬆1　国家の領土，領海，領空

⬆2　世界の大州別の地域区分の一例

2019年現在，世界には日本を含めて197か国の独立国があります。そのうち，国連に加盟しているのはバチカン，コソボ，クック諸島，ニウエを除いた193か国で，日本が独立国として承認しているのは朝鮮民主主義人民共和国（北朝鮮）を除いた195か国です。

独立国って何，その要件は？

独立国とは，国民，主権，領域（領土，領海，領空）の三つを保持している国のことで，**国家**には，まず，そこで生活する国民がいて，経済活動を続ける領域としての領土，領海，領空が必要です。

図1でその範囲を確認してみましょう。**領土**は，主権のおよぶ範囲，国土のことで，国民の多くはそこで暮らしています。**領海**は，低潮線から12海里（およそ22km）までの海域です。1海里とは，「地球上の緯度1分の距離」のこと（60分で1度）で，1852m（＝全周40000km÷360度÷60）です。**領空**は領土と領海の上空の領域で，これには宇宙空間は含まれません。これらの領域内で主権を保持しているのが独立国です。

主権は，大きく，内政権と外交権の二つに分けられます。国家の要件について，1934年発効の「国家の権利及び義務に関する条約（モンテビデオ条約）」は第1条で，永久的住民，明確な領域，政府，他国と関係を取り結ぶ能力，の四つを定めています。

ヨーロッパはどこまで？

世界を大州別に区分するときは，アジア，アフリカ，ヨーロッパ，北アメリカ，南アメリカ，オセアニアの6地域に分類します。『データブック』および本書では，特にことわりのない場合は，この区分にしたがっています(→p.7「本書の地域区分」)。

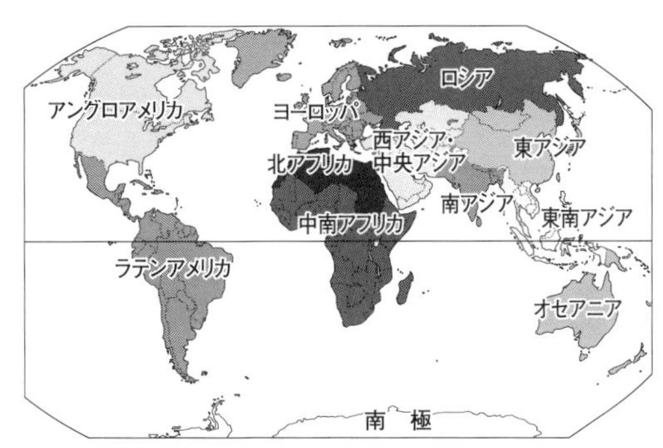

⬆3 世界の文化的特徴による地域区分

一方，大州区分には，ユーラシア大陸をヨーロッパとアジアに分ける場合もあります(**図2**)。二つの地域の境界はウラル山脈で，西側がヨーロッパ，東側がアジアです。ロシアはヨーロッパとアジアにまたがっていて，ウラル山脈以西は**ヨーロッパロシア**とよばれ，平野が広がり，南の黒海やカスピ海に向かってヴォルガ川やドン川，ドニエプル川などの大河川が流れています。一方，ウラル山脈以東は**シベリア**とよばれ，全体に南高北低の地形のため，オビ川やエニセイ川，レナ川の大河川は北に向かって流れています。

北アメリカとアングロアメリカ，南アメリカとラテンアメリカの違いは？

アメリカ大陸の区分には二つあります。北アメリカと南アメリカに分ける場合と，アングロアメリカとラテンアメリカに分ける場合です(**図2**，**図3**)。前者は地理的位置，後者は文化的特徴による区分です。北アメリカと南アメリカはパナマ運河が境になっています。北アメリカのうち，メキシコからパナマとカリブ海地域にかけては中央アメリカとよばれることもあります。

アングロアメリカはイギリス人(アングロサクソン人)の入植によって始まったことからそうよばれるようになり，アメリカとカナダがそれにあたります。一方，**ラテンアメリカ**はスペイン人やポルトガル人の植民に始まり，そのためスペイン語やポルトガル語などラテン諸語を公用語にしている国々が多く，カリブ諸国を含めたメキシコ以南の国々が含まれます。もちろん，これはおおまかな区分で，アングロアメリカ，ラテンアメリカともに，フランス人やオランダ人，ドイツ人，イタリア人が入った地域もあり，単純ではありません。

データブック オブ・ザ・ワールド ▶ p.18-25, 40

② 大陸別の面積，人口，人口密度

面積，人口ともにアジアがトップ！

DB p.40① World Population Prospects 2019ほか

大陸	面積		人口		人口密度
	万km²	%	百万人	%	(人/km²)
世界計	**13 009**	**100.0**	**7 713**	**100.0**	**59.3**
先進地域	5 346	41.1	1 271	16.5	23.8
発展途上地域	7 663	58.9	6 443	83.5	84.1
アジア	3 103	23.9	4 601	59.7	148.3
アフリカ	2 965	22.8	1 308	17.0	44.1
ヨーロッパ	2 214	17.0	747	9.7	33.8
北アメリカ	2 133	16.4	588	7.6	27.5
南アメリカ	1 746	13.4	427	5.5	24.5
オセアニア	849	6.5	42	0.5	5.0

⬆1　**大陸別面積・人口・人口密度**(2019年)

DB p.40③ World Population Prospects 2019ほか

大陸＼年	1900	1950	2000	2015
アジア	937	1 405	3 741	4 433
アフリカ	120	228	811	1 182
ヨーロッパ	401	549	726	743
北アメリカ	106	228	486	569
南アメリカ	38	114	348	412
オセアニア	6	13	31	40
世界計	**1 608**	**2 536**	**6 143**	**7 380**

⬆2　**大陸別人口変遷**(百万人)

世界を六つの大陸─アジア，アフリカ，ヨーロッパ，北アメリカ，南アメリカ，オセアニアに分けて，その国々の面積や人口について調べてみましょう。もう一つ南極大陸もありますが，日常的な居住空間ではないので省いています。

面積の大きな国々

図3の世界図からわかるように，世界で最も面積の大きい国はロシアです。国土面積は1710万km²もあり，日本の国土面積のおよそ45倍にあたります。次いで大きいのがカナダで，日本の26倍，以下同様に，アメリカ(26倍)，中国(25倍)，ブラジル(22倍)，オーストラリア(20倍)，インド(9倍)，アルゼンチン(7倍)と続いています。この上位8か国の位置関係をみると，不思議なことに，ひらがなの「る」の字を描いた場所に位置します。

面積，人口，ともに一番はアジア

面積が最も大きいのは**アジア**です。中国やインド(10億人超国)，インドネシア，パキスタン(2億人超国)，バングラデシュ，日本，フィリピン(1億人超国)などの人口大国が集まった人口稠密(ちゅうみつ)地域で，世界人口のおよそ6割が集中しています。そのため人口密度が約150人/km²と最も高く，世界の人口密度約60人/km²の二倍を大きくこえています。アジアの人口密度は2位のアフリカの3倍以上，3位のヨーロッパの4倍です。世界平均をこえているのもアジアだけです。

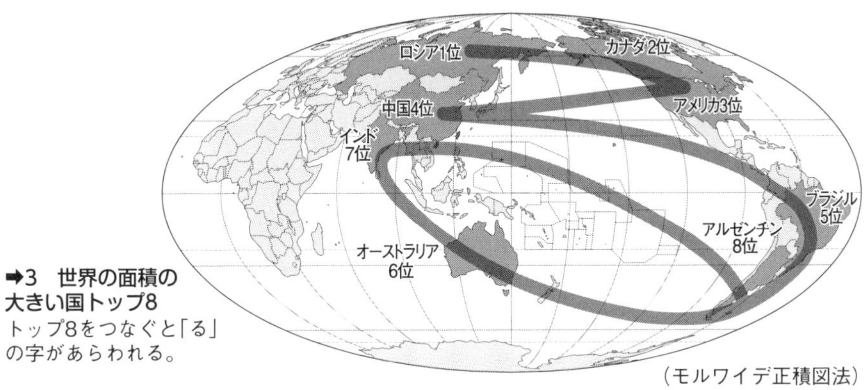

➡3 世界の面積の大きい国トップ8
トップ8をつなぐと「る」の字があらわれる。

（モルワイデ正積図法）

アジアに次いで二番目に人口が多いのがアフリカです。アフリカは約2億人のナイジェリアや，エチオピア，エジプト，コンゴ民主共和国といった1億人近い国があり，第二次世界大戦後は人口が急増し，2019年現在，13億人をこえるまでになっています（**表2**，1950年当時は約2.3億人）。それによって人口密度も高くなり，年々，世界平均に近づいています。

ヨーロッパは産業革命以降，人口が急増し，1970年代の早い段階から**少子化**が進んでいました。しかし，現在は微増傾向が続いて，人口密度はほぼ横ばいで推移しています。オセアニアは面積でも，オーストラリア，パプアニューギニア，ニュージーランドの3か国で約9割を占めているため，3か国の変化によって大きく左右されます。ともに人口密度はそれほど高くなく，とくに面積の一番大きいオーストラリアでは約3人/km^{2}ときわめて低いため，オセアニア全体の人口密度は世界平均の十分の一にもとどかない低い数値になっています。

日本より人口密度の高い国・地域

日本は面積では世界61位ですが，人口は世界11位と多く，人口密度ではアジア10位，世界25位の人口密度の高い国（約330人/km^2）です。また，シンガポールのような**都市国家**や，国土面積3万km^{2}未満の国を除けば，人口密度はバングラデシュ，台湾，韓国，ルワンダ，インド，ブルンジ，オランダ，ハイチ，イスラエル，ベルギー，フィリピンに次いで高くなっています。さらに，日本は国土面積の約7割が山地や高地で平野が少なく，狭い平野部に人口の大半が集中しているため，実質的な人口密度はもっと高くなるかもしれません。同じことはレバノンやイスラエルにもいえて，レバノンでは山脈や高地が，イスラエルでは砂漠が面積の大半を占めています。

データブック オブ・ザ・ワールド ▶ p.18-25,140

③ 国民総所得と1人当たり国民総所得

世界の国々

1人当たり国民総所得の高い国はヨーロッパに多い！

DB p.140①

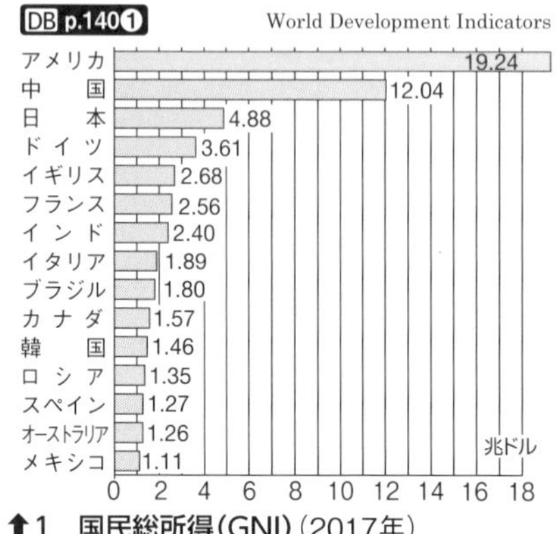

⬆1　国民総所得(GNI)(2017年)

DB p.140②

World Development Indicators

国	順位	1人当たり国民総所得
モナコ	1	165 421ドル
リヒテンシュタイン	2	158 758
スイス	3	81 130
ノルウェー	4	76 160
(マカオ)	5	72 050
ルクセンブルク	6	70 790
カタール	7	60 510
アイスランド	8	60 500
アメリカ	9	59 160
デンマーク	10	55 330
シンガポール	11	54 530
アイルランド	12	53 370
スウェーデン	13	52 270
オーストラリア	14	51 360
オランダ	15	46 910
日本	27	38 520

0 1 2 3 4 5 6 7 8 9 10万ドル

⬆2　1人当たり国民総所得(GNI)(2017年)

区分	人口(1)	GNI(億ドル)	1人当たりGNI(ドル)
低所得国家(995 ドル以下)	677	5 686	776
中所得国家(下位)(996 ～ 3895 ドル)	3 055	62 868	2 115
中所得国家(上位)(3896 ～ 12055 ドル)	2 624	211 187	8 198
高所得国家(12056 ドル以上)	1 192	504 143	40 404
世界計	7 550	783 997	10 412

(1) 百万人　World Development Indicators

DB p.140④

⬅3　所得区分別1人当たり国民総所得(2017年)

一般的に，**先進国**といえば，先進工業国，つまり，商工業が発達した経済水準の高い国をいいます。しかし，先進国と発展途上国の区分は簡単ではないため，例えば，世界銀行では，1人当たり国民総所得を基準に，低所得，中所得(下位)，中所得(上位)，高所得の四つに区分しています(**表3**，**図4**)。区分の基準になる所得額は年によって変化します。

国民総所得を増やすには？

国民総所得(GNI：Gross National Income)とは，ある年に国民や企業が国内外の経済活動で得られた所得の総額のことです。一方，国内で得られた付加価値の総額は**国内総生産**(GDP：Gross Domestic Product)といって，これに海外からの純所得受取額を加えたものが**国民総所得**です。日本では少子高齢化によって生産年齢人口の割合が59.4％まで落ち込み(2019年分。1999年は68.5％)，年々，労働者数が減少しています。そのため，国内総生産を高めることには限界があり，海外からの純所得を増やすことで国民総所得の増大をはかろうとしています。

⬆4 世界銀行による1人当たり国民総所得(GNI)　World Development Indicators

国民総所得と人口

図2をみると，1人当たり国民総所得の高い国は人口が少ないという特徴があることがわかります。世界規模で経済活動を展開するグローバル企業がたくさんあれば国民総所得も高くなりますが，人口が少なければそれだけ1人当たり国民総所得も高くなります。反対に，人口大国では国民総所得は高くなりますが，1人当たりの国民総所得は小さくなってしまいます。**図1**と**図2**をみると，中国やインド，ロシアがそれにあたることがわかります。アメリカは国民総所得も1人当たり国民総所得もともに高いため，名実ともに世界最大の経済大国といえるでしょう。**図4**から，1人当たり国民総所得の高い国をみると，ヨーロッパはほかの大陸に比べて経済水準が高いことがわかります。ただ，域内には大きな格差があり，北欧や西欧，南欧の国々は高所得国に入りますが，東欧は社会主義時代の経済停滞を引きずったまま，半数以上が高所得国になれない状態が続いていて，ヨーロッパは北西南と東で域内の経済格差が大きいことがわかります。

アジアの高所得国

アジアのなかで1人当たり国民総所得の高いグループに入っているのは2017年現在，12か国で，日本，韓国，シンガポールと，西アジアの**産油国**が上位を占めています(**図4**)。近年は，中国，タイ，マレーシアが上位中所得国に上昇していますが，依然として下位中所得国が多いのが現状です。東南アジアから南アジアにかけては人口稠密(ちゅうみつ)地域で，国民総所得は高くなっているにもかかわらず，1人当たり国民総所得は低い状態が続いています。

世界の国々

④ 通貨単位と為替レート

基軸通貨は日本円と米ドル，ユーロ

DB p.26-33

IMF資料ほか

国名	通貨単位	為替レート（円）	国名	通貨単位	為替レート（円）
韓国	ウォン	0.09	ドイツほか	ユーロ	121.70
中国	人民元	15.76	スイス	スイスフラン	109.41
（香港）	香港ドル	13.95	スウェーデン	クローナ	11.51
（台湾）	新台湾ドル	3.50	ノルウェー	ノルウェー・クローネ	12.57
シンガポール	シンガポール・ドル	79.72	ポーランド	ズロチ	28.67
タイ	バーツ	3.52	ロシア	ルーブル	1.70
ベトナム	ドン	0.005	アメリカ	米ドル	108.52
マレーシア	リンギット	26.19	カナダ	カナダ・ドル	82.97
インド	ルピー	1.58	メキシコ	ペソ	5.74
トルコ	トルコ・リラ	(1)19.06	ブラジル	レアル	28.51
南アフリカ共和国	ランド	7.67	オーストラリア	オーストラリアドル	75.86
カメルーンほか	CFAフラン	0.19	ニュージーランド	ニュージーランドドル	72.01

⬆1　おもな国の通貨単位と為替レート（2019年7月）　(1) 2017

通貨とは流通貨幣の略で，国家によって一定の価値が保証された貨幣のことです。これを使って支払いをすませることで取り引きをしたり，債務を清算することを決済といいます。「通貨」というのは経済用語です。日本の場合，貨幣は日本銀行が発行しています。紙幣と硬貨があり，紙幣は正式には日本銀行券とよばれ，国立印刷局が印刷しています。一方，硬貨は造幣局でつくられています。日本銀行は財務省が管轄していますが，政府からは独立した機関で，民間からの出資もあります。例えば，1万円札は，正式には日本銀行券のうちの「1万円券」のことで，日本銀行が「1万円の価値がある」と法的に保証しているため，1万円の価値がある商品と交換できるのです。

ドルやユーロが国外で使われる理由

取り引きの決済は，日本国内だけでなく，外国との貿易を行うときにも発生します。日本でアメリカから商品を購入，つまり，輸入するときは，**米ドル**（アメリカの通貨）で決済します。逆に，アメリカで日本から商品を購入（輸入）するとき，アメリカでは，日本円で決済されます。これができるのは，日本円も米ドルも国際的に信頼されているからです。例えば，ある国の通貨をもっていても，その国が政情不安に陥ったり経済が破綻（はたん）したりすると貨幣価値が下がって，最悪の場合は「紙切れ」同然になってしまいます。通貨の信頼性は，それを発行している国の豊かさ，つまり，生産性と経済力が国際社会から認められていて，世界中どこで

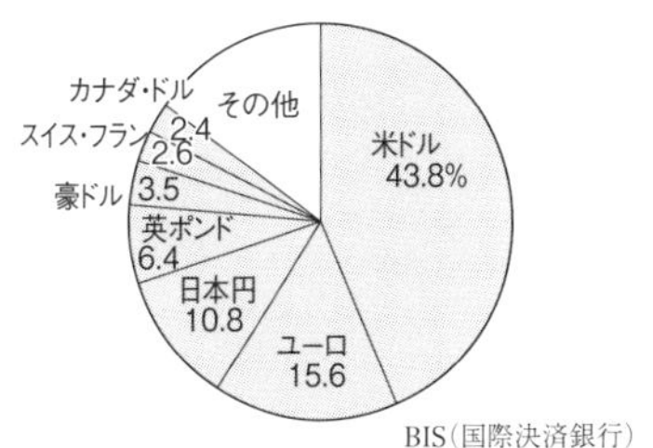

⬆2 通貨別の取引高
(2016年4月の月間1日当たり取引高)

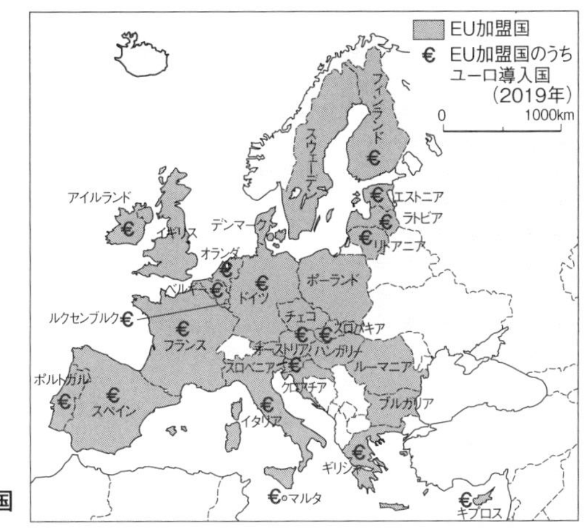

➡3 EU加盟国とユーロの導入国

も交換できるという保証があってこそ，生まれるものなのです。

国際取引で中心的に使われる通貨を基軸通貨といい，米ドル，ユーロ，日本円(もしくは英ポンド)が**三大基軸通貨**とされています。一方，自国で通貨を発行せずに，基軸通貨を国内通貨として利用している国もあります。例えば，パラオでは米ドルが使われています。日本も鎌倉時代や室町時代には中国の貨幣を使っていました。現在，日本円を使っているのは日本だけですが，外国に行くと日本円で決済できるところもあります。日本円が信頼されているということです。**ユーロ**は基本的にEU域内で使用されています(**図3**)。基軸通貨として流通量が多く，EUに加盟していないアンドラやコソボ，モンテネグロなどでも基本通貨として利用されています。

世界にはいろいろなドルがある

「ドル」は，英語では「ダラー（dollar)」と発音します。ダラーのもとになったのは，チェコで流通していた「ヨアヒムスターレル」という銀貨でした。これが「ターレル」と略され，「ダラー」とよばれるようになりました。アメリカ以外にもドルを使用する国は，カナダやオーストラリア，ニュージーランドのほか，香港，シンガポール，ジャマイカ，ナミビアなどがあります。これらの国に共通しているのは，アメリカと政治的・経済的に関係が深いということです。しかし，レートは違います(**表1**)。ほかにも自国通貨より米ドルの方がよく流通しているという国もあります。オーストラリアはイギリスの植民地だったため，最初は「豪ポンド」でしたが，アメリカとの貿易が密になり「豪ドル」に変わっています。

データブック オブ・ザ・ワールド ▶ p.34-37

⑤ 世界のおもな人種・民族

民族紛争はなぜおこるのか？

DB p.37

国　名	おもな人種・民族（%）
アルゼンチン	白人（スペイン系・イタリア系）86・メスチソ 7
ウルグアイ	白人 88，メスチソ 8，黒人 4
エクアドル	メスチソ 77，白人 11，先住民 7
ガイアナ	インド系 44，黒人 30，混血 17，先住民 9
コロンビア	メスチソ 58，白人 20，ムラート 14，黒人 4
スリナム	インド系 27，クレオール 18，マルーン 15，ジャワ系 15
チリ	メスチソ 72，白人 22，先住民 5
パラグアイ	メスチソ 86，白人 9，先住民 2
ブラジル	白人 54，ムラート 39，黒人 6，アジア系
ベネズエラ	メスチソ 64，白人 20，黒人 10，先住民 1
ペルー	先住民 45，メスチソ 37，白人 15
ボリビア	先住民 55，メスチソ 30，白人 15

⬆1　南アメリカ諸国のおもな人種・民族

人種とは，皮膚の色や毛髪の質など身体的特徴で分類した人類の集団をさし，モンゴロイド，コーカソイド，ネグロイド，オーストラロイドなどに分類されていました。しかし，世界の広がりとともに混血が進んで，明確な区分ができなくなり，人種という分類は，現在では，ほとんど意味のない分類となっています。

民族とは，生活環境や，言語，宗教，慣習，風俗，社会組織などの文化的特徴で分類した人間集団のことです。しかし，区分は簡単ではありません。生活環境が似通っていても，言葉や宗教が違っていたり，宗教は同じでも言葉が違っていたりします。また，伝統的な習慣や風俗の違いがあったり，少しむずかしい概念ですが，**帰属意識**（アイデンティティー）による違いもあります。平たくいえば，信仰や慣習など日常生活に似通った考え方をする人たちが集まり，意思の疎通をはかるために共通の言葉を使い，協力し合い，連帯感をもって暮らしている，そういう集団ということではないでしょうか。

南アメリカ諸国の住民構成

北アメリカや南アメリカ，オセアニアなどは新大陸とよばれていました。これはヨーロッパ人からみたよび方で，それ以前から**先住民**がいました。北アメリカのネイティヴアメリカン，中南米のインディヘナ，オセアニアのアボリジニー，マオリなどが有名です。また，カリブや南アメリカでは，かつて農業奴隷としてアフリカから黒人が送られています。最初は，ヨーロッパ系白人，アフリカ系黒

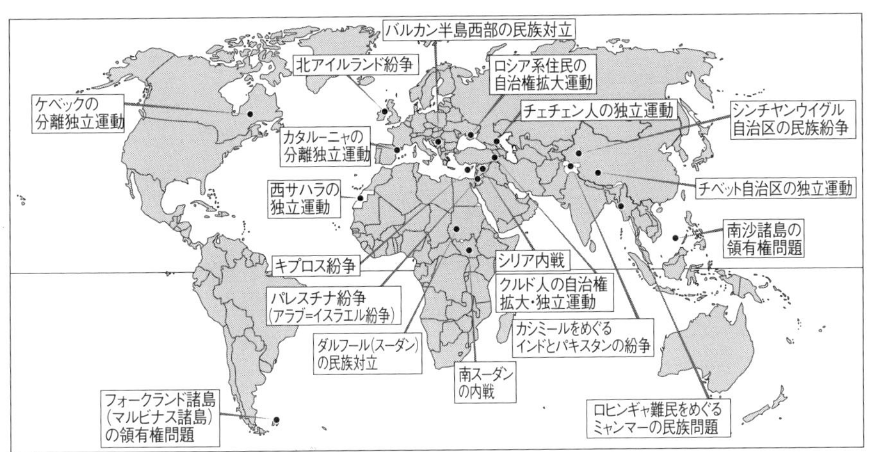

⬆2 世界のおもな民族・領土紛争(解決したものを含む)

人，先住民と分かれて暮らしていましたが，しだいに混血が進みました(**表1**)。先住民と白人の混血は，北アメリカではメティ，中南米では一般的に**メスチソ**とよばれます。白人と黒人との混血は全般に**ムラート**とよばれていました。また，先住民と黒人の混血は，中南米ではサンボ(zambo)とよばれていました。しかし，メスチソとムラートの混血も進んで，現在は，こういったよび方もあまり意味がなくなっています。また，人種的な区分ではなく，言葉によって，スペイン語を使っていればメスチソ，土着言語を使っていれば**インディオ**とよぶこともあります。

世界のおもな民族紛争

世界には厳密な意味での**単一民族国家**はありません。異なる民族が一つの国家に存在することは，価値観の違いによる衝突を生み出すこともあります(**図2**)。例えばスリランカでは，北部にタミル人，南部にシンハラ人と居住区が分かれていて，長く対立が続いていました。ロシアではチェチェン共和国との紛争がおき，トルコからシリア，イラン，イラクにかけてはクルド人の独立問題が存在します。キプロスではトルコ人とギリシャ人の対立が存在し，旧ユーゴスラビアでは五つの民族の間で複雑な対立がおきました。さらに，アフリカでは，スーダン，ソマリア，ルワンダで内戦があり，パレスチナはもちろん，ソマリア，イエメン，バスク，ミャンマーなどでは現在も対立が続いています。

データブック オブ・ザ・ワールド ▶ p.34-37

⑥ 世界の言語人口

世界共通語はやっぱり英語？

DB p.37①

2018	百万人
中国語	1 299
スペイン語	442
英語	378
アラビア語	315
ヒンディー語	260
ベンガル語	243
ポルトガル語	223
ロシア語	154
日本語	128
ラーンダ語	119
ジャワ語	84
トルコ語	79
韓国・朝鮮語	77
フランス語	77
ドイツ語	76

(注) 第一言語による区分

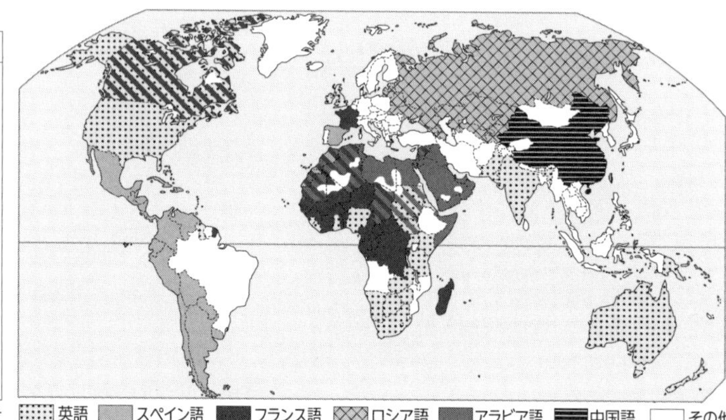

⬆1 世界のおもな言語人口 ⬆2 世界のおもな言語の分布

世界で最も話されている言語は中国語

世界で最も話者数の多い言語は**中国語**です(**表1**)。中国は多民族国家で漢民族のほか55の少数民族をかかえており，全人口14億のうち9割の漢民族が中国語を第一言語にしています。中国に次いで人口が多いのはインドです。言語はヒンディー語が連邦公用語で，英語が準公用語になっており，ほかに21の言語も公的に認められています。インドでは，全人口13億のうち，**ヒンディー語**を第一言語にしているのは約2億6000人と5分の1にすぎません。言語人口で，中国語に次いで多いのはスペイン語です。スペインだけでなく，ラテンアメリカにもスペイン語を第一言語にしている国がたくさんあります。これはスペインがラテンアメリカやアジアにいくつもの植民地をもっていたからです。なかでもメキシコは人口が1億3000万人をこえていて，スペイン語の話者数が世界一多い国です。

第二言語としての話者数が多い英語

英語は第一言語としては，中国語，スペイン語に次いで多くなっています。イギリスをはじめ，アメリカ，カナダ，オーストラリア，ニュージーランドなど，イギリス人によって建国された国で話されています(**図2**)。中南米のジャマイカやガイアナ，オセアニアのフィジー，アフリカのケニアやスーダン，アジアのシ

語派	語群	言　語
ゲルマン語派		英語，ドイツ語，オランダ語，ルクセンブルク語，デンマーク語，ノルウェー語，スウェーデン語，アイスランド語など
ラテン語派（ロマンス語派）		フランス語，イタリア語，スペイン語，ポルトガル語，ルーマニア語，ロマンシュ語，カタルーニャ語など
スラブ語派	東スラブ語群	ロシア語，ウクライナ語，ベラルーシ語
	西スラブ語群	ポーランド語，チェコ語，スロバキア語
	南スラブ語群	ブルガリア語，マケドニア語，スロベニア語，セルビア語，モンテネグロ語，クロアチア語
バルト語派		ラトビア語，リトアニア語など
ケルト語派		アイルランド語，ウェールズ語など
ギリシャ語派		ギリシャ語
アルメニア語派		アルメニア語
アルバニア語派		アルバニア語
インド・イラン語派	インド・アーリヤ語群	ヒンディー語，ウルドゥ語，ベンガル語，ネパール語，サンスクリット語，シンハラ語，ディヴェヒ語，パーリ語など
	イラン語群	ペルシャ語，パシュトゥー語，クルド語など

⬆3　インド=ヨーロッパ語族の言語

ンガポールやパキスタンなどは，かつてはイギリスの植民地だったことから英語が**公用語**になっています。また，インドやフィリピン，ナイジェリアのように英語を第二言語としている国を含めると英語の話者数は15億人になり，中国語をこえて実質1位の世界言語です。

世界最多言語のインド=ヨーロッパ語族

言語を比較，分類するときに，語族という概念を使います。同一の言語から派生したと考えられる言語の集まりですが，そこに含まれる言語数が多いことから，さらに下位群に，語派，語群という分類が行われています。

表3の**インド=ヨーロッパ語族**は，おもに南アジアから西アジア，ヨーロッパなどで話されている言語で，ゲルマン語派，ラテン語派（ロマンス語派），スラブ語派などが含まれます。一般的に，ゲルマン人というのは，ゲルマン語派に含まれる言語の話者，ということです。ゲルマン語派には英語やドイツ語，オランダ語，デンマーク語などがあります。ラテン語派に属するのはフランス語やイタリア語，スペイン語，ポルトガル語などです。ラテンアメリカというよび方はここからきています。

スラブ語派は，その名のように，スラブ民族が多い東ヨーロッパに多くなっています。ロシア語，ポーランド語，チェコ語，セルビア語などがあります。しかし，東ヨーロッパでも，ハンガリーのマジャール語はウラル語族，ルーマニアのルーマニア語はラテン語派に属しています。これらはスラブ語派の大海のなかに島のように浮かんでいるため，**言語島**（民族島）とよばれています。

世界の国々

データブック オブ・ザ・ワールド ▶ p.37

⑦ 世界の宗教人口

世界最大の宗教はキリスト教

DB p.37②

宗　教	百万人	おもな分布地域
キリスト教	**2 448**	ヨーロッパ，南北アメリカ
カトリック	1 242	南欧，東欧，ラテンアメリカ，アイルランド，フィリピン
プロテスタント	553	ドイツ，北欧，アメリカ，カナダ
正教	284	ロシアなどCIS諸国，ギリシャ，ブルガリア，ルーマニア，マケドニア，セルビア
その他	369	東方帰一教会(東ヨーロッパ，中東)，コプト教(エジプト)など
イスラム教	**1 752**	
スンナ(スンニ)派	1 532	中東，北アフリカ，中央アジア，東南アジア，アフガニスタン，ボスニア＝ヘルツェゴビナ
シーア派	205	イラン，イラク，バーレーン，イエメン，インド，アラブ首長国，アゼルバイジャン，東アフリカ
その他	15	イバード派(オマーン)，アラウィー派(シリア)など
ヒンドゥー教	**1 019**	インド，ネパール，インドネシア(バリ島)，トリニダード＝トバゴ，スリナム，フィジー，モーリシャス
仏教	**521**	
大乗仏教	375	中国，日本，韓国
上座仏教	130	タイ，スリランカ，ミャンマー，カンボジア，ラオス
チベット仏教	16	中国(チベット)，モンゴル，ロシア(ブリヤート，トゥーヴァ，カルムイキヤ)，ブータン，ネパール
シーク教	26	インド(パンジャブ，ハリヤナ)
ユダヤ教	15	イスラエル，アメリカ
道教	9	中国
儒教	8	韓国
その他の宗教	806	アフリカ，オセアニア，南米，アジア

⬆1　**世界のおもな宗教人口**(2016年)

もとはといえば人間の生活や慣習から生まれるのが宗教ですから，世界には民族の数だけ宗教があるといってもいいくらい，いろいろな宗教があります。そのなかで，民族や地域をこえて世界中で信仰されているものを**世界宗教**とよび，特定の民族や地域で信仰しているものを**民族宗教**といっています。世界宗教にはキリスト教やイスラーム，仏教があり，民族宗教には，道教，ヒンドゥー教，ユダヤ教，シーク教，神道などがあります。

キリスト教はヨーロッパ人の精神的支柱

世界で最も信者数が多いのは**キリスト教**で，その数は24億人をこえています。キリスト教はユダヤ教から派生した宗教で，そのため，「新約聖書」のほかに，ユダヤ教の聖典である「旧約聖書」も経典にしています。ナザレの**イエス**(キリスト)はユダヤ人ですが，内容が伴わず形ばかりの信仰であるとユダヤ教徒を批判したために十字架にかけられたのでした。イエスの死後，その教えを弟子たちが広めたことで，ローマ帝国の拡大とともにヨーロッパに広がりました。その後，1054年にカトリック教会と東方正教会に分裂しますが，これはローマ帝国の東西分裂が影響しています。西ヨーロッパには**カトリック**が，東ヨーロッパには東方正教がそれぞれ普及し，16世紀に入ると，宗教改革がおこって，カトリック教会から**プロテスタント**が分離します。

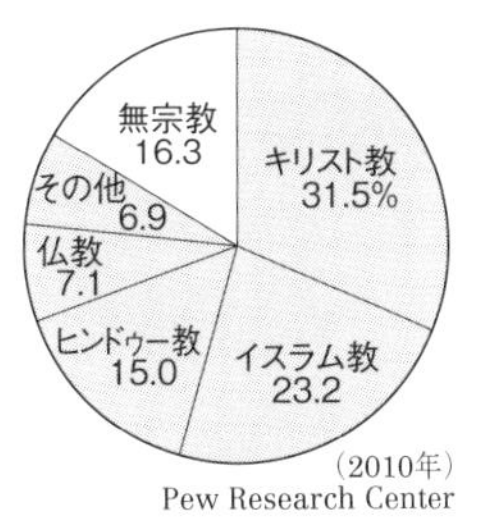

⬆2 世界のおもな宗教の割合

宗派別にみると，カトリックが約12億4000万人と最も多く，プロテスタントが約5億5000万人，正教会が約2億8000万人です。カトリック教徒は，フランスやイタリア，スペイン，ポルトガルなどの南ヨーロッパのラテン語派圏に多く，スペインの布教活動によって新大陸や，アジアではフィリピンでも多くなっています。プロテスタントは，マルティン・ルターのドイツのほか，カトリックから分離したイギリス国教会のイギリスや，アメリカやカナダなど，かつてイギリスの植民地だった国々で多く，東方正教徒はロシアをはじめ，東ヨーロッパで多くなっています。このようにキリスト教はヨーロッパ人の精神的支柱として広く信仰されてきました。

イスラームは西アジアから北アフリカに多い

イスラームは7世紀初めに，キリスト教同様，ユダヤ教から派生して生まれた宗教です。**ムハンマド**がメッカで天使から唯一神の啓示を受けたとされ，最初の信者はムハンマドの妻でした。六信五行(ろくしんごぎょう)(信者が信ずるべき六つの信条と実行するべき五つの義務)を信仰の根幹に，偶像崇拝を禁止しています。特に，生活上の禁忌(きんき)が厳しく，豚肉を食べることや飲酒が禁じられているほか，女性が人前で肌を露出することや，女性が外で働くことや教育にも制限があります。そのため，イスラーム圏では女性の就労率や教育の普及率が低くなっていて，各国で改革が叫ばれています。信者(数)は17億人にのぼり，彼らはムスリムとよばれ，大きく，スンナ派(スンニ派)とシーア派に分かれています。ムハンマドの死後，後継者はカリフとよばれ，イスラーム社会の指導者になっていきます。第4代カリフのアリーのときに分裂して，アリー派がシーア派を名乗り，もともとの主流派がスンナ派とよばれるようになりました。現在，スンナ派が多数派で，西アジアから北アフリカやアジアに広く分布していて，シーア派はイラン，イラク，イエメン，バーレーン，アゼルバイジャンなどに限られています。

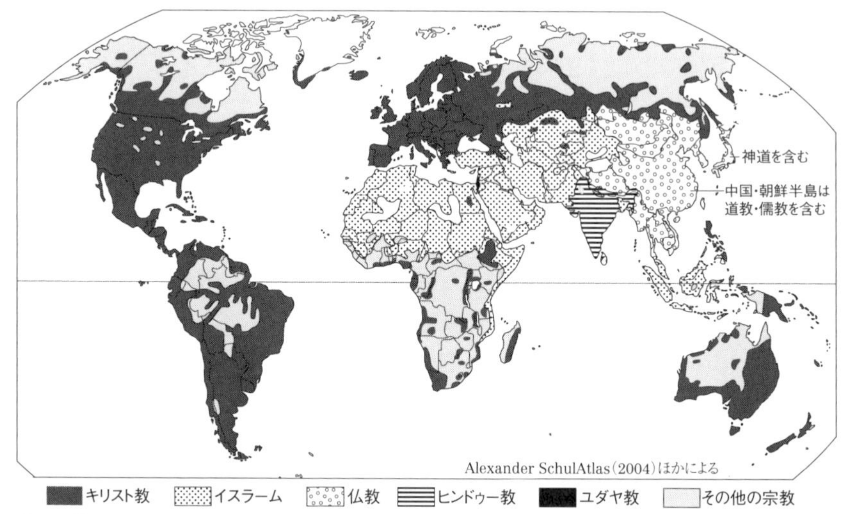

⬆3　世界の宗教の分布

仏教は多神教の宗教

仏教は紀元前5世紀頃，インドの釈迦によって開かれた宗教です。キリスト教，イスラームと違って多神教です。釈迦の死後，約100年が経ったころに上座仏教と大乗仏教に分裂し，上座仏教はインドからセイロン島（現在のスリランカ）を経て，東南アジアに広がりました。一方，大乗仏教は中央アジアから中国を経て，朝鮮半島から日本に伝わっています。日本に伝えられたのは6世紀半ばで，朝鮮半島の百済(くだら)の聖明(せいめい)王が欽明(きんめい)天皇に仏典を贈ったのが最初と記紀（「古事記」と「日本書紀」）が伝えています。当時の仏教は律令国家をささえる道徳観でしたが，時代とともに民衆化されて浄土教が生まれ，浄土真宗，法華(ほっけ)宗などいろいろな宗派が生まれていきます。

ほかにも，大乗仏教は中国の影響が大きかったベトナムにも広がっています。また，チベットには独自に発展したチベット仏教があります。チベット自治区のラサを聖地とし，チベット自治区のほか，内モンゴル自治区やモンゴル，ブータンなどでも信仰されています。

ユダヤ教はユダヤ人の民族宗教

ユダヤ教はユダヤ人によって信仰されている民族宗教です。「ユダヤ人は唯一神のヤハウェと契約するために選ばれた民」という選民思想をもっているのが特徴です。苦難は，神から与えられた試練であり，神から選ばれたユダヤ人にだけ与えられるもの，と解釈します。これはいいかえれば，唯一神と特別な契約を結ぶことができるのはユダヤ人だけ，という考え方です。これがユダヤ人の祖国復帰運動，**シオニズム運動**の根拠になっています。豚肉や肉と乳製品の組み合わせなど，食の禁忌(きんき)もたくさんあります。聖地は**エルサレム**で，キリスト教やイスラームとも重なっています。現在，ユダヤ人はイスラエルのほかに，アメリカにも多く，政治経済の広い分野に勢力をもっています。

ヒンドゥー教はインドの社会規範を司る

ヒンドゥー教は，アーリヤ人の自然崇拝から生まれた多神教のバラモン教を基盤に生まれた宗教で，インドの人口の約8割が信仰しています。現在のインドでは，ヒンドゥー教の教えにもとづく**カースト**とよばれる身分制度は憲法で禁じられていますが，社会規範として根強く残っています。ヒンドゥー教は多神教の宗教で，その一つのシヴァ神の乗り物が牛だったことから，牛は崇拝の対象で，牛肉を食べることは禁忌になっています。そのため，菜食主義者が多いのも特徴です。牛は古くから荷役や農耕に利用され，現在も農村では牛糞は燃料や壁材として利用されています。牛糞を燃やすと薄紫色の煙が出ます。ゆっくりと長く燃え続けるため，煮炊き用の燃料として古くから使われてきました。

また，禊(みそぎ)のための河川崇拝もヒンドゥー教の特徴で，ガンジス川は聖地であり，沐浴(もくよく)がよく知られています。インド以外では，ネパールをはじめとする南アジアやバリ島(インドネシア)，トリニダード=トバゴ，モーリシャス，フィジー，スリナムなどで信仰されています。

神道は日本独特の信仰のかたち

神道(しんとう)といっても，明治に入って生まれた，いわゆる国家神道ではありません。日本人の祖霊信仰や生活習慣のなかから生まれた土着的な信仰のことで，木々や岩，川や泉などあらゆる自然に神が宿ると信じられ，豊かな恵みをもたらす自然に感謝するという考え方がありました。それを**八百万神**(やおよろずのかみ)という言葉で表現しています。この神とは，一神教でいうGodではありません。八百万は無限という意味で，決まった神があるわけではありません。こうした信仰に，仏教が一つの文化として入ってきて，民衆化し，宗教行事も，土着信仰のなかで生まれた農業行事や年中行事と合わさって日本独特の信仰のかたちが生まれました。例えば11月23日の勤労感謝の日は，神道の年中行事である新嘗祭(にいなめさい)をもとに制定された祝日です。

データブック オブ・ザ・ワールド ▶ p.39, 47

⑧ アメリカの州別人種・民族構成

ヒスパニックはどこまで増え続ける!?

DB p.47⑥

Statistical Abstract of the United States 2012ほか

年代	総数(千人)	1位(%)	2位(%)	3位(%)	4位(%)	5位(%)
1961~70	3 322	メキシコ(13.3)	カナダ(8.6)	キューバ(7.7)	イギリス(6.9)	イタリア(6.2)
1971~80	4 493	メキシコ(14.2)	フィリピン(8.0)	キューバ(6.2)	韓国(6.1)	中国⑴(5.6)
1981~90	7 256	メキシコ(22.8)	フィリピン(6.8)	ベトナム(5.5)	中国⑴(5.4)	韓国(4.7)
1991~2000	9 081	メキシコ(24.8)	フィリピン(5.6)	中国⑴(4.7)	ベトナム(4.6)	インド(4.2)
2001~2010	10 501	メキシコ(16.1)	中国⑴(6.3)	インド(6.3)	フィリピン(5.6)	ドミニカ共和国(3.1)
2010	1 043	メキシコ(13.3)	中国⑴(6.8)	インド(6.6)	フィリピン(5.6)	ドミニカ共和国(5.2)

⑴台湾を含む　移民…生まれた国・地域から，市民権や国籍をもたない別の国・地域へ，長期にわたる居住のために移動した人を指す

⬆1　アメリカへの移民の推移

アメリカは，信仰の自由を求めてやってきたイギリス移民によってつくられた国です。イギリス系白人は**WASP**(ワスプ)（White Anglo-Saxon Protestant）とよばれ，アメリカの政治・経済の上流階級を築きました。アメリカは，もともとの先住民のネイティブアメリカンの土地に入植し，先住民を追いやる形で領土を広げてきました。1776年の独立宣言以来，1800年代を通じて移民のほとんどはヨーロッパ系白人でした。初期はイギリス系，19世紀に入ると，ドイツ系やアイルランド系がそれぞれ増加していきます。ハワイ州を除けばすべての州で，住民の人種構成は白人が最も多くなっています。

黒人は南東部に，アジア系は西海岸に多い

図2でアメリカの州別の人口構成をみていきましょう。アメリカの黒人のほとんどは，奴隷としてアフリカから連行された黒人の子孫（アフリカ系黒人）です。北部では家庭の従僕が多かったのに対して，南東部では綿花栽培の労働者として連れてこられ，その数も北部に比べて圧倒的に多く，それによって綿織物業が発展し，アメリカの産業革命の推進力になりました。そのため，現在でも，黒人人口は南東部の諸州で多く，2010年の国勢調査では全人口の約13%を占めています。かつて黒人差別は，ジム・クロウ法などで合法化されていました。それに対し，1963年には公民権運動が最高潮に達し，翌年の公民権法の制定で差別は法的に禁止されました。以後，差別的な偏見を伴いながらも社会的地位は少しずつ向上しています。

アジア系アメリカ人は，白人や黒人と比較すると割合は小さくなっています。

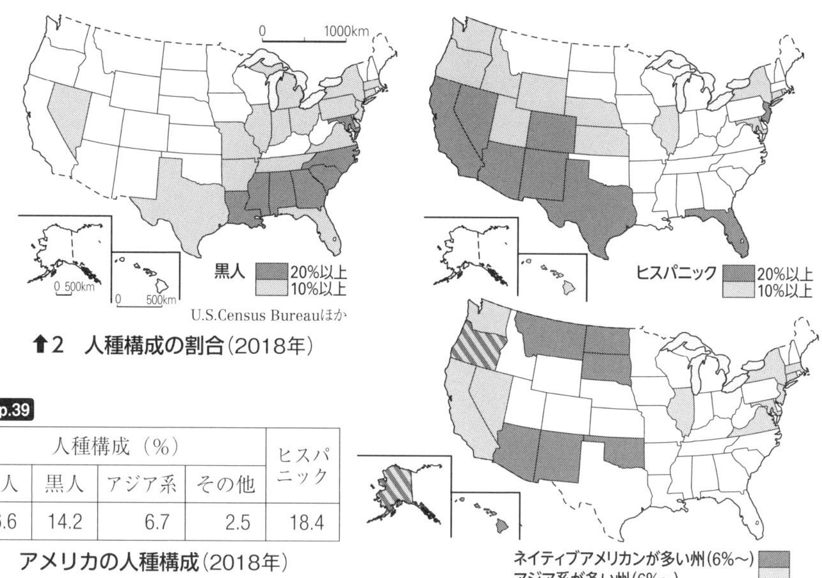

↑2 人種構成の割合(2018年)

DB p.39

人種構成（%）				ヒスパニック
白人	黒人	アジア系	その他	
76.6	14.2	6.7	2.5	18.4

↑3 アメリカの人種構成(2018年)

出身国は，近年は中国やインド，フィリピン，韓国などが多く，おもに集住してコミュニティをつくっています。特に，西海岸のワシントン州やオレゴン州，カリフォルニア州のほか，ハワイ州で多くなっています。

ヒスパニックは南西部に多い

スペイン語圏からの移民は，**ヒスパニック**とよばれ，ほとんどがメキシコやカリブ海諸国からの移民です。そのため，メキシコと国境を接しているカリフォルニア州，ニューメキシコ州，テキサス州など南西部諸州とフロリダ州で多くなっています。国内の人口の約18%がヒスパニックで，6000万人をこえています。増え始めたのは1950年代からと意外に古く，以後，右肩上がりに増加しています。その結果，ヒスパニックのコミュニティは自分たちだけで生活圏がなりたつまでに大きくなり，英語圏との交流の必要がなくなって，英語を話せないヒスパニックが増えています。生活水準を問わなければ，英語なしでも暮らしていけるということです。

現在，アメリカでは，毎年100万人をこえる外国人が流入しており，ヒスパニック系の高い出生率が後押しし，先進国ではめずらしく，今後も人口増加が続くとみられています。トランプ政権はヒスパニック系の入国制限や不法滞在の取り締まりなどを打ち出しています。

データブック オブ・ザ・ワールド ▶ p.40

① 世界の人口

世界の人口推移は地域ごとに理解しよう！

DB p.40③

ウォイチンスキー：世界の経済，World Population Prospects 2019

大陸＼年	1800	1900	1950	2000	2015	2000～2015 年平均増加率(%)	2050	2100	2015～2100 年平均増加率(%)
アジア	602	937	1 405	3 741	4 433	1.14	5 290	4 720	0.07
アフリカ	90	120	228	811	1 182	2.55	2 489	4 280	1.52
ヨーロッパ	187	401	549	726	743	0.16	710	630	－0.19
北アメリカ	16	106	228	486	569	1.05	696	742	0.31
南アメリカ	9	38	114	348	412	1.13	491	429	0.05
オセアニア	2	6	13	31	40	1.60	57	75	0.75
世界計	**906**	**1 608**	**2 536**	**6 143**	**7 380**	**1.23**	**9 735**	**10 875**	**0.46**
先進地域	…	…	815	1 188	1 257	0.37	1 280	1 244	－0.01
発展途上地域	…	…	1 722	4 955	6 123	1.42	8 455	9 631	0.53
年平均増加率(%)	0.43	0.58	0.92	1.79	1.23		0.79	0.22	

↑1 大陸別人口変遷・将来人口(百万人)

世界の人口増加の変遷をみると(**表1**)，1950年から2000年にかけての増加率が高いのが目立ちます。1950年の25億3600万人が，2000年には約2.4倍の61億4300万人に増加しています。**人口爆発**ともいわれる急増です。ただ，2050年の将来予測が97億3500万人ですから，2000年比で約1.6倍と，人口増加は少しずつ鈍化していくとみられています。しかし，2000年版『データブック』では，2050年の将来予測は93億6700万人となっていたため，上方修正されているようです。30年後の2050年には，どうなっているのでしょうか？

最も人口が多いのはアジア！

2015年の大陸別人口をみると(**図2**)，世界人口約74億人に対して，アジアの人口は44億人で，全体の約60%を占めています。アジアは世界最大の人口稠密(ちゅうみつ)地域です。中国やインド，インドネシア，パキスタン，バングラデシュ，日本，フィリピンなど，人口1億人をこえる国がたくさんあることを考えれば当然のことですが，これだけの人間が暮らしているということは，それだけの食料生産ができているということです。

しかし，2050年には，アジアの人口も全体の約54%と，少しですが，割合が低下すると予測されています。いいかえれば，アジアをこえる水準で人口が増加する地域があるということです。それはどこなのでしょう？

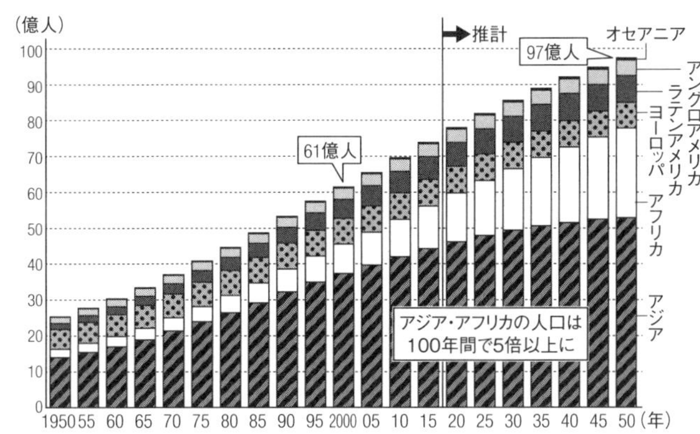

➡2 世界の大陸別人口の推移

人口増加が著しいのは，やはりアフリカ！

アフリカの人口をみると，1950年には2億2800万人だったのが，2000年には8億1100万人に増加しています。約3.6倍の増加で，世界人口の増加の割合(約2.4倍)をはるかにこえる水準です。アフリカには農業で経済を支えている国が多いのですが，その農業の近代化が遅れていて，依然として労働集約的農業経営が続いています。そのため，子供が貴重な労働力となっていて，社会保障制度が未整備なため，老後の世話を子供に期待するなど，変わらず多産の傾向が続いています。一方，医療技術の進展や医薬品の普及，衛生環境の改善などで死亡率が低下しています。特に，乳幼児の死亡率の低下が目立っています。多産多死型だった人口動態が，多産少死型に移行しているのです(→p.34「おもな国の人口ピラミッド」)。2050年のアフリカの人口は24億8900万人に増加すると予測されています。2000年と比べると約3.1倍の増加ですが，割合では少し低下しています。人口増加の激しいアフリカでも，その傾向は鈍化していくのです。

ヨーロッパでは人口が減少する

一方，人口が減少する地域もあります。ヨーロッパです。世界人口に対するヨーロッパの人口の割合は，1800年には20.6%，1900年には24.9%と世界的にも人口が多い地域でした。しかし，第二次世界大戦以降は人口増加が鈍化し，1950年には21.6%，2000年には11.8%と減少し，2050年には7.3%になると予測されています。ヨーロッパでは，早い段階から出生率の低下がみられ，それによって高齢者の割合が高くなっています。現在もその傾向は続いていて，今後は**人口減少社会**に移行していくと考えられています。

データブック オブ・ザ・ワールド ▶ p.41-43

② おもな国の人口ピラミッド

人口ピラミッドは人口増減の型で把握する！

DB p.43②

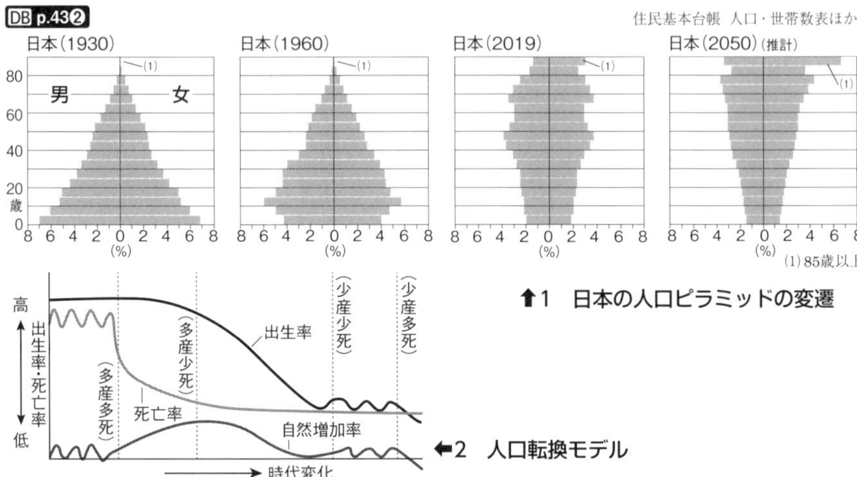

⬆1　日本の人口ピラミッドの変遷

⬅2　人口転換モデル

人口の増減は，出生数から死亡数を差し引いた自然増減と，流入数から流出数を差し引いた社会増減を合わせたものです。自然増減の型には，多産多死型，多産少死型，少産少死型，少産多死型の四つの人口変動のパターン(人口動態)があります(**図2**)。一般的に，国の経済水準の上昇とともに，多産多死型から少産少死型に移行していくのですが，このような現象を**人口転換**とよんでいます。人口増減の型は，**人口ピラミッド**とよばれる，性別・年齢別人口構成のグラフで把握することができます。

多産多死型と多産少死型の人口ピラミッド

多産多死型は，「出生数，死亡数ともに多い型」のことで，現在，このような国はほとんどありません。1930年の日本や2017年のエチオピアなどがこの型です(**図1，図3**)。**多産少死型**は，「出生数が多く，死亡数が少ない型」のことで，この型が最も人口が増加します。また，経済水準の低い国の多くがこの型で，フィリピンやエジプトなどがそれにあたります。その人口増減を人口ピラミッドであらわすと，ともにピラミッド型になります。出生数が多いため構成割合が大きく，裾野が広くなり，年齢を重ねるにしたがって構成割合が小さくなっていくため，山のような形になります。多産多死型より多産少死型の方が，裾野はやや狭く，

DB p.43❶

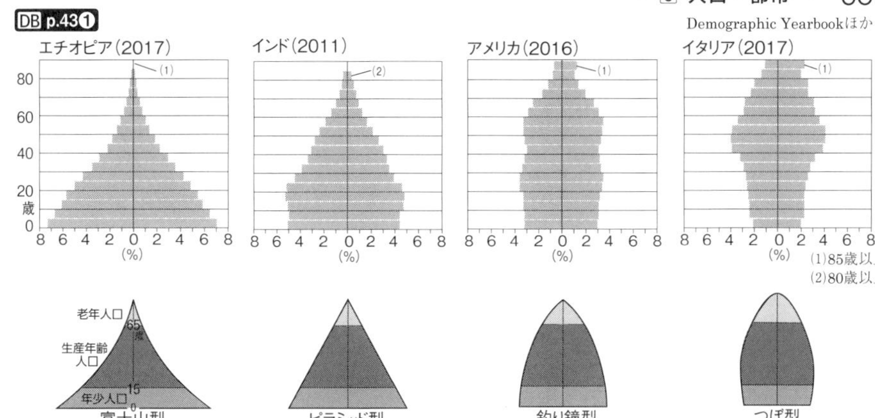

⬆3 さまざまなタイプの人口ピラミッド

背が高くなりますが，依然として多産の傾向が続いていること，死亡率が低下する理由については，前項の人口推移の項で述べた通りです。

一方，多産少死型から少産少死型への移行期にある国としては，インドやブラジル，メキシコなどがあげられます。これらの国では，多産少死型と比較しても，さらに出生率の低下によって年少人口(0～14歳)の構成割合が減少するため，裾野がさらに狭くなっているのが特徴です。近年の経済成長によって，家族計画の考えが普及しているからです。

少産少死型から少産多死型の人口ピラミッド

少産少死型は，「出生数も死亡数も少ない型」のことです。つまり，幼年人口と老年人口(65歳以上)の割合の差が小さくなります。経済水準の高い国ほど著しく，イギリスやスウェーデン，フランス，アメリカ，オーストラリアなどがそれにあたります。これらの国では，1人の女性(安全な出産が可能とされる15～49歳)が生涯に出産する子供の数を示す**合計特殊出生率**は低い水準で推移しています。人口の維持に必要な合計特殊出生率は2.1程度とされています。これらの国では2.1をやや下回っていて，人口ピラミッドは釣り鐘型になります(→p.34「おもな国の人口ピラミッド」)。

少産少死型の後期から，さらに出生率が低下すると，**少産多死型**，つまり人口減少社会に移行します。出生率が低下して年少人口数が極端に小さくなるため，相対的に老年人口の割合が高くなります。人口ピラミッドは裾野が狭くなったつぼ型になります。イタリアやドイツ，日本，ロシアなどがこれにあたります。

データブック オブ・ザ・ワールド ▶ p.42

③ おもな国の合計特殊出生率

人口維持には少なくとも2.1が必要！

DB p.42②

Demographic Yearbook 2017ほか

国名（年次）	女性の年齢別出産率（‰）(1)							合計特殊出生率 2017
	15～19歳	20～24歳	25～29歳	30～34歳	35～39歳	40～44歳	45～49歳	
日本(2016)	3.7	27.5	79.7	98.8	55.3	11.1	0.3	1.43
韓国(2015)	1.4	12.6	61.5	116.5	48.8	5.7	0.2	1.05
(香港)(2017)	2.6	15.7	45.9	64.8	41.5	9.2	0.5	1.13
エジプト(2012)	(2)23.8	403.8	127.5	86.0	41.3	12.2	(4)2.3	3.21
マラウイ(2008)	101.2	284.1	241.6	153.2	116.8	57.8	25.0	4.51
イギリス(2016)	13.7	54.7	97.4	111.2	66.3	14.4	0.9	1.79
スウェーデン(2016)	4.4	43.1	111.6	127.4	69.3	15.0	0.9	1.85
ドイツ(2016)	9.2	39.3	87.0	109.6	62.3	12.2	0.5	1.57
フランス(2012)	9.4	58.2	131.0	127.2	59.1	12.9	0.7	1.92
ロシア(2011)	25.2	85.1	101.2	68.6	31.8	6.3	0.3	1.76
アメリカ(2015)	22.3	76.8	104.3	101.5	51.8	11.0	0.8	1.77
アルゼンチン(2016)	56.4	101.6	101.4	94.4	61.8	(3)10.5	…	2.28
チリ(2015)	39.3	75.7	85.3	85.1	54.1	15.3	0.8	1.77
オーストラリア(2016)	10.4	44.6	91.9	123.4	71.9	15.3	1.2	1.77

⬆1 おもな国の女性の年齢別出産率・合計特殊出生率

(1) 該当年齢の女性人口に対する率
(2) 0~19歳　(3) 40歳以上　(4) 45歳以上

合計特殊出生率という指標があります。安全な出産が可能と考えられる15～49歳の女性が出産する子供の数の平均値のことです。父親と母親はいつかは亡くなります。つまり，人口が2人減るということで，それを補うには子供を2人産む必要があります。しかし，両親よりも先に子供が亡くなる場合もあるため，人口の維持のためには，合計特殊出生率は，最低でも2.1程度が必要という計算になります。

日本の合計特殊出生率

内閣府の統計によると，戦後の日本の合計特殊出生率は，第一次ベビーブーム(1947～49年)のころは4.3をこえていました。その後は，1966年に一時的に1.58を記録しますが(1966年は丙午(ひのえうま)で，丙午生まれの子供は気性が激しくなるというわれがあり出産をひかえた人が多かった)，第二次ベビーブーム(1971～74年)までは2.0をこえる高い水準で推移していました。その後は減少を続け，1989年には1966年を下回る1.57を記録し，少子化が叫ばれるようになります。

合計特殊出生率は変わらずその後も減少しますが，2005年には1.26で底打ちし，以後，回復傾向が続いて，2017年には1.43までもち直しています(**表1**，**図2**)。それでも，最低値とされる2.1にはほど遠く，回復傾向にあるとはいえ，女性の

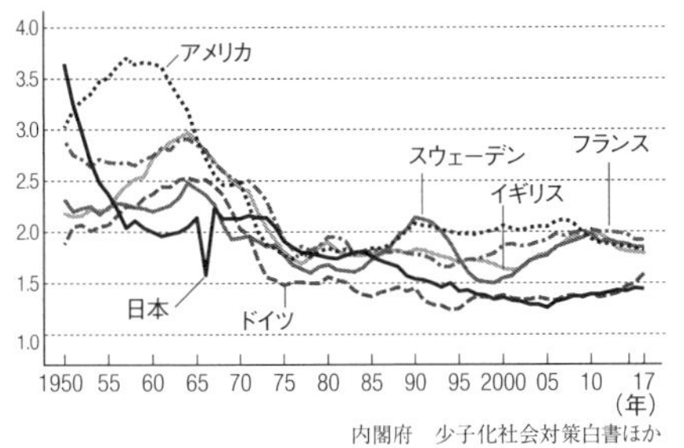

⬆2　おもな国の合計特殊出生率の推移

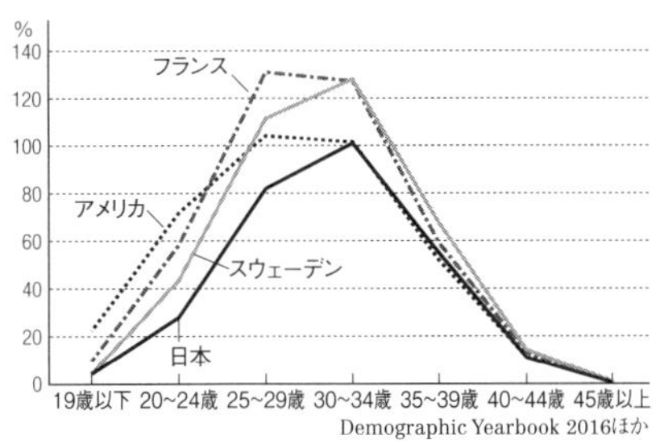

⬆3　おもな国の年齢別出産率

社会進出や，結婚や家族に対する価値観の多様化などによって，出生数は依然として減少し続けています。一方，高齢者の割合が上昇していて，また，死亡数が増加しているため，2005年と比べても，より人口減少社会に移行していることがわかります。

アメリカは先進国では高い水準にある

合計特殊出生率が高い先進国としては，アメリカ，フランス，イギリス，スウェーデン，オーストラリアなどがあげられます。いずれも**少産少死型**で，人口ピラミッドは釣り鐘型になっています。特にアメリカの場合は，ほかの4か国と比べても，女性の年齢別出産率は20～24歳の割合が高く，25～29歳がピークになっていることがわかります(**図3**)。つまり，経済水準の高い国のなかでも，アメリカは女性の出産年齢が比較的若くなっているということです。

その要因は外国人移住者(移民として流入する者)が増加しているからだと考えられます。アメリカの純移民流入数(移民流入数から移民流出数を差し引いた数)は年間100万人をこえ，2015年の外国人移住者数(居住や仕事目的で長期滞在を許可されて入国した者)は約105万人を数えています。多くは**ヒスパニック**とよばれるメキシコやプエルトリコなどの中南米からの流入者です。ヒスパニックはカトリックを信仰していることもあって，人工的な避妊を避ける傾向があり，出生率が高くなっています。また，全般的に出生率が高いとされる黒人が人口の約13%を占めています(→p.30「アメリカの州別人種・民族構成」)。

このようにアメリカではヒスパニックや黒人を中心に多産の傾向にあり，また，年齢別出産率のグラフをみてもわかるように，スウェーデンや日本に比べても，山型のピークが若い年齢層にあることも，合計特殊出生率が高い水準を維持している要因になっています。

データブック オブ・ザ・ワールド ▶ p.44

人口・都市

④ おもな先進国の老年人口割合

日本の労働力人口は減少していた !?

DB p.44❷

World Population Prospects 2019ほか

年　次	日　本	イギリス	イタリア	スイス	スウェーデン	ドイツ	フランス	アメリカ	オーストラリア
1910	(1)5.3	(2)5.2	(2)6.5	5.8	8.4	5.0	(2)8.4	4.3	(2)4.3
1920	5.3	(3)6.0	(3)6.8	5.8	8.4	(4)5.8	(3)9.1	4.7	4.4
1930	4.8	(5)7.4	…	6.9	9.2	(6)7.4	(5)9.4	5.4	(6)6.5
1940	4.8	(8)9.0	(7)7.4	8.6	9.4	(9)8.9	11.4	6.9	…
1950	4.9	10.8	8.1	9.4	10.2	9.7	11.4	8.2	8.2
1960	5.6	11.8	9.5	10.2	11.8	11.5	11.6	9.1	8.6
1970	6.9	13.0	11.1	11.2	13.7	13.6	12.8	10.1	8.2
1980	8.9	15.0	13.3	13.8	16.3	15.6	13.9	11.6	9.6
1990	11.9	15.8	14.9	14.6	17.8	14.9	14.0	12.6	11.1
2000	17.0	15.9	18.1	16.9	17.3	16.5	16.0	12.3	12.3
2010	22.5	16.6	20.5	16.9	18.2	20.5	16.8	13.0	13.4
2020	28.4	18.7	23.3	19.1	20.3	21.7	20.8	16.6	16.2
2030	30.9	21.5	27.9	23.4	22.2	26.2	24.1	20.3	19.3
2040	35.2	23.9	33.6	27.0	24.1	29.1	26.9	21.6	21.4
2050	37.7	25.3	36.0	28.6	24.6	30.0	27.8	22.4	22.8

(1) 1908　(2) 1911　(3) 1921　(4) 1925　(5) 1931　(6) 1933　(7) 1936　(8) 1939　(9) 1946

⬆1　おもな先進国の65歳以上人口割合（%）

65歳以上の人口を**老年人口**といい，老年人口数が国内人口数に対して7%をこえると高齢化社会といいます。14%をこえると高齢社会，21%をこえると超高齢社会です。2019年に日本の老年人口の割合は28.0%となり，世界最高を記録しています。幼年人口(0 ～ 14歳)の割合が12.6%ですから，**少子高齢化**が著しくなっていることは明らかです。高齢化が単独でおこることはありません。出生数が減少し幼年人口の割合が小さくなると，相対的に老年人口の割合が大きくなります。また，少子化と高齢化には必ず時間差があります。

日本の老年人口割合の変遷

日本の老年人口の割合は1950年には4.9%で(**表1**)，アメリカやイギリス，イタリア，スウェーデン，ドイツ，フランスなどと比較しても，まだまだ低い水準でした。つまり，欧米諸国は日本よりも先に**高齢化社会**に入っていたのです。また，1990年でも11.9%で，高齢化社会に突入したとはいえ，欧米諸国よりも依然として低い水準でした。しかし，2000年になると，17.0%と欧米諸国よりも高くなり，以後，少子高齢化が加速しています。つまり，日本は欧米諸国よりも遅く少子化が始まったにもかかわらず，それを追いこして高齢化が進んでいると

DB p.44① World Population Prospects 2019

地域・国名	1950			2019			2050		
	0～14歳	15～64歳	65歳以上	0～14歳	15～64歳	65歳以上	0～14歳	15～64歳	65歳以上
総人口(百万人)	870	1 538	129	1 975	5 035	703	2 056	6 131	1 549
世界	**34.3**	**60.6**	**5.1**	**25.6**	**65.3**	**9.1**	**21.1**	**63.0**	**15.9**
日本	35.4	59.7	4.9	12.6	59.4	28.0	11.6	50.7	37.7
ドイツ	23.0	67.3	9.7	13.8	64.6	21.6	13.6	56.4	30.0
イタリア	26.7	65.2	8.1	13.2	63.8	23.0	11.6	52.4	36.0

⬆2　年齢3区分別人口割合(%)

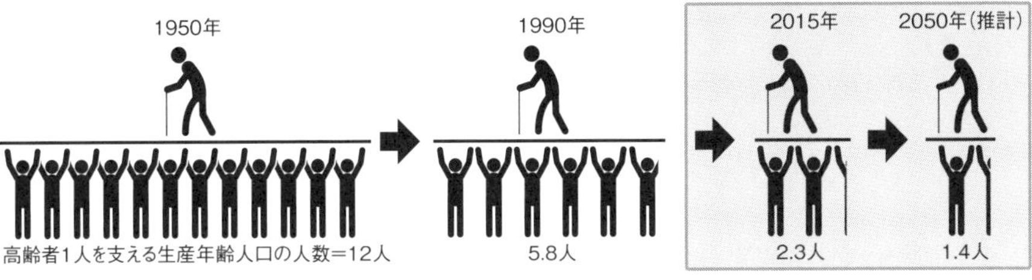

⬆3　日本での高齢者1人をささえる生産年齢人口の割合

いうことです。特に，1990年から2010年の間に，高齢者の割合が急増していることから，この間に急速に少子化が進んだことがわかります。老年人口の割合が幼年人口の割合をこえたのは1997年のことでした。

超高齢社会の何が問題なのか？

社会の高齢化が進むと，どんな問題がおきてくるのでしょう。日本の現行制度では，一般的に60歳で定年を迎えて，65歳から年金を受け取っています。年金は20～60歳未満のすべての国民が納めた保険料のなかから支払われます。納税の義務が発生するのは20歳からですが，目安として**生産年齢人口**(15～64歳)の割合をみると，2019年は59.4%と，世界平均の65.3%よりも低い水準にあることがわかります(**表2**)。

このときの人口は1億2478万人ですから，生産年齢人口は約7400万人となります。1991年の人口は1億2404万人で，生産年齢人口の割合は70.0%でしたので，計算してみると，生産年齢人口数は約8700万人となります。差し引きして，28年間に生産年齢人口は約1300万人が減少していることがわかります。つまり，**図3**のように高齢者を支える世代の社会保障負担が増加しているということです。さらに，高齢化が進むと，医療や介護にかかる保険料の負担も増加します。

データブック オブ・ザ・ワールド ▶ p.45

⑤ おもな国の産業別人口構成

産業構造は三角グラフで読み解く！

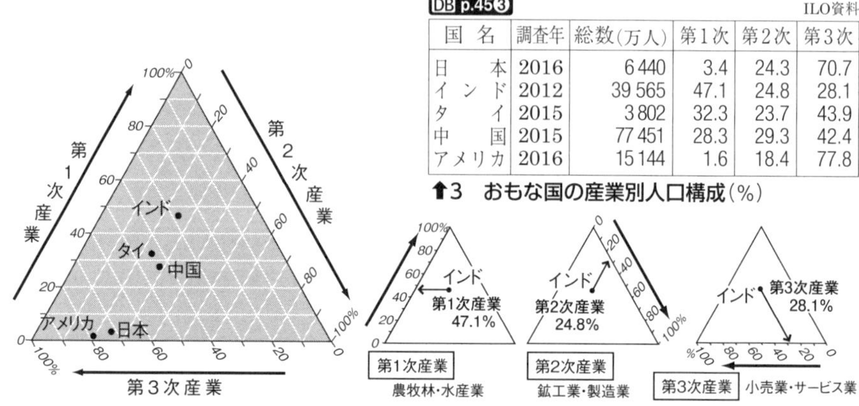

DB p.45③ ILO資料

国名	調査年	総数(万人)	第1次	第2次	第3次
日本	2016	6 440	3.4	24.3	70.7
インド	2012	39 565	47.1	24.8	28.1
タイ	2015	3 802	32.3	23.7	43.9
中国	2015	77 451	28.3	29.3	42.4
アメリカ	2016	15 144	1.6	18.4	77.8

⬆3　おもな国の産業別人口構成(%)

⬆1　おもな国の人口構造

⬆2　三角グラフの読み方

産業の分類で使われている，第1次産業，第2次産業，第3次産業という区分は，イギリスの経済学者コーリン・クラークが考え出したものです。**第1次産業**とは，農林水産業などの自然を相手に営む産業のこと，**第2次産業**は，主に第1次産業が生産した原燃料を加工して付加価値を高める鉱工業や建設業，製造業などで，**第3次産業**は，第1次，第2次以外の卸売業や小売業，サービス業などのことです。経済はその発展によって，産業の中心が第1次産業から第2次産業，さらに第3次産業へと移行していきます。こうした**産業別人口構成**の変化を「**産業構造の高度化**」とよんでいます。これによってその国の経済構造と経済状況を，ある程度把握することができます。一般的に発展途上国では第1次産業就業者の割合が高く，先進工業国では第3次産業就業者の割合が高くなっています。

三角グラフの読み方

産業別人口構成は，**三角グラフ**を使ってあらわします(**図1**)。実際に，三角グラフを読み解いてみましょう。例えば，**図1**のインドの場合，第1次産業人口の割合は47.1%ですが，これは三角グラフの左辺から読み取ります(**図2**)。同様に，第2次産業の24.8%は右辺から，第3次産業の28.1%は底辺から読み取ります。インドのように，農業でも多くの労働力を必要とする労働集約的農業や，林業や

センター試験にチャレンジ！！

次の図は，いくつかの国における産業構造の変化について，1970 年から2000年の期間における産業別就業者割合の変化を示したものであり，A～Cは，アメリカ，中国，日本のいずれかである。A～Cはそれぞれどの国にあたるか。

(2013年センター本試験「地理B」第2問 問1)

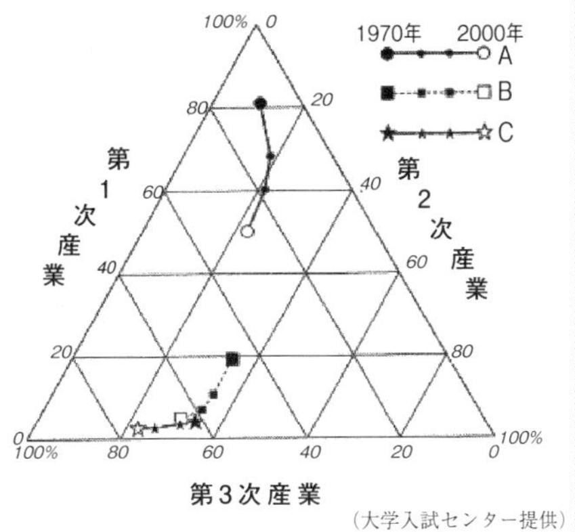

(大学入試センター提供)

水産業の比率が高い国ほど，三角形の頂点に近くなり，サービス業など第3次産業の比率が高い国ほど，三角形の左辺側に位置するようになります。また，その位置は，経済が成長するにつれて左下に移動していきます。**図1**で，各国の実際の産業別人口構成の情況を確認してみましょう。最も上部にあるインドは，工業の発展が著しくBRICS（ブリックス）の一つにも数えられていますが，依然として第1次産業就業者の割合が高いことがわかります。インドの下部にあるのが中国やタイです。インドと比べると経済発展が進んでいることがわかります。日本やアメリカは，さらに左下の方にあります。

三角グラフで各国の経年変化を読む！

三角グラフは産業構造の比較だけでなく，経年変化をみるときにも使われます。**図3**は，アメリカ，中国，日本の，1970年から2000年の30年間の産業別就業者の割合の変化を示した三角グラフです。

A国は，1970年の第1次産業就業者の割合が高くなっていることから中国であることがわかります。中国の本格的な経済成長は2000年以降ですが，「**世界の工場**」といわれるほど工業化が著しく，第2次産業就業者の割合が高いことも判断材料になります。同様のことは，鉄鋼業を基幹産業にしていた旧ソビエトにもいえます。BとCの判断が難しいです。アメリカは，世界トップクラスの農業国ですが，広大な農地に機械を投入して大規模に経営する商業的農業（企業的農業）が進んでいるため，早い段階から第1次産業就業者の割合は低かったと考えると，Cがアメリカ，残るBが日本となります。

データブック オブ・ザ・ワールド ▶ p.46

⑥ 世界の都市人口率

都市に人口が集まるのは先進国？発展途上国？

DB p.46❶

World Urbanization Prospects:The 2018 Revision

地域・国名	1950	1970	1990	2015
世界	**29.6**	**36.6**	**43.0**	**53.9**
先進地域	54.8	66.8	72.4	78.1
発展途上地域	17.7	25.3	34.9	49.0
アジア	17.5	23.7	32.3	48.0
アフリカ	14.3	22.6	31.5	41.2
ヨーロッパ	51.7	63.1	69.9	73.9
アングロアメリカ	63.9	73.8	75.4	81.6
ラテンアメリカ	41.3	57.3	70.7	79.9
オセアニア	62.5	70.2	70.3	68.1
イラン	27.5	41.2	56.3	73.4
インド	17.0	19.8	25.5	32.8
インドネシア	12.4	17.1	30.6	53.3
韓国	21.4	40.7	73.8	81.6
タイ	16.5	20.9	29.4	47.7
中国	11.8	17.4	26.4	55.5
トルコ	24.8	38.2	59.2	73.6
日本	53.4	71.9	77.3	91.4
パキスタン	17.5	24.8	30.6	36.0
バングラデシュ	4.3	7.6	19.8	34.3
フィリピン	27.1	33.0	47.0	46.3

地域・国名	1950	1970	1990	2015
ベトナム	11.6	18.3	20.3	33.8
エジプト	31.9	41.5	43.5	42.8
ナイジェリア	9.4	17.8	29.7	47.8
南アフリカ	42.2	47.8	52.0	64.8
イギリス	79.0	77.1	78.1	82.3
イタリア	54.1	64.3	66.7	69.6
スイス	67.4	73.8	73.9	73.7
スウェーデン	65.7	81.0	83.1	86.6
スペイン	51.9	66.0	75.4	79.6
ドイツ	67.9	72.3	73.1	77.2
ハンガリー	53.0	60.1	65.8	70.5
フランス	55.2	71.1	74.1	79.7
ポーランド	38.3	52.1	61.3	60.3
ロシア	44.1	62.5	73.4	74.1
アメリカ	64.2	73.6	75.3	81.7
カナダ	60.9	75.7	76.6	81.3
メキシコ	42.7	59.0	71.4	79.3
アルゼンチン	65.3	78.9	87.0	91.5
ブラジル	36.2	55.9	73.9	85.8
ペルー	41.0	57.4	68.9	77.4
オーストラリア	77.0	84.0	85.4	85.7

⬆1 **世界の地域・おもな国の都市人口率**(%)

都市人口率とは，総人口に対する都市人口の割合のことです。実際には，国によって都市部の定義が異なるため，単純には比較できませんが，大学入試にもよく登場する指標です。どのような特徴があるのかみていきましょう。

都市人口率は先進国で高く途上国で低い

2015年の世界の都市人口率は53.9%で，およそ2人に1人が都市部で生活していることになります(**表1**)。しかし，一様ではなく，先進地域と発展途上地域で区分すると,先進地域の方が都市部で生活する人の割合が高いことがわかります。地域別にみると，アジアやアフリカで低く，ヨーロッパやアングロアメリカ，ラテンアメリカでは高くなっています。

発展途上地域の産業の中心は農業で，多くの労働力を使った労働集約的な農業経営がほとんどです。そのため，多くは農村部で暮らしていて，都市人口率は低くなっています。近年は，経済発展にともない，都市部で生活する人口の割合が高くなっています。

ラテンアメリカで都市人口率が高い理由

DB p.46③

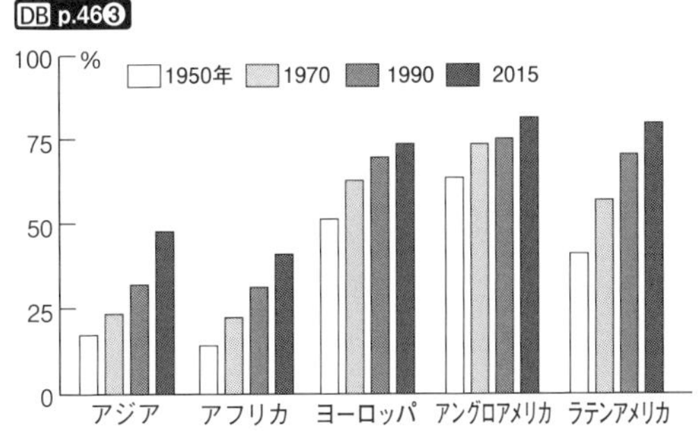

⬆2　都市への人口集中(都市人口の推移)

G20にはブラジル，アルゼンチン，メキシコなどが入っていますが，ラテンアメリカは全体からみれば発展途上地域といえます。それなのに都市人口率が非常に高くなっているのは，なぜでしょう(**図2**)。

ラテンアメリカは，アングロアメリカやオセアニア地域とともに，かつては**新大陸**とよばれていました。新大陸から運ばれた富は，スペイン，ポルトガルからオランダ，フランスを経て，イギリスへと移転し，それが基盤となって産業革命がおこり，その生産した商品の市場と工業原料を求めて，ヨーロッパ各国は植民地の獲得競争に乗り出します。そうした植民地経営は，安全と防衛，ヨーロッパとの交易の利便さを優先して，拠点の多くを沿岸部に置いていました。その拠点を中心に発展し，都市の数が少なかったため，都市への一極集中が進みました。アルゼンチンやウルグアイは都市人口率が90%をこえていて，ブラジルやチリでも80%をこえています。

日本の都市人口率は先進国トップ

2010年の日本の都市人口率は，2012年版『データブック』では66.8%ですが，2013年版では90.5%になっています。どちらも同じ年のデータなのに2013年版では上方修正されているのです。どうしてでしょう？

日本の都市人口率は，隔年ごとに発表される国連統計に基づいているため，国連の定義変更によって上方修正されたのです。2013年以降は，「都市圏」の定義が，

①5万人以上の住民がいること，

②主要市街地に住宅の60%以上があること，

③人口の60%以上(扶養家族を含む)が製造業，貿易，またはその他の都市型の事業に従事していること，

という三つの条件を満たす市町村ということになっています。

データブック オブ・ザ・ワールド ▶ p.47

⑦ おもな国の外国人流入人口

受入国の経済背景に理由がある？

DB p.47❷❸❹❺

OECD International Migration Outlook 2018

国名	1992	2010	2016	%
ルーマニア	…	7 000	55 000	12.1
インド	9 200	68 000	35 000	7.7
中国	1 800	28 000	35 000	7.7
ポーランド	3 500	34 000	29 000	6.4
イタリア	…	9 000	26 000	5.7
合計（その他共）	**203 900**	**459 000**	**454 000**	**100.0**

⬆1　イギリスへの外国人流入人口の推移（人）

国名	1990	2010	2016	%
ルーマニア	78 200	75 500	222 300	12.9
シリア	…	3 000	179 500	10.4
ポーランド	200 900	115 600	160 700	9.3
ブルガリア	(1)8 000	39 800	83 000	4.8
アフガニスタン	…	7 400	75 800	4.4
合計（その他共）	**842 400**	**683 500**	**1 720 200**	**100.0**

(1)1995

⬆2　ドイツへの外国人流入人口の推移（人）

国名	1990	2010	2016	%
アルジェリア	13 800	21 400	21 300	8.8
モロッコ	18 000	20 100	18 400	7.6
イタリア	…	…	13 900	5.8
ポルトガル	…	…	12 400	5.1
イギリス	…	…	11 600	4.8
合計（その他共）	**102 400**	**221 800**	**240 900**	**100.0**

⬆3　フランスへの外国人流入人口の推移（人）

国名	1991	2010	2016	%
インド	5 100	23 500	38 600	17.7
中国	3 300	24 500	29 100	13.3
ニュージーランド	7 500	24 400	19 700	9.0
イギリス	20 700	26 700	19 000	8.7
フィリピン	6 400	10 200	12 000	5.5
合計（その他共）	**121 700**	**202 200**	**218 500**	**100.0**

⬆4　オーストラリアへの外国人流入人口の推移（人）

外国人の流入とは，海外赴任や出稼ぎ労働者，留学生，難民などのことです。送出国と受入国の二国間の経済状況をはじめ，さまざまな要因によってその数は変動します。**表1～表4**のイギリス，ドイツ，フランス，オーストラリアの外国人流入人口をみると，ドイツが170万人をこえて，圧倒的に多いことがわかります。出身地別にみると，ドイツは東欧や中東，イギリスでは東欧やインド，フランスでは旧植民地だった北アフリカの国が多いことがわかります。

ドイツにやってくる外国人の特徴

第二次世界大戦で多くの戦死者を出したドイツ（西ドイツ）では，戦後復興の際に，不足していた労働力を確保するために，近隣各国と二国間協定を結んで**外国人労働者**を導入しました。最初はイタリアからが多く，その後，スペイン，ギリシャ，トルコや旧ユーゴスラビアからの移民が増えています。ドイツでは外国人労働者のことを**ガストアルバイター**とよんでいます。ゲスト労働者という意味で，最初は契約期間が終われば帰国するという条件でした。ところがそのまま残留する人が多くなったのです。特にトルコ系住民が多く，約200万にのぼっています。

そのため，キリスト教徒のドイツ人とイスラームのトルコ系住民との対立が社会問題になっています。

ポーランドは以前からドイツへの**出稼ぎ労働者**が多かった国です。2007年にルーマニアとブルガリアがEUに加盟して以来，この二か国からの流入が増加しています(**表2**)。また，近年はシリア紛争によるシリアからの難民が急増しています。憲法にあたるドイツ基本法には，「政治的に迫害を受けた者は庇護権を享有する」とあり，基本的には受け入れを拒否できないため，難民の流入はあとを絶ちません。これを背景に民族主義的で過激なイスラーム排斥運動までおきています。

イギリスとフランスの特徴

イギリスとフランスは，ともに，かつての植民地だった国からの流入が多くなっています(**表1**，**表3**)。イギリスでは，移民制限のために労働許可制によって外国人労働者を受け入れていました。しかし，景気拡大による人材不足を補うために1990年代から2000年代にかけて，ITや医療・保健分野を中心に，特に専門技術をもつ外国人労働者を受け入れました。さらに，2004年にはEUの拡大によって加盟した東欧諸国からの労働者の受け入れを，原則，自由化しています。これによってルーマニアやポーランドなどからの移民が急増し，それがEU離脱の要因の一つです。

フランスでは移民が人口の約9%を占めていて，アルジェリアやモロッコのほかにも，同じ旧植民地のチュニジアやコモロなどからの流入も増加しています。また，ヨーロッパからはポルトガル，スペイン，イタリアが多く，アジアからはトルコのほか，ラオス，カンボジア，ベトナムからが多くなっています。フランスは外国人に対しては出生地主義をとっていて，移民の子供も5年以上フランスに住んでいれば，成人したときにフランス国籍が得られます。

オーストラリアの特徴

オーストラリアでは，近年，インド人移民が増加しています(**表4**)。受け入れの内訳は，「技能移民」が最も多く，次いで「家族移民」が多く，二つでほぼ100%を占めています。なかでも，労働力不足や高齢化に対応するために，高度な技能をもった人材を優先的に受け入れています。近年のインドでの先端技術の発展はめざましく，インド人移民のほとんどはそうした技能移民です。

データブック オブ・ザ・ワールド ▶ p.47

⑧ 日本国内の在留外国人数

国籍によって在留資格が違っている！

DB p.47⑦

在留外国人統計

	1990	%	2000	%	2005	%	2010	%	(1) 2018	%
中国	150 339	14.0	335 575	19.9	519 561	25.8	687 156	32.2	764 720	28.0
韓国・朝鮮	687 940	64.0	635 269	37.7	598 687	29.8	565 989	26.5	(2) 449 634	16.5
ベトナム	6 233	0.6	16 908	1.0	28 932	1.4	41 781	2.0	330 835	12.1
フィリピン	49 092	4.6	144 871	8.6	187 261	9.3	210 181	9.8	271 289	9.9
ブラジル	56 429	5.2	254 394	15.1	302 080	15.0	230 552	10.8	201 865	7.4
ネパール	…	…	3 649	0.2	6 953	0.3	17 525	0.8	88 951	3.3
(台湾)	…	…	…	…	…	…	…	…	60 684	2.2
合計(その他共)	**1 075 317**	**100.0**	**1 686 444**	**100.0**	**2 011 555**	**100.0**	**2 134 151**	**100.0**	**2 731 093**	**100.0**

(1)在留管理制度が変更されたため，2010年以前とは接続しない。2010年以前は外国人登録者数であり，2011年以降は在留外国人数(短期滞在などを除く)を示す。 (2)韓国人

⬆1　**日本国内の在留外国人数**(人)

日本の**在留外国人数**は現在250万をこえるまでに増加しています(**表1，図2**)。在留カードや特別永住者証明書に記された国籍・地域の数は195を数え，中国をトップに，韓国，ベトナム，フィリピン，ブラジル，ネパールと続いています。近年，増加が顕著なのは，ベトナム，ネパール，インドネシアです。

在留資格をみると，最も多いのが「永住者」の75万人で，「特別永住者」が33万人，「留学」が31万人，「技能実習」が27万人，「技能・人文知識・国際業務」が19万人と続いています。在留外国人の居住地を都道府県別でみると(『データブック』p.49)，東京都が57万人(20.8%)と最も多く，ほかにも愛知県26万人(9.6%)，大阪府24万人(8.8%)と大都市圏で多いことがわかります。2011年の東日本大震災のあと，一時的に減少しましたが，2013年以降は一転して増加を続け，2017年には過去最高を記録しています。

最も多いのは中国籍

在留外国人は，中国籍が，2007年に韓国・朝鮮籍(当時)を抜いて最多となりました。在留資格は，技術者，通訳，語学教師，デザイナー，留学生，技能実習生などの，「技能・人文知識・国際業務」や「留学」，「技能実習」がほとんどです。ほかには，「家族滞在」が多く，中国から家族をよび寄せて暮らしている者が多いと考えられます。日中間の経済関係はますます強まっていて，中国人観光客とともに，中国籍在留者の数も増加が続くと予測されています。

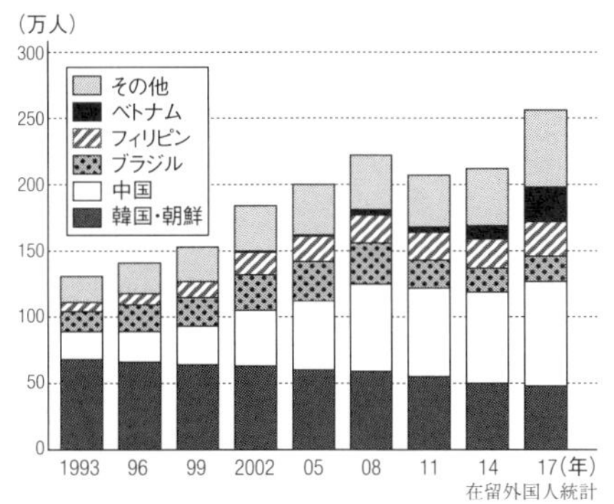

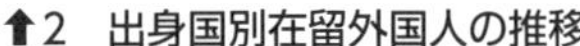
⬆2 出身国別在留外国人の推移

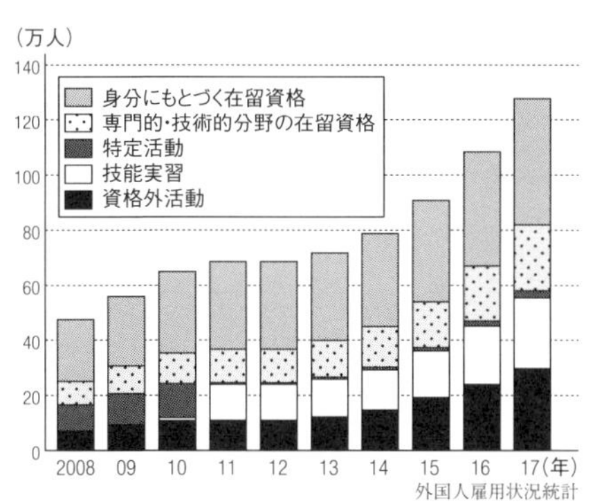

⬆3 資格別外国人労働者の推移

韓国籍は減少傾向

中国籍とは反対に，韓国・朝鮮籍の外国人は減少を続けています。在日韓国・朝鮮人に対しては1991年に「特別永住者」という在留資格が設けられ，また，以前は国籍区分も韓国・朝鮮籍と一括りにされていましたが，2012年からは韓国籍と朝鮮籍に分割されています。

韓国籍のほとんどは「特別永住者」です。1910年の日韓併合によって韓国人は日本国籍をもつことになり，たくさんの韓国人が日本に住むようになりました。しかし，1951年のサンフランシスコ講和条約の締結で日本が朝鮮の独立を正式に認めたことにより，在留韓国・朝鮮人は日本国籍を失いました。韓国経済の成長によって国内の就業機会が増えると，来日数は減少し，日本国籍取得者が増えたことから，全体に減少を続けています。

増加するベトナム籍，ネパール籍，インドネシア籍

日本政府は2008年に，2020年を目途に留学生を30万人受け入れる計画をスタートさせました。これによりベトナム，ネパール，インドネシアからの「留学」が増加しています。また，人材育成を通じて発展途上国への技能や知識の移転をはかろうとする外国人技能実習制度によって，「技能実習」が増加しています(**図3**)。この在留資格は，かつては中国籍が多かったのですが，中国経済の発展によって来日数が減少し，かわってベトナム籍やインドネシア籍が増加しています。

2019年に出入国管理法が改正され，外国人労働者の受け入れが拡大されるようになりました。人手不足が心配される農業や建設，介護，宿泊など，全部で14業種がその対象となっています。

データブック オブ・ザ・ワールド ▶ p.48

人口・都市

⑨ 日本の人口の変遷

人口は国勢調査によって把握されている！

DB p.48❶

国勢調査報告ほか

年　次	総　数（千人）	出生数（千人）	死亡数（千人）	自然増加数（千人）	出生率（‰）	死亡率（‰）	自然増加率（‰）	乳児死亡率（‰）	人口密度（人/km²）
1872（明5）	34 806	593	412	182	…	…	…	…	91.2
1900	43 847	1 470	916	554	…	…	…	…	114.8
1910	49 184	1 782	1 071	711	…	…	…	…	128.8
1920（大9）	55 963	2 105	1 431	673	36.3	25.4	10.9	166.2	146.5
1930（昭5）	64 450	2 135	1 185	950	32.4	18.2	14.2	124.1	168.6
1940	73 114	2 110	1 224	886	29.4	16.5	12.9	90.0	191.1
1950	84 115	2 417	907	1 510	28.1	10.9	17.2	60.1	223.0
1960	94 302	1 624	713	911	17.2	7.6	9.6	30.7	250.0
1970	104 665	1 932	721	1 211	18.8	6.9	11.8	13.1	277.3
1980	117 060	1 616	722	894	13.6	6.2	7.3	7.5	309.9
1990（平2）	123 611	1 241	824	417	10.0	6.7	3.3	4.6	327.2
2000	126 926	1 191	962	229	9.5	7.7	1.8	3.2	335.8
2010	128 057	1 071	1 197	−126	8.5	9.5	−1.0	2.3	343.4
2015	127 095	1 006	1 290	−285	8.0	10.3	−2.3	1.9	340.8

㈶1950～1970年までは沖縄を含まない。1950年以降の人口密度計算に用いた面積には歯舞群島・色丹島・国後島・択捉島・竹島は含んでいない

⬆1　日本の国勢調査人口の変遷

日本の国勢調査は1920年に始まりました。以来，総務省統計局（以前は内閣統計局）によって5年に1度実施されています。**表1**をみると，出生率，死亡率，自然増加率，乳児死亡率について1920年以前のデータがないのは国勢調査がなかったからです。国勢調査は，日本国内の人口（日本国籍に加えて外国籍も算出），世帯の実態を把握するために行われています。国勢調査以前の統計をみると，明治に入ってすぐの1872年の総人口は約3480万人だったのが，1900年には約4380万人に増え，その後は，毎年，年平均で1910年までが約53万人，1920年までが約67万人で増加していることがわかります。

第二次世界大戦以前の人口動態

日本の人口は1920年の時点で約5600万人を数えていました。出生率が36.3‰（パーミル），死亡率は25.4‰ですから，その後の数値を比較すると多産多死型の人口動態になっていることがわかります。1930年の日本の人口ピラミッドは裾野が広く，高齢者割合の小さい富士山型をしていることから，1920年の日本もほとんど同じと考えていいでしょう（→p.34「おもな国の人口ピラミッド」）。死亡率が高い要因として，やはり，乳児死亡率の高さがあげられます。当時の日本は，現在の発展途上国と同じような人口動態にあったことがわかります。

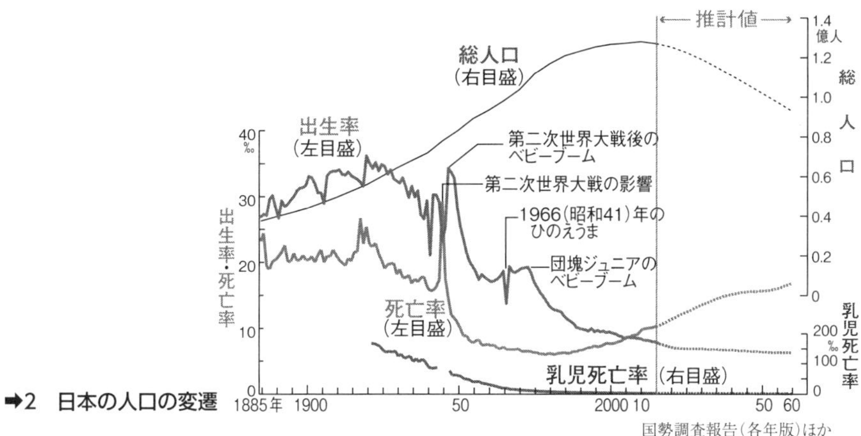

➡2 日本の人口の変遷

二度のベビーブーム

日本は国勢調査が始まって以来，二度の**ベビーブーム**を経験しています(**図2**)。第一次ベビーブームは1947 ～ 49年におこっています。第二次世界大戦のあと，混乱期が続いて，出産をひかえていたのが，少しずつ落ち着きを取り戻して，一挙に出生率が高くなったのです。さらに，乳児死亡率とともに死亡率が低下していったため，多産多死型から多産少死型に移行していきました。特に1949年の出生数は約270万人を数え，合計特殊出生率は4.32を記録しています。その結果，この3年間に出生数は約800万人をこえることになりました。いわゆる「**団塊の世代**」です。のちに1970年代に作家の堺屋太一さんが，この世代の大卒サラリーマンを主人公にした小説『団塊の世代』を発表したのが話題になり，そうよばれるようになりました。

さらに，1971 ～ 74年にも，出生数が毎年200万人をこえるようになりました。第二次ベビーブームで，団塊の世代が結婚し出産適齢期に入ったためで，この時期に生まれた世代は，団塊の世代を親にもつ者が多いため，「**団塊ジュニア**」の多くがこの世代です。これを最後に，日本の出生数は減少傾向が続いて，出生率が低くなっていきます。そのため，自然増加率は2005年以降，マイナスに転じました。少子高齢化が急速に進んだことで，自然増加数はマイナスに転じています。

国際連合が発表した推計データによると，2050年の日本の人口は1億580万人になり，老年人口の割合は37.7%まで高くなると予測されています。**少子高齢化**が，よりいっそう進むと考えられているからで，2100年には7500万人まで減少するとみられています。

データブック オブ・ザ・ワールド ▶ p.49

人口・都市

⑩ 都道府県別の産業別人口構成

日本の産業別人口には偏りがある

第1次産業	農業, 林業, 水産業
第2次産業	鉱業, 製造業, 建設業
第3次産業	商業, 運輸業, 観光業, 金融業, 不動産業, 公務, 教育業, 保健衛生業, 水道業, 電気・ガス供給業, その他のサービス業など

⬆1　産業別人口の分類

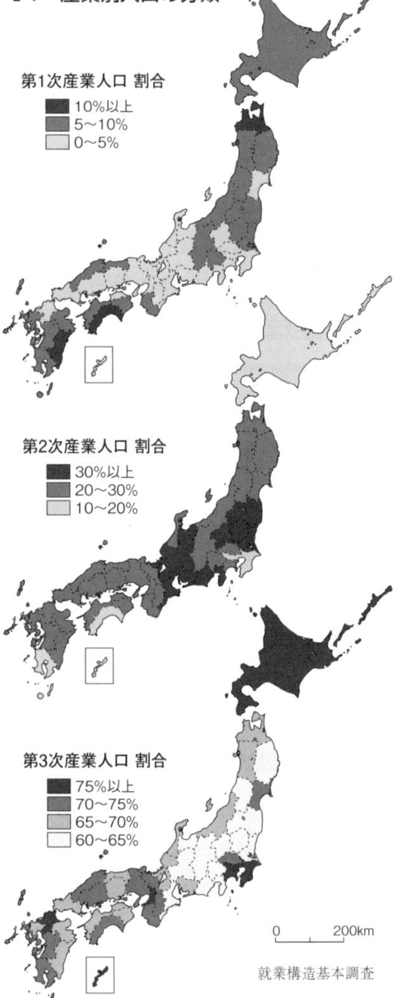

40 ～ 41ページで**産業別人口構成**について解説しましたが，ここでは都道府県別にみていきましょう。日本では国が定める「日本標準産業分類」をもとに，国勢調査によって産業分類が定められています(**表1**)。定義は何度も改定されていて，最も新しいのは2013年10月の改定です。

第 1 次産業の割合が高い地域

表3より第1次産業の割合の経年変化をみると，1970年には19.3%だったのが1980年には10.9%と半減しています。高度経済成長期(1955 ～ 73年)に農村部から都市部への人口流出が激しくなったことから，1970年以前より減少傾向にありました。現在は3.4%で，以下の諸県で高くなっています(**図2**)。

農業では，稲作で青森県，果樹栽培で青森県，和歌山県，佐賀県，熊本県，畜産で岩手県，熊本県，宮崎県，鹿児島県，林業では和歌山県，漁業では高知県，鹿児島県です。

第 2 次産業の割合が高い地域

日本の第2次産業の割合は約24%で，第1次産業と同様に，年々，減少傾向にあります。第3次産業の割合が増加しているために，相対的に減少しているということです。特に，北関東地方，東海地方でその割合が高くなっています(**図2**)。

⬆2　都道府県別の産業人口割合(2017年)

北関東地方には，機械工業や金属工業，石油化学工業を主力にした北関東工業地域が形成されています。かつては荒川や江戸川を利用した水運交通が発達していた地域で，京浜工業地帯と一体化して，工業が発展してきました。

東海地方には，東海工業地域や中京工業地域が形成されています。東海工業地域は静岡県の沿岸部を中心に発達した工業地域で，古くから富士山麓の湧水や日本アルプスから流れる河川を水運として利用してきました。特に，大井川や天竜川を上流から運んだ杉や檜（ひのき）の木材加工業は，建築業のほか，ヤマハやKAWAIなどの楽器製造業にも発展しています。

中京工業地域は豊田織機に始まるトヨタ自動車を背景に自動車工業と関連産業が発達しています。また，伝統的に製薬業が盛んな富山県や滋賀県も第2次産業の割合が高くなっています。

第3次産業の割合が高い地域

第3次産業の割合は大都市圏の中心地で高くなっています(**図2**)。一番高いのは東京都で，次いで周辺の神奈川県，千葉県，埼玉県が高くなっています。また，大阪府と周辺の京都府，奈良県，兵庫県のほか，北海道，宮城県，福岡県，長崎県，沖縄県で高い割合です。沖縄県が東京都に次いで2位になっているのと，北海道が高いのは，観光業が発達しているからです。

DB p.49

就業構造基本調査

県	産業別人口構成(2017)(1)			
	総数(千人)	第1次産業(%)	第2次産業(%)	第3次産業(%)
1970	52 593	19.3	34.0	46.6
1980	55 811	10.9	33.6	55.4
1990	61 682	7.1	33.3	59.0
2000	62 978	5.0	29.5	64.3
全国	**66 213**	**3.4**	**24.1**	**72.5**
北海道	2 613	6.1	17.4	**76.5**
青森	649	**12.0**	20.8	67.2
岩手	655	**9.9**	26.3	63.8
宮城	1 207	3.9	23.6	72.5
秋田	500	7.8	25.5	66.6
山形	580	8.4	28.5	63.1
福島	971	6.3	31.1	62.6
茨城	1 515	5.4	30.6	64.0
栃木	1 034	5.9	31.1	63.0
群馬	1 029	4.4	31.9	63.7
埼玉	**3 907**	1.7	23.6	74.7
千葉	3 274	2.8	19.6	**77.6**
東京	**7 887**	0.5	15.8	**83.7**
神奈川	**4 901**	0.8	21.1	**78.1**
新潟	1 165	5.3	29.7	65.1
富山	554	2.7	**33.9**	63.4
石川	610	2.9	28.2	68.9
福井	422	3.5	31.4	65.1
山梨	442	6.9	28.3	64.8
長野	1 112	8.5	28.8	62.7
岐阜	1 059	3.4	**32.6**	64.1
静岡	1 945	3.3	**33.4**	63.3
愛知	**4 069**	2.1	**32.7**	65.3
三重	941	3.0	**32.3**	64.7
滋賀	744	2.5	32.2	65.3
京都	1 340	1.7	23.6	74.7
大阪	**4 471**	0.4	23.8	75.7
兵庫	2 722	1.9	25.0	73.0
奈良	641	2.3	23.1	74.5
和歌山	465	8.4	21.0	70.6
鳥取	290	8.3	22.4	69.3
島根	349	6.2	23.3	70.5
岡山	966	4.3	27.2	68.5
広島	1 459	2.7	26.5	70.8
山口	679	4.2	25.9	69.9
徳島	362	8.1	22.6	69.4
香川	491	4.8	25.8	69.4
愛媛	679	7.9	23.7	68.5
高知	359	**10.2**	17.4	72.3
福岡	2 558	2.8	21.4	75.8
佐賀	423	8.4	24.9	66.7
長崎	672	7.4	20.3	72.3
熊本	881	**9.1**	20.7	70.2
大分	573	6.2	24.2	69.6
宮崎	549	**10.4**	21.1	68.6
鹿児島	800	8.1	19.7	72.2
沖縄	704	4.0	15.4	**80.7**

(**太字**は上位5都道府県)

(1)15歳以上。割合は分類不能の産業を除いて算出している。また，百分比の合計は100%にならない場合がある。

⬆3　日本の都道府県別産業別人口

データブック オブ・ザ・ワールド ▶ p.56

① 世界の米

米は地産地消傾向の強い自給的作物！

DB p.56③

(F)

万トン	1989-91 平均生産量	生産量	%	1ha当たり 収量(トン)	順位(1)
中国	18 657	21 268	27.6	6.92	12
インド	11 129	16 850	21.9	3.85	54
インドネシア	4 486	8 138	10.6	5.15	31
バングラデシュ	2 698	4 898	6.4	4.35	45
ベトナム	1 928	4 276	5.6	5.55	26
タイ	1 940	3 338	4.3	3.15	69
ミャンマー	1 366	2 562	3.3	3.80	55
フィリピン	967	1 928	2.5	4.01	52
ブラジル	932	1 247	1.6	6.21	21
パキスタン	486	1 117	1.5	3.85	53
カンボジア	252	1 035	1.3	3.51	62
ナイジェリア	301	986	1.3	2.01	94
日本	1 269	978	1.3	6.67	15
アメリカ	711	808	1.1	8.41	4
エジプト	310	638	0.8	9.30	2
世界計	**51 807**	**76 966**	**100.0**	**4.60**	

米の生産は「もみ量」 (1)1ha当たり収量の世界における順位

⬆1 米の生産と1ha当たり収量(2017年)

DB p.56④

(F)

	2016	万トン	%
輸出	タイ	987	24.5
	インド	987	24.5
	ベトナム	521	12.9
	パキスタン	395	9.8
	アメリカ	332	8.2
	ウルグアイ	90	2.2
	イタリア	65	1.6
	世界計	**4 027**	**100.0**
輸入	中国	352	9.2
	ベナン	146	3.8
	コートジボワール	128	3.4
	インドネシア	128	3.4
	サウジアラビア	124	3.2
	アラブ首長国	121	3.2
	イラン	106	2.8
	世界計	**3 822**	**100.0**

⬆2 米の貿易

稲はイネ科の植物です。その果実が籾(もみ)で，さらに外皮の殻を取り除いたのが**米**です。稲の原産地はどこなのか，諸説あって，中国南部の雲南省あたりとされていましたが，近年は，長江流域の湖南省あたりではないかといわれています。栽培されているのはアジアイネとアフリカイネの2種類で，アジアイネにはジャポニカ種とインディカ種の2系統があります。稲が十分に育つには，成長期に気温が20℃以上と高く，降水量は年間1000mm以上が必要です。しかし，灌漑設備が整っていれば，降水量が少なくても育つため，エジプトやパキスタンなどの乾燥気候の地域でも広く栽培されています。

モンスーンアジアでの米の生産と輸出

モンスーンアジアとは，東アジア(モンスーンが届かない内陸部に位置するモンゴルや中国西部は除く)，東南アジア，南アジア(パキスタンを除く)のように，夏季に海洋から湿ったモンスーン(季節風)が吹きつける地域です。気温が高く年降水量が多いため，稲作に適していて，世界の米の約9割がモンスーンアジアで生産されています。モンスーンアジア以外で，年間1000万トン近くの米を生産しているのはブラジルとナイジェリアくらいです。生産上位10か国を示した**図3**

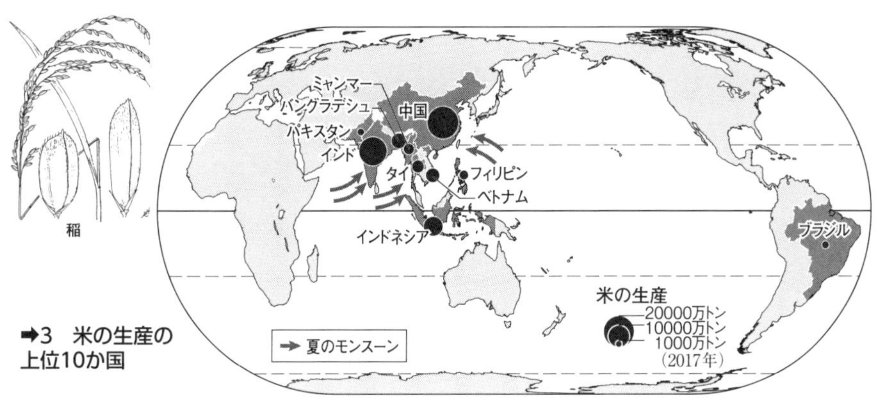

➡3 米の生産の上位10か国

からも，モンスーンアジアに集中していることがわかります。

次に米の輸出統計をみてみましょう(**表2**)。世界の米の総輸出量は約4000万トンで，総生産量に対してわずか5%にすぎません。米は**地産地消**の傾向の強い自給的な穀物なのです。輸出の上位国をみると，タイ，インド，ベトナム，パキスタン，アメリカが上位を占めています。

タイやベトナムでは輸出向けの米が栽培されています。米の輸出は長くタイが世界一でしたが，近年はインドの輸出量がタイを上回ることもあります。これは「**緑の革命**」によって生産量が増加し，輸出余力が大きくなったからです。パキスタンはモンスーンアジアから外れていますが，インダス川からの灌漑によって稲作が行われています。パキスタンは人口1億9900万という人口大国で，穀物の国内需要が大きいにもかかわらず，生産量(約1000万トン)に対する輸出量(約400万トン)の割合が約4割と高くなっています。主食は米だけでなく，ナンやチャパティなど，小麦も使われているため，米を輸出に回すことができるのです。

「緑の革命」と初期の問題点

発展途上国の食料不足を解消するためには，食料を増産しなければなりません。それには，生産地域を拡大するか，土地生産性を向上させるかしかありません。1960年代に始まった「緑の革命」は後者のやり方です。高収量品種の導入によって土地生産性の向上をはかろうとしたのです。稲，小麦，とうもろこしの品種改良が進められ，1962年にはフィリピンのマニラに国際稲研究所が設立され，「ミラクルライス(奇跡の米)」とよばれたIR 8という品種が開発されました。これによって土地生産性が向上し，生産量が増加して食料不足が改善されたのです。

DB p.56⑦

(F)

2013	米	小麦
日本	59.9	45.0
中国	78.2	63.4
ドイツ	3.3	83.4
フランス	4.9	108.4
アメリカ	6.9	80.4
オーストラリア	11.0	70.5

(注)米は「精米量」

⬆4　1人当たり穀物の供給量(kg／年)

⬆5　日本の米生産量と1人当たり消費量

インドは，この「緑の革命」の恩恵を大きく受けています。1960年代半ばまでインドでは慢性的な食料不足が続いて，食料輸入が常態化していました。そこで高収量品種を導入して食料増産をはかり，食料の自給を達成しました。さらに，1990年代には全国に普及し，食料自給を達成して輸出国になり，2012年には米の輸出国のトップに立っています。

しかし，良いことばかりではありません。地域によって自給率にかなりの偏りがありました。「緑の革命」を進めるためには，品種改良や，技術開発への大きな投資が必要であり，財政が悪化したばかりでなく，肥料はもちろん，農薬や除草薬の投入なしには栽培できなくなったため，資金力のある大規模農家だけが潤って貧富の差が広がりました。

日本人は米を食べなくなった!?

日本人の1人当たり米の消費量をみると約60kgとなっています(**表4**)。欧米諸国に比べればはるかに多いものの，年々，減少傾向にあり，1960年の半分になっています(**図5**)。

原因はパンを主食とするなどの食生活の変化，西欧化にあります。そこで，米の余剰生産を抑制するために作付面積を削減する生産調整(**減反**(げんたん))を1970年より行いました。しかし，米の価格維持に公的資金を投入したり，減反達成農家に補助金を出すなど，財政負担が大きくなったため，減反政策は2018年に廃止されました。TPP (環太平洋パートナーシップ)協定によって関税が廃止されれば，安い外国産米が入ってきて，生産調整の意味がなくなり，財政負担も軽くなるからです。

インディカ米
（長粒種）
パラパラとした食感で，粘り気が少ない。炊くと独特の香りが出る。カレーやピラフ向き。

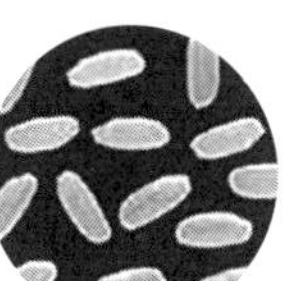

ジャバニカ米
（中粒種）
見た目はジャポニカ米，調理法や食感はインディカ米。パエリアやリゾット向き。

ジャポニカ米
（中粒種，短粒種）
炊き上げるとふんわりと柔らかく，独特の弾力と粘り気，つやが出る。

←6 米の種類と特徴

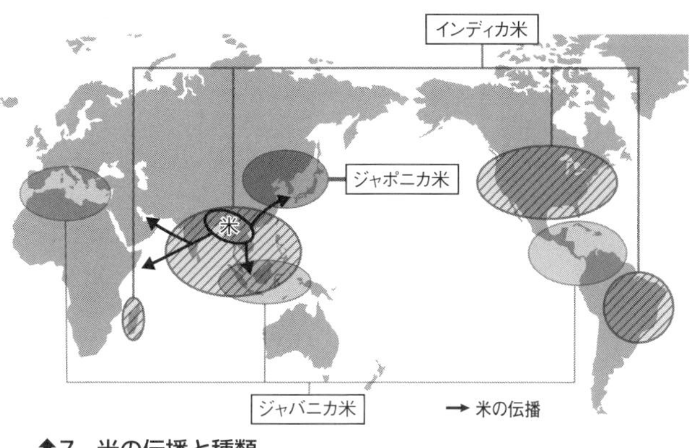

↑7 米の伝播と種類

世界のさまざまなお米レシピ

米料理は，世界の大生産地である**モンスーンアジア**だけでなく，さまざまな地域でみられます。米料理は大まかに，主食としているか，野菜として食しているかによって調理方法に違いがみられます。また，ジャポニカ米とインディカ米を比べても，それぞれに適した料理方法があります。ジャポニカ米をよく食べる日本では，おもに米を炊（た）いて食べます。

世界で最も米の消費量が多いのは中国です。中国ではジャポニカ米よりもインディカ米が主流となっています。炊いた米を卵などの具と炒めてつくる炒飯，味付けした椎茸や肉などと一緒に米を笹の皮で巻いて蒸した中華ちまき，米を水から煮て調理した中華粥などが有名です。ベトナムでは，フォーという米粉からつくった麺の料理があります。米の大生産国であり，人口大国でもあるインドでも米料理が盛んです。水牛の乳からつくったバターで炒めてサフランを加えて炊いた黄色いご飯をサフランライスといって，カレーといっしょに食べます。

ヨーロッパにも米料理があります。イタリアでは，米をバターで炒めたあとにスープを加えながら炊いたリゾットが有名です。またスペインではパエリアが知られていて，平たい鍋で米を野菜や肉，魚介類などと炒めてスープで炊き込みます。もともとはバレンシア地方の郷土料理だったようですが，現在では世界的に有名なスペイン料理として認識されています。パエリアをベースにしてアメリカ風にアレンジされたものが，ジャンバラヤです。このように，米料理は炊く，蒸す，煮る，炒めるなどさまざまな調理方法によって世界中で食されています。

データブック オブ・ザ・ワールド ▶ p.56

農牧林水産業

② 世界の小麦

小麦は米に比べて商業的な穀物！

DB p.56⑤

(F)

万トン	1989–91平均生産量	生産量	%	1ha当たり収量(トン)	順位(1)
中国	9 500	13 433	17.4	5.48	19
インド	5 303	9 851	12.8	3.22	51
ロシア	…	8 586	11.1	3.12	56
アメリカ	6 120	4 737	6.1	3.11	57
フランス	3 317	3 692	4.8	6.76	10
オーストラリア	1 328	3 182	4.1	2.61	68
カナダ	2 961	2 998	3.9	3.32	48
パキスタン	1 443	2 667	3.5	2.97	59
ウクライナ	…	2 621	3.4	4.11	38
ドイツ	1 545	2 448	3.2	7.64	7
トルコ	1 889	2 150	2.8	2.81	63
アルゼンチン	1 029	1 840	2.4	3.30	49
イギリス	1 414	1 484	1.9	8.28	5
カザフスタン	…	1 480	1.9	1.24	107
イラン	761	1 400	1.8	2.09	85
世界計	**55 908**	**77 172**	**100.0**	**3.53**	

(1)1ha当たり収量の世界における順位

⬆1　小麦の生産と1ha当たり収量(2017年)

DB p.56⑥

(F)

	2016	万トン	%
輸出	ロシア	2 533	13.8
	アメリカ	2 404	13.1
	カナダ	1 970	10.7
	フランス	1 834	10.0
	オーストラリア	1 615	8.8
	ウクライナ	1 170	6.4
	アルゼンチン	1 027	5.6
	世界計	**18 365**	**100.0**
輸入	インドネシア	1 053	5.7
	エジプト	873	4.7
	アルジェリア	823	4.5
	イタリア	765	4.2
	スペイン	703	3.8
	ブラジル	687	3.7
	モロッコ	629	3.4
	世界計	**18 390**	**100.0**

⬆2　小麦の貿易

小麦は小麦粉にしたあと，パンや麺類，パスタなど，いろいろな料理に使われます。米とともに世界で広く食べられています。栽培には，成長期に比較的涼しく(15℃程度)，半乾燥の気候(年降水量500 ～ 800mm程度)が適しているため，栽培地域は，温帯から亜寒帯(冷帯)に広く分布しています。これらの地域には先進国が多く，特に，新大陸では販売，輸出用に，大型機械を投入して大規模に栽培する企業的穀物農業が営まれています。原産地はカフカス地方からイランにかけてのあたりで，栽培が始まったのは最終氷期が終わり，地球の気温が上昇し始めた頃とされています。実は栽培化されたのは大麦の方が先で，イスラエルからシリアにかけてのあたりが「農業の起源」という説もあります。

小麦カレンダーにみる春小麦と冬小麦

小麦は，栽培時期によって春小麦と冬小麦に分類できます。春に播種(はしゅ)して夏をこして秋に収穫するのが**春小麦**です。冬の寒冷を避けるため，その前に収穫します。南半球には亜寒帯(冷帯)がないため，春小麦は栽培されていません。

一方，**冬小麦**は秋に播種して冬をこして初夏に収穫します。越冬するため，比較的温暖な地域が適地で，南半球でも栽培されています。収穫時期は初夏で，北

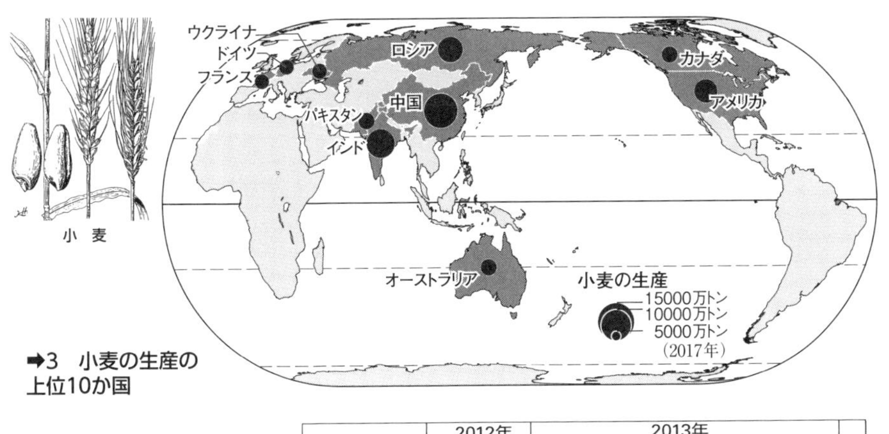

➡3 小麦の生産の上位10か国

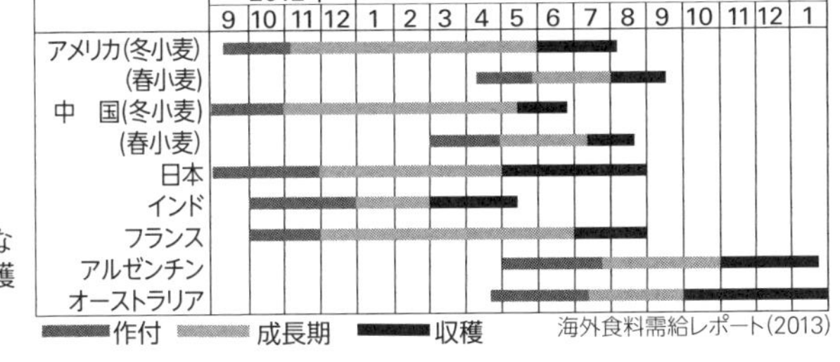

➡4 小麦カレンダー
南半球，北半球と季節がずれながら，毎年どこかで小麦の収穫が行われてます。

半球ではおもに5～6月，南半球では12～2月です。その収穫時期をあらわしたのが小麦カレンダーです(**図4**)。

小麦は商業的な性格をもつ穀物

世界の小麦の生産量は7億7000万トンで，米の生産量とほぼ同量です(**表1**)。しかし，輸出量では，1億8000万トンをこえていて，生産量に対する割合は約24%になり，米(約5%)よりもはるかに高いことがわかります(**表2**)。地産地消傾向の強い米よりは貿易量が多く，**商業的な穀物**といえます。ロシア，アメリカ，カナダ，フランス，オーストラリアなどで輸出量が多く，この5か国だけで世界の6割程度を占めています。特に，アメリカ，カナダ，オーストラリアでは，穀物メジャーとよばれる巨大企業によって，**土地生産性**は低くなりますが，広大な土地を機械化して**輸出指向の栽培**が行われています。**表1**の1ha当たり収量をみると，アメリカとカナダでも3トン台，オーストラリアでも2トン台と，土地生産性が低いことがわかります。ロシアでは，南部の温暖地域での生産に力を入れていて，1ha当たり収量は低くなっていますが，生産量は増加しています。一方，フランスやドイツ，イギリスなどでは土地生産性が高くなっています。

データブック オブ・ザ・ワールド ▶ p.57

③ 世界のとうもろこし

農牧林水産業

日本はとうもろこしの世界最大輸入国！

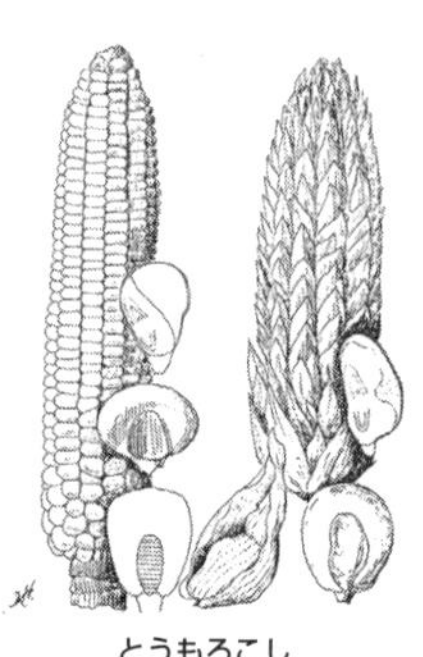

とうもろこし

DB p.57⑨

(F)

2017	万トン	%
アメリカ	37 096	32.7
中国	25 907	22.8
ブラジル	9 772	8.6
アルゼンチン	4 948	4.4
インド	2 872	2.5
インドネシア	2 795	2.5
メキシコ	2 776	2.4
ウクライナ	2 467	2.2
南アフリカ	1 682	1.5
ルーマニア	1 433	1.3
世界計	**113 475**	**100.0**

⬆1　とうもろこしの生産

DB p.57⑩

(F)

	2016	万トン	%
輸出	アメリカ	5 599	38.0
	アルゼンチン	2 450	16.6
	ブラジル	2 187	14.8
	ウクライナ	1 101	7.5
	フランス	544	3.7
	世界計	**14 736**	**100.0**
輸入	日本	1 534	10.3
	メキシコ	1 411	9.5
	韓国	979	6.6
	ベトナム	809	5.4
	スペイン	602	4.1
	世界計	**14 854**	**100.0**

⬆2　とうもろこしの貿易

とうもろこしの原産地はメキシコからグアテマラにかけてのあたりといわれています。総生産量は10億トンをこえ，穀物の生産量としては最大です。栽培条件は高温多雨とされていますが，世界の広い範囲で栽培されています。発展途上国では食用になっていますが，先進国ではおもに家畜の飼料として利用します。近年は，とうもろこしのデンプンを発酵させてつくる**バイオエタノール**が，自動車燃料として注目を集めています。日本でも栽培されていますが，家畜の飼料としての需要が多く，ほとんどを輸入しています。最大の輸入相手国はアメリカで，全体の8割近くを占めています。

とうもろこしの生産はアメリカと中国に集中

とうもろこしの生産量はアメリカと中国が上位を占め，合わせて全体の6割近くに達していて，ほとんど独占状態です(**表1**)。アメリカでのおもな生産地は，ネブラスカ州，アイオワ州，イリノイ州，インディアナ州などの五大湖からみて南西にある中部諸州に集中しています。肥沃な土地が帯状に広がっていて，**コーンベルト**とよばれています。とうもろこしを飼料にした家畜の飼育や，大豆の栽培も行われていて，ミシシッピ川の水運を利用して出荷されています。

一方，五大湖はかつての氷食による凹地に水が溜まってできた氷河湖で，周辺地域は腐植層が薄く，地力(ちりょく)があまり高くありません。そのため，とうもろこしは五大湖周辺では生産することは困難です。

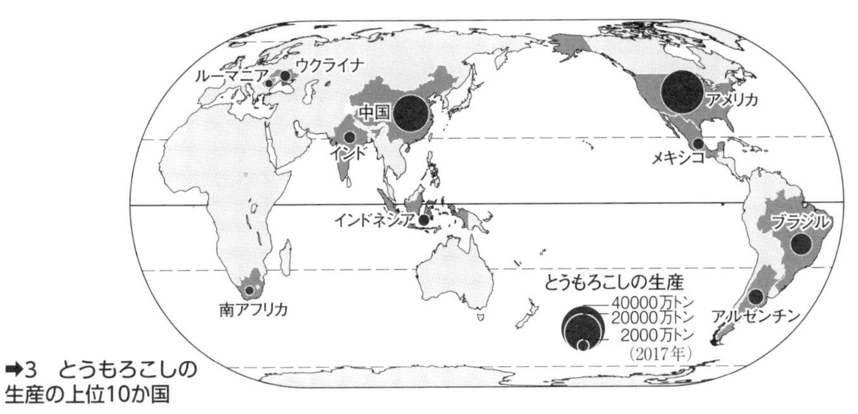

➡3 とうもろこしの生産の上位10か国

中国では2000年以降，生産が強化されています。経済水準の向上によって食生活が変化し，牛肉や豚肉の需要が多くなったため，飼料のとうもろこしの消費量が増加しているのです。生産の中心は東北地方です。

世界最大の輸出国はアメリカ

世界最大の輸出国は，アメリカです(**表2**)。1993年版『データブック』では，1990年のアメリカのとうもろこし輸出量は約5200万トンでした。世界の輸出量の7割以上を占めていて，ずいぶん以前からアメリカが世界のとうもろこし市場を独占していたことがわかります。アメリカでは，かつては**ハイブリッドコーン**(一代雑種)が普及していましたが，現在は，**遺伝子組換**とうもろこしが多くなっています。日本が輸入しているのも遺伝子組換とうもろこしです。

また，アメリカではバイオ燃料の需要が増加していて，原料のとうもろこし生産も，年々，増加しています。その結果，国内需要が増大し輸出余力が低下していますが，変わらず，輸出量は世界一を続けています。ほかに，ブラジルとアルゼンチンでも，輸出向けとうもろこしの生産が増加しています。

本家本元のメキシコでは主食に

とうもろこしを粉にし，水で捏(こ)ねて薄く伸ばして焼いたものをトルティーヤといって，メキシコでは主食になっています。そのまま食べたり，肉や野菜を巻いてチリソースなどをかけたのが，タコス(tacos)とよばれて，街角で売られたりしています。タコ(taco)は，軽食，おやつという意味で，スペインやポルトガルでおやつになっている，チュロス(churros)のchurroと同じです。

データブック オブ・ザ・ワールド ▶ p.57

④ 世界の大麦，ライ麦，えん麦

ビールは何からつくられる？

DB p.57⑤ (F)

2017	万トン	%
ロシア	2 060	14.0
オーストラリア	1 351	9.2
ドイツ	1 085	7.4
フランス	1 055	7.2
ウクライナ	828	5.6
カナダ	789	5.4
イギリス	717	4.9
トルコ	710	4.8
スペイン	579	3.9
デンマーク	399	2.7
世界計	**14 740**	**100.0**

⬆1 大麦の生産

DB p.57⑦ (F)

2017	万トン	%
ドイツ	274	19.9
ポーランド	267	19.5
ロシア	255	18.5
中国	133	9.7
デンマーク	72	5.3
ベラルーシ	67	4.9
ウクライナ	51	3.7
トルコ	32	2.3
カナダ	30	2.2
アメリカ	25	1.8
世界計	**1 373**	**100.0**

⬆2 ライ麦の生産

DB p.57⑧ (F)

2017	万トン	%
ロシア	545	21.0
カナダ	373	14.4
オーストラリア	227	8.7
ポーランド	146	5.6
中国	128	4.9
フィンランド	101	3.9
イギリス	88	3.4
スペイン	84	3.2
アルゼンチン	78	3.0
アメリカ	72	2.8
世界計	**2 595**	**100.0**

⬆3 えん麦の生産

麦には小麦以外に大麦やライ麦，えん麦(ばく)などがあります。これらの生産統計をみると，ロシア，ドイツ，ポーランドといった比較的寒冷な気候の国での生産が多いことがわかります。中世のヨーロッパでは，小麦からつくった白いパンは貴族や裕福な商人のもので，庶民が食べるのはライ麦やえん麦の黒いパンでした。白いパンに比べると硬いのですが，鉄分やビタミンなどの栄養にすぐれています。

酒の原料としての大麦

大麦の原産地は，イスラエルからシリア，トルコ，イラクにかけてのあたりで，ほかのライ麦，えん麦と比べても生産量が断然多くなっています(**表1**)。用途は幅広く，麦ご飯のような主食のほか，麦茶のような飲料や，味噌や醤油などの原料にも使われています。なかでも，**ビール**の原料として使われるのが最も多くなっています。ビールの本場のドイツでは「ビール純粋令」という法律があります。1516年にヴィルヘルム4世によって制定された法律で，「ビールは，麦芽(ばくが)，ホップ，水，酵母のみを原料とする」と決められています。麦芽とは，大麦の種子を発芽させたもので，自身の酵素の働きで麦芽糖になり，これにホップを加えて煮たものを発酵させるとビールになります。ドイツはホップの生産量ではアメリカと世界一を争っています。しかし，ビールの生産量では中国がトップで，アメリカ，ブラジル，メキシコと続いてドイツは5位で，生産量は中国の4分の1にすぎません。日本は7位でドイツのさらに半分です。

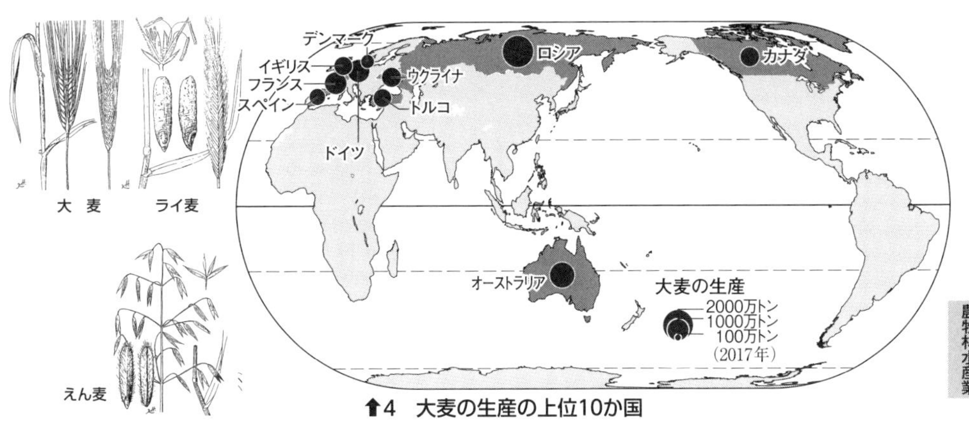

⬆4 大麦の生産の上位10か国

食用としての利用が多いライ麦

ライ麦は，生産量ではドイツ，ポーランド，ロシアが上位を占めています(**表2**)。小麦に比べて耐寒性にすぐれているため，小麦の栽培が難しかった地域で古くから栽培され，主食として利用されてきました。特に，パンの原料として使われることが多く，ライ麦パンや黒パンとよばれています。全粒粉や精製度の低い粉のまま使われるので黒っぽくなるのです。ライ麦にはグルテンがあまり含まれていないためモチモチとした食感にはなりません。生産量の多いロシアやポーランドではライ麦パンが主食になっています。ほかにもライ麦は，ウイスキー（ライ・ウィスキー）やウォッカの原料としても利用されています。また，ロシアではライ麦に麦芽を混ぜて発酵させたクワスという発酵飲料がよく飲まれています。

えん麦はオートミールに

えん麦(燕麦)はオートムギ，オーツムギともよばれ，あまり馴染みのない麦かもしれませんが，ライ麦よりは生産量が多く，特に，ロシアとカナダでの生産量が多くなっています(**表3**)。えん麦は小麦と同様，温暖な地域では秋に播種し，寒冷な地域では春に播種して栽培されます。生産量の上位を占めている寒冷な気候の国々では春播き栽培が多くなっています。アメリカは国土が南北に広いため，北部では春播き，南部では秋播きで栽培されています。用途として最も多いのは飼料用で，特に，馬の飼料としての消費量が多くなっています。そのほか食用としては，血糖値やコレステロール値を抑制する働きや免疫作用があり，また栄養価が高いことが注目され，近年は，脱穀して粗挽きにしたオートミールが人気をよんでいます。

データブック オブ・ザ・ワールド▶p.58

⑤ 世界の大豆

大豆は南アメリカがつくって中国が買う！

DB p.58⑥ (F)

2017	万トン	%
アメリカ	11 952	33.9
ブラジル	11 460	32.5
アルゼンチン	5 497	15.6
中国	1 315	3.7
インド	1 098	3.1
パラグアイ	1 048	3.0
カナダ	772	2.2
ウクライナ	390	1.1
ロシア	362	1.0
ボリビア	302	0.9
世界計	**35 264**	**100.0**

⬆1　大豆の生産

DB p.58⑦ (F)

	2016	万トン	%
輸出	アメリカ	5 777	42.8
	ブラジル	5 158	38.2
	アルゼンチン	895	6.6
	パラグアイ	540	4.0
	カナダ	442	3.3
	世界計	**13 489**	**100.0**
輸入	中国	8 391	63.1
	オランダ	437	3.3
	メキシコ	404	3.0
	スペイン	323	2.4
	ドイツ	314	2.4
	世界計	**13 307**	**100.0**

⬆2　大豆の貿易

大豆は，中国東北地方が原産地といわれています。マメ科の作物で，根に根粒菌(こんりゅうきん)とよばれるバクテリアが共生しています。根粒菌には，植物の成長に必要な窒素をとり込んでアンモニアに変え，宿っている植物(大豆)に与えるという働きがあります。そのため，マメ科植物は緑肥(りょくひ)ともよばれ，土壌の地力回復の立役者として，アメリカのとうもろこしや綿花を栽培する地域では，同時に，大豆の栽培も行われています。用途としては，食用のほか，採油や飼料，肥料などに利用されています。日本では，豆腐や納豆，味噌，醤油，豆乳，きなこなど，いろいろな食品や調味料に加工されていますが，ほとんどを輸入でまかなっていて，自給率は7%と低くなっています。

生産の中心は南アメリカ，輸入は圧倒的に中国が多い！

大豆の生産量は，アメリカ，ブラジル，アルゼンチンがトップ3を占めています(**表1**)。また，上位10か国には，南アメリカから，ブラジル，アルゼンチン，パラグアイ，ボリビアの4か国が入っています。4か国合わせて世界の5割をこえていて，南アメリカは世界の大豆生産の中心地になっています。

中国は，大豆の生産量が世界4位で，世界的な大豆生産国です。しかし，輸入量も世界一で(**表2**)，世界の輸入量の6割をこえ，いまや，世界最大の大豆消費国です。大豆の原産国で，生産量で世界4位の国が，生産量の6倍をこえる大豆を輸入しているのです。

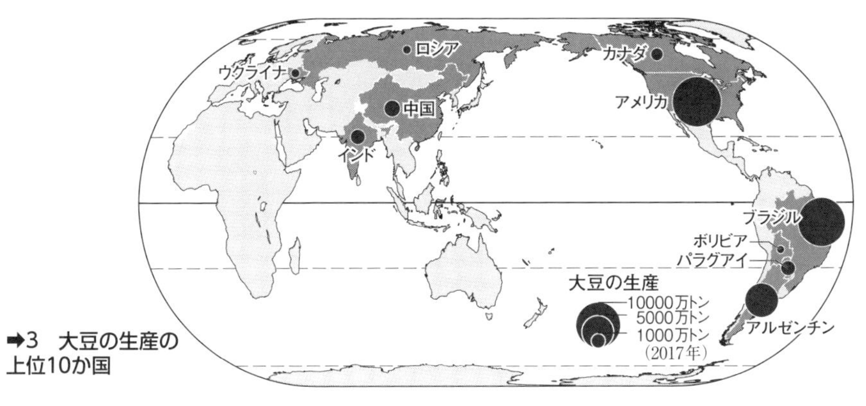

➡3 大豆の生産の上位10か国

中国では急速な経済成長によって**食生活**が大きく変わり，脂肪供給量，タンパク質供給量が急増しています。2013年のFAOの統計によると，1990年比で，脂肪供給量は1.8倍，タンパク質供給量は1.5倍になっています。一般的に，経済成長とともに食生活は穀物中心から肉食に移行し，肉類・油脂類・乳製品類の需要が高くなります。中国も同様で，特に，家畜の**飼料**としての需要が急増しています。従来はとうもろこし飼料が多かったのですが，これに「大豆油かす」（大豆の搾(しぼ)りかす）を加えるとタンパク質の変換効率が高くなるため，飼料用の大豆の需要が増加しているのです。家畜のなかでも豚の飼育数では中国が圧倒的に世界一です。その餌を求めて，中国は世界の大豆を買いとっています。

中国に大豆を輸出する国

1993年版『データブック』によると，1990年の大豆の輸出はアメリカが約6割を占め，2位のブラジルと3位のアルゼンチンがそれぞれ1割程度で，アメリカが世界最大の大豆輸出国でした。現在は，ブラジルが輸出をのばし，アメリカとブラジルが並んで，それぞれ全体の約4割を占めています。ブラジルといえば，世界一，二を争う鉄鉱石の産地で，輸出量は世界一，かつてはブラジルの最大の輸出品目でした。それが，いまや大豆に変わり，最大の輸出相手国は中国です。中国での需要を見込んで，大豆生産を拡大するためにアマゾンの森林が切り開かれ，無計画な農地開発のために，開墾のときの火入れによって森林火災もおきています。アルゼンチンも同様で，二か国とも最近15年間で生産量が約3倍に増加しています。アルゼンチンの輸出品目のトップは「大豆油かす」で，輸出量の15%を占めていて，その相手国はもちろん中国です。大豆経済は，中国とブラジル，アルゼンチンの間で動いているというのが実状です。

データブック オブ・ザ・ワールド ▶ p.58-59

⑥ 世界のいも類

いも類の生産は地域によって違っている

DB p.58⑧ (F)

2017	万トン	%
中国	9 915	25.5
インド	4 861	12.5
ロシア	2 959	7.6
ウクライナ	2 221	5.7
アメリカ	2 002	5.2
ドイツ	1 172	3.0
バングラデシュ	1 022	2.6
ポーランド	917	2.4
オランダ	739	1.9
フランス	734	1.9
世界計	**38 819**	**100.0**

⬆1　じゃがいもの生産

DB p.58⑨ (F)

2017	万トン	%
中国	7 180	63.6
マラウイ	547	4.8
タンザニア	424	3.8
ナイジェリア	401	3.6
インドネシア	202	1.8
エチオピア	201	1.8
アンゴラ	186	1.6
ウガンダ	166	1.5
アメリカ	162	1.4
インド	146	1.3
世界計	**11 284**	**100.0**

⬆2　さつまいもの生産

日本で生産されているいも類は，さつまいもとじゃがいもがほとんどですが，世界には，ヤムいもやタロいも，キャッサバなど，いろいろないも類が栽培されています。じゃがいもの原産地はアンデスのペルーからボリビアにかけてのあたりといわれていて，大航海時代にヨーロッパに伝わり，その後世界に広まりました。ヨーロッパではロシアやウクライナ，ドイツなどで生産が盛んで(**表1**)，特にドイツではじゃがいもを使った料理がたくさんあります。さつまいもの原産地はメキシコあたりといわれていて，日本へはフィリピンから伝わっています。

じゃがいもとさつまいもの生産

じゃがいもは，インドネシアのジャガトラ(ジャカルタ)から伝わったのでジャガイモとなったとか，また，馬鈴薯(ばれいしょ)といわれるのは馬につける鈴の形に似ているからなど，諸説あります。食用のほかにも，飼料用やアルコールの原料としても使われています。土壌を選ばず寒さに強いため，ヨーロッパでも北部のような氷食の影響で地力(ちりょく)の乏しい地域でも古くから栽培されていました。ドイツでは，南部のバイエルン地方などは地力が豊かで小麦が栽培されていましたが，北部や山岳地帯では穀物が栽培できなかったため，じゃがいもが重宝されました。その後，16世紀末の大飢饉をきっかけに，長雨や冷夏にも対応できるじゃがいも栽培はドイツ全域に広がっていきます。19世紀半ばにはアイルランドで疫病が発生してじゃがいもが枯死し，大飢饉がおこっています。それがアメリカへの大量

DB p.58⑩ (F)

2017		万トン	%
ヤムいも	ナイジェリア	4 794	65.7
	ガーナ	795	10.9
	コートジボワール	715	9.8
	ベナン	313	4.3
	エチオピア	140	1.9
	世界計	**7 302**	**100.0**
タロいも	ナイジェリア	325	31.8
	中国	187	18.2
	カメルーン	185	18.1
	ガーナ	120	11.7
	パプアニューギニア	27	2.7
	世界計	**1 022**	**100.0**

⬆3 ヤムいも・タロいもの生産

DB p.59⑤ (F)

2017	万トン	%
ナイジェリア	5 949	20.4
コンゴ民主	3 160	10.8
タイ	3 097	10.6
インドネシア	1 905	6.5
ブラジル	1 888	6.5
ガーナ	1 847	6.3
アンゴラ	1 175	4.0
カンボジア	1 058	3.6
ベトナム	1 027	3.5
モザンビーク	877	3.0
世界計	**29 199**	**100.0**

⬆4 キャッサバ(マニオク)**の生産**

ヤムいも

タロいも

キャッサバ

移民のきっかけになったのです。アンデス高地では，**チューニョ**と呼ばれる乾燥させたじゃがいもが保存食になっています。

一方，**さつまいも**が甘藷(かんしょ)とよばれるようになったのは，江戸時代，さつまいもを普及させ，人々を飢饉から救った青木昆陽の『甘藷記』によるものです。じゃがいもと同様,食用だけでなく飼料用やアルコール原料としても利用されています。じゃがいもと違って温暖な気候の地域での栽培が多く，生産量は中国が圧倒的に多く，60%をこえています(**表2**)。ほかには，わずかですが，マラウイ，タンザニア,ナイジェリア,エチオピア,アンゴラなど,アフリカでも栽培されています。日本では鹿児島，宮崎，茨城，千葉などで多くなっています。九州南部や北関東は火山の降灰による痩(や)せ地が多く，また，鹿児島や宮崎は台風が多いため，土中に実をつけるさつまいもは台風被害を受けにくいという利点もあります。

熱帯地域はいも類が主食

ヤムいもや**タロいも**はアフリカやオセアニアの熱帯地域で広く栽培されています。アフリカでは，特にナイジェリア，ガーナ，コートジボワールなどのギニア湾岸諸国で生産が盛んです(**表3**)。ナイジェリアの生産量が圧倒的に多いのは,やはり人口大国で需要が高いからです。熱帯地域では，いも類を主食にしているため，1人1日当たりのいも類の消費量も多くなっています。

また，**キャッサバ**の原産地はブラジル中西部から南部にかけてのあたりで，**マニオク**ともよばれています。キャッサバを毒抜きして粉末のデンプンにしたのがタピオカで，水を加えて粒状にしたものを入れたタピオカドリンクは日本でも人気が出ています。

データブック オブ・ザ・ワールド ▶ p.60

⑦ 世界のオリーブとぶどう

オリーブとぶどうは，やはり地中海！

DB p.60⑤ (F)

2017	千トン	%
スペイン	6 549	31.4
ギリシャ	2 720	13.0
イタリア	2 577	12.3
トルコ	2 100	10.1
モロッコ	1 039	5.0
エジプト	928	4.4
チュニジア	897	4.3
ポルトガル	876	4.2
シリア	872	4.2
アルジェリア	684	3.3
世界計	**20 873**	**100.0**

⬆1　オリーブの生産

DB p.60⑥ (F)

2017	万トン	%
中国	1 308	17.6
イタリア	717	9.7
アメリカ	668	9.0
フランス	592	8.0
スペイン	539	7.3
トルコ	420	5.7
インド	292	3.9
南アフリカ	203	2.7
チリ	200	2.7
アルゼンチン	197	2.6
世界計	**7 428**	**100.0**

⬆2　ぶどうの生産

DB p.60⑦ (F)

2014	万トン	%
イタリア	480	16.5
スペイン	461	15.8
フランス	429	14.8
アメリカ	330	11.3
中国	170	5.8
アルゼンチン	150	5.1
チリ	121	4.2
オーストラリア	119	4.1
南アフリカ	115	3.9
ドイツ	92	3.2
世界計	**2 911**	**100.0**

⬆3　ワインの生産

オリーブとぶどうはともに地中海沿岸地域での生産が盛んです。**オリーブ**は，実(み)をオリーブオイルの原料とするほか，生のまま食べたり，塩漬けにしたり，食用として利用しています。特に，パスタなどのイタリア料理には欠かせない食材です。**ぶどう**は生での食用のほかに，発酵させてワインにしたり，さらに発酵させてビネガー(酢)にしたりします。

地中海式農業とは？

地中海沿岸地域には，夏季は亜熱帯高圧帯の影響で晴天が広がり，冬季は偏西風帯に入るため雨が多くなる，という**地中海性気候**が発達しています。夏季は降水量が少ないため農耕が難しく，降水量が多い冬季に，小麦，大麦などが栽培されてきました。また，土壌がそれほど豊かではないため，**二圃(にほ)式農業**といって，耕作地(圃場(ほじょう))を二つに分け，一方で冬季に麦を栽培し(冬作地)，もう一方は何も植えずに休ませていました(休閑地)。休閑地にするのは，前年の冬作で失われた土壌の地力や水分量を回復するためで，牧草地にし，羊や やぎを放牧することで，糞尿が土壌の養分になり，除草の役割も果たしていました。これが北西部に伝わると，夏には雨が多くなるため，夏に大麦やライ麦が栽培されるようになり，大麦を利用したビールが生まれることになりました。これが進んで，耕地を三つに分けて，休閑，冬作，夏作を繰り返す**三圃(さんぽ)式農業**になり，さらに進んで，休閑地をなくし，とうもろこしや牧草などの飼料作物と小麦などの穀物を輪作し

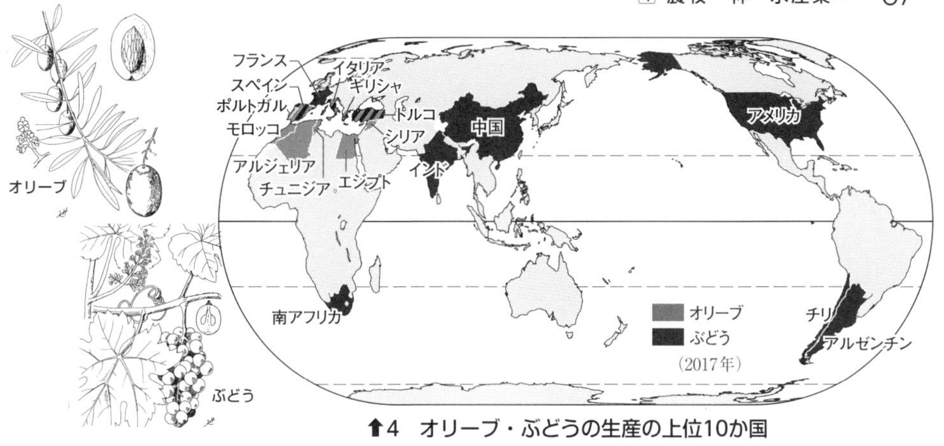

⬆4 オリーブ・ぶどうの生産の上位10か国

ながら牛や豚などの家畜も飼育するという**混合農業**に発展していくのです。

一方，地中海沿岸地域では，食用の小麦栽培だけで，飼料用の穀物を栽培する余裕がなかったため，混合農業まで発展させることができませんでした。夏季は雨が少ないため，乾燥に耐える樹木作物，オリーブ，ぶどう，オレンジ，レモンなどの果樹(果実も樹木作物)や，コルクがしなどが栽培されました。こうした，地中海性気候を活かし，主食でない商品作物を栽培する農業を**地中海式農業**とよんでいます。地中海沿岸だけでなく，アメリカ西海岸のカリフォルニア州や，南米のチリ中部のほか，南アフリカ共和国の南西部，オーストラリアの南西部でも行われていて，いずれもワインの産地としてよく知られています。

オリーブとぶどうの栽培地域は？

表1，**表2**の生産量の単位が，千トンと万トンと一桁違っているように，オリーブはぶどうほど生産量が多くありません。栽培北限も，オリーブはぶどうより低緯度にあります。オリーブの生産は，スペインやギリシャ，イタリア，ポルトガルなどのヨーロッパ南部と，モロッコ，エジプト，チュニジア，アルジェリアなどのアフリカ北部に集中しています。

生産量ではスペインとギリシャが圧倒的に多いのに，オリーブオイルではイタリアが多くなっているのは，スペインからイタリアに輸出されたものがイタリア産として製造されているからです。また，ワインの生産が盛んな地域を「ワインベルト」とよんでいますが，ワインベルトはぶどうの生産地とほとんど一致しています(**表3**)。ぶどうは品質が劣化しやすいため，収穫された地でワインに加工されるからです。

データブック オブ・ザ・ワールド ▶ p.61, 64

⑧ 世界の油やし，ココやし，なつめやし

油やし農園の拡大が熱帯林を破壊している!?

DB p.64⑥

(F)

2014	千トン	%
インドネシア	29 278	51.1
マレーシア	19 667	34.3
タイ	1 854	3.2
コロンビア	1 110	1.9
ナイジェリア	910	1.6
パプアニューギニア	500	0.9
ホンジュラス	460	0.8
グアテマラ	448	0.8
ブラジル	370	0.6
コートジボワール	370	0.6
世界計	**57 329**	**100.0**

(注)油やし から採取

⬆1　パーム油の生産

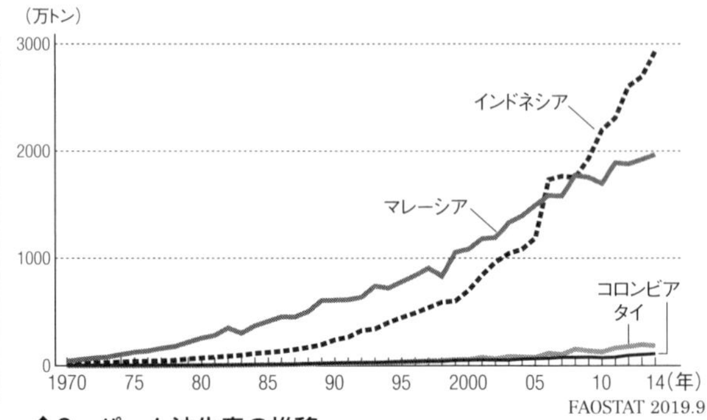

⬆2　パーム油生産の推移

南国の浜辺を散歩していると，突然，「ドスン！」と音がして，ココナッツが落ちてくることがあります。ココナッツはココやしの果実のことで，繊維質の外皮のなかに硬い種子があり，そのなかの胚乳(はいにゅう)は，外側のやわらかい胚乳とそれに包まれた液状の胚乳に分かれています。この液状の胚乳がココナッツジュースです。飲んでみると，想像以上に匂いがなく，また甘さがなく，ジュースというよりは，ほとんど水といった液体ですが，熱帯地域では，衛生上から生水(なまみず)が飲めないことが多く，ココナッツジュースは古くから貴重な飲み物です。

熱帯地域で栽培される油やしとココやし

熱帯地域では，油やしとココやしが栽培されています。**油やし**にはいくつか種類があり，西アフリカが原産のギニアアブラヤシと中南米が原産のアメリカアブラヤシがあります。熱帯雨林気候での栽培が盛んで，東南アジアに伝わったのは20世紀に入ってのことでした。インドネシアとマレーシアで栽培が盛んで(**表1**)，胚乳からとった**パーム油**を輸出しています。

パーム油の生産量は，近年，インドネシアとマレーシアで急増していて，二か国で8割をこえています(**図2**)。1992年版『データブック』をみると，1990年には，マレーシアが約600万トン，インドネシアが約200万トンで，約30年間に，インドネシアが約15倍，マレーシアが約3倍に増加していることがわかります。両国にとって油やしは**商品作物**として，貴重な外貨獲得源になっています。

DB p.64⑦ USDA資料

2018	千トン	%
フィリピン	2 600	43.8
インドネシア	1 650	27.8
インド	750	12.6
ベトナム	280	4.7
メキシコ	210	3.5
パプアニューギニア	100	1.7
タイ	70	1.2
スリランカ	70	1.2
ソロモン諸島	30	0.5
コートジボワール	30	0.5
世界計	**5 940**	**100.0**

(注)ココやし から採取

⬆3 コプラの生産

DB p.61⑤ (F)

2017	千トン	%
エジプト	1 590	19.5
イラン	1 185	14.5
アルジェリア	1 059	13.0
サウジアラビア	755	9.2
イラク	619	7.6
パキスタン	524	6.4
アラブ首長国	475	5.8
スーダン	439	5.4
オマーン	361	4.4
チュニジア	260	3.2
世界計	**8 166**	**100.0**

⬆4 なつめやしの生産

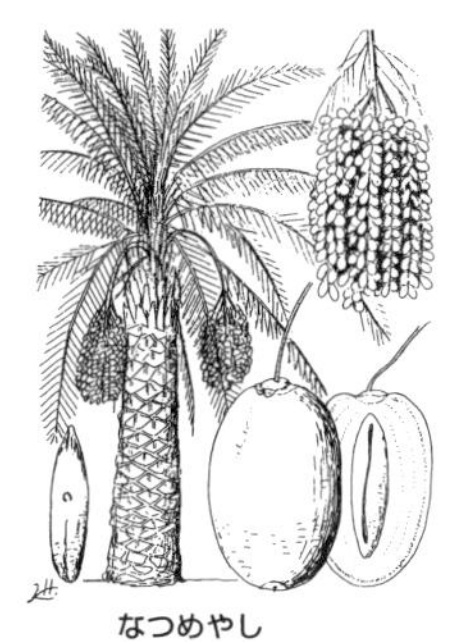
なつめやし

現在，油やしの大規模な農園開発が，熱帯林の破壊につながっているとして問題となっています。油やしには高収量品種がありません。そのため，パーム油の生産量を増やすには，栽培地を拡大するしかないのです。熱帯林の破壊だけでなく，生物の多様性が失われるなど，環境面への影響があらわれました。さらに，開発時の火入れによる森林火災や，泥炭(でいたん)地の破壊によって二酸化炭素が排出されるため，地球温暖化への影響も心配されています。

ココやしは熱帯アジアが原産で，油やしと同様，熱帯地域で栽培が盛んです。ココやしの胚乳を乾燥させたのが**コプラ**で，圧搾(あっさく)したコプラ油は食品や石鹸(せっけん)に使われ，搾(しぼ)りかすは家畜の飼料になっています。コプラの生産は，フィリピン，インドネシア，インドが上位を占めています(**表3**)。1990年の世界生産量が約500万トンですので，生産量は約30年間大きく変わっていません。

乾燥地域では，なつめやし

油やしやココやしと違って，**なつめやし**は乾燥地域で栽培されています。果実はデーツとよばれ，ビタミンCが豊富で，ジャムやお菓子の原料として利用されています。デーツを加えると甘みが増すため，日本では，お好み焼きソースにも使われています。1990年の生産量が343万トンですから，約30年間に2.4倍に増えています。

なつめやしは**オアシス農業**の典型的な作物で，乾燥地域のオアシス周辺や，外来河川や遊水池から水を引いて栽培されるため，油やしのように簡単に栽培地を拡大することができません。2000年以来，エジプトが世界最大の生産国になっています(**表4**)。

農牧林水産業

農牧林水産業

⑨ 世界のカカオ豆

カカオ豆の生産と流通の歴史をひも解く！

カカオ

DB p.61⑧

(F)

2017	千トン	%
コートジボワール	2 034	39.1
ガーナ	884	17.0
インドネシア	660	12.7
ナイジェリア	328	6.3
カメルーン	295	5.7
ブラジル	236	4.5
エクアドル	206	4.0
ペルー	122	2.3
ドミニカ共和国	87	1.7
コロンビア	57	1.1
世界計	**5 201**	**100.0**

⬆1　カカオ豆の生産

DB p.61⑨

(F)

	2016	千トン	%
輸出	コートジボワール	1 174	36.0
	ガーナ	581	17.9
	ナイジェリア	227	7.0
	エクアドル	227	7.0
	ベルギー	187	5.7
	世界計	**3 256**	**100.0**
輸入	オランダ	861	25.8
	ドイツ	436	13.1
	アメリカ	421	12.6
	ベルギー	304	9.1
	マレーシア	214	6.4
	世界計	**3 334**	**100.0**

⬆2　カカオ豆の貿易

日本でチョコレートが商品になったのは1918年のことでした。つくったのは森永製菓創業者の森永太一郎です。明治半ばにアメリカに渡り，アメリカ人家庭の主婦にキャラメルやチョコレートづくりを習ったのでした。日本人にとってはまだ100年と歴史の浅い食べ物ですが，原料となるカカオ豆は，原産地とされる中央アメリカでは紀元前から栽培され，マヤやアステカでは貨幣になっていたこともありました。また，チョコレートは薬になったり，嗜好品としてココアのようにして飲まれていました。

チョコレート消費はドイツが世界一

カカオ豆の生産は，コートジボワール，ガーナ，ナイジェリアなどギニア湾岸諸国を中心に，熱帯地域で多くなっています(**表1**)。ケッペンの気候区分では，熱帯は最寒月平均気温が18℃以上とされ，赤道を中心に南北回帰線に挟まれた地域に分布します。カカオ豆の生産地は，それよりもやや赤道よりで，カカオベルトとよばれています(**図3**)。ヨーロッパには大航海時代にスペイン人によって持ち込まれました。マヤやアステカ同様に，ココアのようにして飲まれ，王侯貴族の贅沢品でした。現在のような**チョコレート**になったのは19世紀半ばのことで，スイスのアンリ・ネスレがミルクチョコレートを開発して，一気にヨーロッパに広まります。今日のネスレ社です。チョコレートの年間1人当たり消費量が最も多い国はドイツで，11kgをこえ，日本の5倍もチョコレートを食べています。

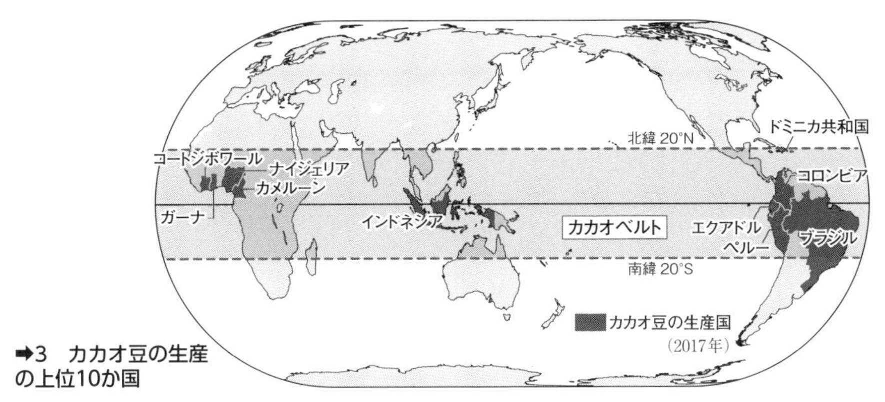

➡3 カカオ豆の生産の上位10か国

自給用作物より商品作物を優先！

ヨーロッパで産業革命がおこり，その技術力と軍事力によって，農業資源や工業資源を求めて，ヨーロッパの人々はアジアやアフリカに植民地を拡大していきます。そのため，アジアやアフリカの農業は，自給用の作物ではなく，ヨーロッパ向けの**商品作物**の栽培に特化した単一耕作(**モノカルチャー**)が多くなりました。

ギニア湾岸では，カカオ豆のほかに，コーヒー豆や茶などの嗜好品や，綿花やさとうきび，天然ゴムなどの工芸作物も生産されていました。**プランテーション農業**とよばれ，現在も，カカオ豆はギニア湾岸諸国の貴重な外貨獲得源になっています。

輸入して輸出するオランダ

オランダにはユニリーバという世界的に有名な企業があり，輸入したカカオ豆をチョコレートやココアバターに加工して輸出しています。いわゆる**加工貿易**です。カカオ豆の胚乳を発酵させ焙煎(ばいせん)したのがカカオマスで，それからココアバターを搾(しぼ)った残りかすがココアパウダーです。最初に商品化したのがオランダのヴァン・ホーテンで，ココアの商品名にもなっています。

現在，オランダはカカオ豆の輸入量が世界一で，**中継貿易**も行っていて輸出も盛んです。次いで，2位がドイツで，世界最大のチョコレート生産国のアメリカは3位(**表2**)，そのほか，マレーシアもチョコレートやココアなどの加工業が盛んで，世界3位の生産国のインドネシアからカカオ豆を輸入しています。

データブック オブ・ザ・ワールド ▶ p.62

⑩ 世界の茶

インドはイギリスのために茶をつくる！

DB p.62⑤

（F）

2017	千トン	%
中国	2 460	40.3
インド	1 325	21.7
ケニア	440	7.2
スリランカ	350	5.7
ベトナム	260	4.3
トルコ	234	3.8
インドネシア	139	2.3
ミャンマー	105	1.7
イラン	101	1.6
バングラデシュ	82	1.3
世界計	**6 101**	**100.0**

⬆1　茶の生産

DB p.62⑥

（F）

	2016	千トン	%
輸出	中国	329	19.3
	ケニア	293	17.2
	スリランカ	287	16.9
	インド	230	13.5
	アルゼンチン	78	4.6
	世界計	**1 701**	**100.0**
輸入	パキスタン	185	10.6
	ロシア	164	9.4
	アメリカ	131	7.5
	イギリス	126	7.3
	アラブ首長国	79	4.5
	世界計	**1 741**	**100.0**

⬆2　茶の貿易

DB p.62⑦

紅茶統計

2015～2017	1人当たり(kg)	消費(千t)
トルコ	3.13	249.7
リビア	2.58	15.8
モロッコ	1.93	67.4
アフガニスタン	1.69	47.7
アイルランド	1.68	8.0
イギリス	1.67	110.2
(香港)	1.51	11.1
中国	1.42	1 956.3
(台湾)	1.37	37.2
スリランカ	1.34	28.7
日本	0.82	104.4

(注) 3年の平均。茶は緑茶，烏龍茶，紅茶などの合計

⬆3　茶の消費

茶の栽培には，温暖な気候で降水量が多いこと，さらに排水がよく風通しの良い土地が適しています。日本での茶の栽培の北限は新潟県といわれていて，北海道などの寒冷な地域での栽培は難しいようです。生産地としては，静岡県や鹿児島県，三重県，宮崎県，京都府がよく知られていて，生産量でもトップ5を占めています。

太平洋側は，夏のモンスーンの影響で年降水量が多く，静岡県や鹿児島県では排水にすぐれた台地が広がり，茶の栽培に適しています。日本で栽培されている茶のほとんどは緑茶です。いわゆる日本茶ですね。

中国茶は，鉄観音やプーアル茶，烏龍茶など数百種類もあるといわれていて，緑茶から黄茶，紅茶，黒茶まで，発酵度が高いほど色が緑から黒に近くなっていきます。

生産量は中国とインドが圧倒的に多く，二か国で世界の6割を占め，さらに世界の8割以上がアジアで生産されています(**表1**，**図4**)。

消費量が最も多いのはインドで，次いで中国，ロシア，イギリスと続いて，日本は世界5位です。一方，人口1人当たりの消費量では，トルコ，リビア，アフガニスタンと中東で多く，紅茶の国イギリスでも6位前後，茶の種類の多い中国は8位となっています。日本はずっと下位の20位前後です(**表3**)。茶の種類で最も消費量が多いのは紅茶で，生産量の約7割を占めています。

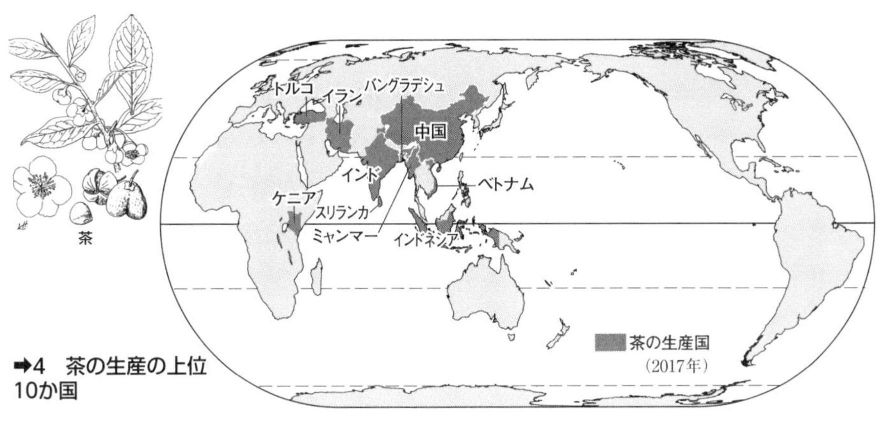

➡4 茶の生産の上位10か国

かつてのイギリス植民地で生産が盛ん

茶の生産統計をみると，インド，ケニア，スリランカなど，かつてイギリスの植民地だった国が上位を占めています(**表1**)。イギリス人はお茶好きで，1人当たり消費量は日本の約2倍です。ヨーロッパにお茶を飲む習慣を広めたのはオランダでした。オランダの東インド会社が中国から伝え，それがフランスやイギリスの貴族階級にも広まりました。その後，産業革命によって中産階級を中心に食生活に変化がみられると，庶民にも飲まれるようになりました。トワイニングはロンドンで喫茶店を開いたのが創業のはじまりです。こうして茶は世界貿易の商品になり，イギリスのアジア進出によって，茶は中国からイギリスに運ばれ，イギリスから工業製品がインドに運ばれ，インドからアヘンが中国に運ばれるという**三角貿易**が始まり，中国とインドの富がイギリスに流れます。

しかし，アヘン戦争のあと，イギリスは中国よりも労働力の安いインドで茶の栽培を始めることにしたのです。インド北東部の多雨地帯，アッサム地方やダージリン地方が茶の生産地として知られています。インドの輸出量がケニアやスリランカより少ないのは，人口が多く国内消費に向けられているからです(**表2**)。

ロシア人にも欠かせない

ロシアも茶をたくさん輸入しています(**表2**)。ロシアは人口がイギリスの2倍以上あるため，国内需要が高くなっているのです。ロシアは高緯度で寒冷なため，茶の栽培ができません。ロシアではサモワールという金属製の給茶機がよく使われていて，寒い冬は暖房代わりにもなるサモワールを囲んで語りあう，そんな寒い季節を暖かく過ごす習慣がいまもみられます。

データブック オブ・ザ・ワールド ▶ p.62

⑪ 世界のコーヒー豆

ブラジルとベトナムで世界の半分を生産!?

DB p.62⑧ (F)

2017	千トン	%
ブラジル	2 681	29.1
ベトナム	1 542	16.7
コロンビア	754	8.2
インドネシア	669	7.3
ホンジュラス	475	5.2
エチオピア	471	5.1
ペルー	346	3.8
インド	312	3.4
グアテマラ	245	2.7
ウガンダ	209	2.3
世界計	**9 212**	**100.0**

⬆1 コーヒー豆の生産

DB p.62⑨ (F)

	2016	千トン	%
輸出	ブラジル	1 824	25.5
	ベトナム	1 400	19.5
	コロンビア	735	10.3
	インドネシア	413	5.8
	ドイツ	336	4.7
	世界計	**7 163**	**100.0**
輸入	アメリカ	1 518	21.1
	ドイツ	1 141	15.8
	イタリア	580	8.1
	日本	435	6.0
	ベルギー	289	4.0
	世界計	**7 204**	**100.0**

⬆2 コーヒー豆の貿易

DB p.62⑩ 国際コーヒー機関資料

2017	1人当たり(kg)	消費(千t)
EU	4.96	2 525
(1)ルクセンブルク	26.82	14
(1)フィンランド	12.07	66
(1)デンマーク	8.75	49
(1)オーストリア	8.73	75
(1)スウェーデン	7.33	71
(1)ドイツ	6.92	563
ノルウェー	8.83	47
スイス	6.33	54
ブラジル	6.25	1 320
日本	3.64	465

⬆3 コーヒーの消費 (1)2013

コーヒー豆の原産地はエチオピアのカッファ地方といわれています。ほかにも,オクラや西瓜(すいか),モロヘイヤもアフリカ原産です。コーヒー豆の栽培は難しく,まず,雨季と乾季がはっきりしていること,年平均気温が20度,直射日光があまり強くないこと,土壌は酸性気味で水はけがいいことなど,条件が整っていないと育ちません。特に,直射日光を嫌うため,「シェードツリー(日陰樹)」となる背丈の高い樹木をそばに植えて栽培しています。生産地は,赤道をはさんで南北回帰線の間の地域に多く,**コーヒーベルト**とよばれています(**図4**)。世界の総生産量は,1992年版『データブック』をみると,1990年には約600万トンで,30年間で約1.5倍に増加していることがわかります。

世界最大の生産国はブラジル

コーヒー豆の世界最大の生産国はブラジルです(**表1**)。ブラジル南部のブラジル高原には,玄武岩や輝緑(きりょく)岩を母岩にした**テラローシャ**(ポルトガル語で,赤紫色の土)とよばれる赤い土壌が広がっています。コーヒー豆の栽培に適した土壌で,世界的なコーヒー豆の栽培地になっています。

ブラジルでは早い時期から**ファゼンダ**とよばれる大規模農園でコーヒーの栽培が行われていて,コーヒー豆の輸出に依存する**モノカルチャー経済**でした。現在,大豆や鉄鉱石,石油など,多様な品目を輸出しています。人口が2億人をこえ,コーヒーの国内消費が大きいのですが(**表3**),生産量の約7割を輸出に回してい

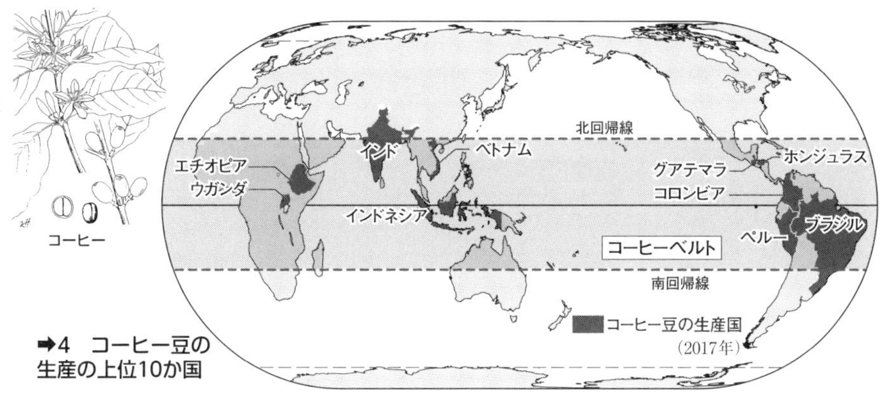

➡4　コーヒー豆の生産の上位10か国

て，世界最大の輸出国になっています(**表2**)。そのため，コーヒー豆の市場価格はブラジルでの生産に大きく左右されます。生産量の経年変化をみても，ブラジルの生産量は毎年のように増減を繰り返しているのがわかります(**図5**)。コーヒーの木は土壌の地力に強く影響される作物で，豊作の次の年は生産力が落ちて不作になってしまうからです。ほかにも天候不順や，市場の在庫量によって生産調整が行われるため，価格変動が激しくなっています。

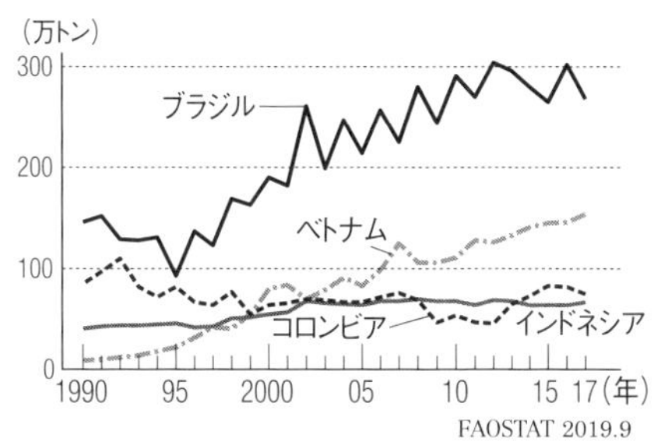

⬆5　コーヒー豆の生産の推移

品種はアラビカ種とロブスタ種

コーヒー豆には大きく二つの品種があります。**アラビカ種**は焙煎(ばいせん)用で，味わい深い高級品です。**ロブスタ種**はインスタントコーヒー用に利用されていて，アラビカ種と比べて低価格なため，近年は需要が急増しています。発展途上国の経済発展によって，コーヒーなどの嗜好品(しこうひん)の需要が高まっているからです。

そうした発展途上国での需要の増加を見込んで，例えば，スイスのネスレは，ベトナムに進出して低価格のロブスタ種の栽培を進め，新工場を続々建設しています。それによって，ベトナムはコーヒーの原材料供給国から加工国に変貌しています。コーヒー豆の生産量でも，ベトナムは1988年には上位10か国にも入っていなかったのですが，1999年にはコロンビアを抜いて世界2位に浮上しました。以前は，ブラジルとコロンビアが世界のトップ2だったのが，ブラジルとベトナムに変わっています。

データブック オブ・ザ・ワールド ▶ p.63

⑫ 世界の砂糖

農牧林水産業

さとうきびはブラジルとインドで２トップ！

DB p.63⑧

(F)

2017	万トン	%
ブラジル	75 855	41.2
インド	30 607	16.6
中国	10 440	5.7
タイ	10 295	5.6
パキスタン	7 340	4.0
メキシコ	5 695	3.1
オーストラリア	3 656	2.0
コロンビア	3 464	1.9
グアテマラ	3 376	1.8
アメリカ	3 015	1.6
世界計	**184 153**	**100.0**

⬆1　さとうきびの生産

DB p.63⑤

(F)

2014	万トン	%
ブラジル	3 730	21.1
インド	2 661	15.0
中国	1 147	6.5
タイ	1 002	5.7
アメリカ	767	4.3
パキスタン	610	3.4
メキシコ	602	3.4
ロシア	525	3.0
フランス	469	2.7
ドイツ	456	2.6
世界計	**17 694**	**100.0**

⬆2　砂糖(粗糖)の生産

DB p.63⑥

(F)

	2016	万トン	%
輸出	ブラジル	2 939	42.6
	タイ	623	9.0
	オーストラリア	411	6.0
	インド	342	5.0
	フランス	229	3.3
	世界計	**6 903**	**100.0**
輸入	インドネシア	478	7.4
	アメリカ	322	5.0
	中国	310	4.8
	ミャンマー	240	3.7
	インド	212	3.3
	世界計	**6 412**	**100.0**

⬆3　砂糖(粗糖)の貿易

砂糖は，おもに，さとうきび と てんさい からつくられています。熱帯地域では さとうきび，寒冷地域では てんさい が多くなっています(**図4**)。ほかにも，さとうかえで や，さとうやし からもつくられていて，さとうかえで から採取した樹液を煮詰めたのがメープルシロップです。カナダのケベック州は世界的なメープルシロップの生産地で，それを象徴するかのように，カナダの国旗には さとうかえで があしらわれています。

貿易量が多いのは，さとうきびの砂糖

さとうきびの生産量は，すべての農作物のなかで最も多くなっています。原産地はインドのガンジス川流域という説，ニューギニアからインドに伝わったという説など，諸説あります。熱帯から亜熱帯にかけて栽培されていて，生産量はブラジルとインドが2トップで，世界の約6割を占めています(**表1**)。1990年の統計ではブラジルが約25%，インドが約20%だったことからすれば，約30年で両国合わせたシェアが拡大していることがわかります。

かつて20世紀初頭にはカリブ海のキューバがアメリカと並んで世界に誇る砂糖王国で，さとうきびの伐採に，日本からも出稼ぎ移民が海を渡った時代もありました。長い間，ブラジル，インドに次いで多かったのですが，革命政権樹立後のアメリカによる経済封鎖で輸出が滞り，1980年代からは急速に生産が落ち込んでいます。日本では さとうきび の生産は沖縄県と鹿児島県の2県だけです。

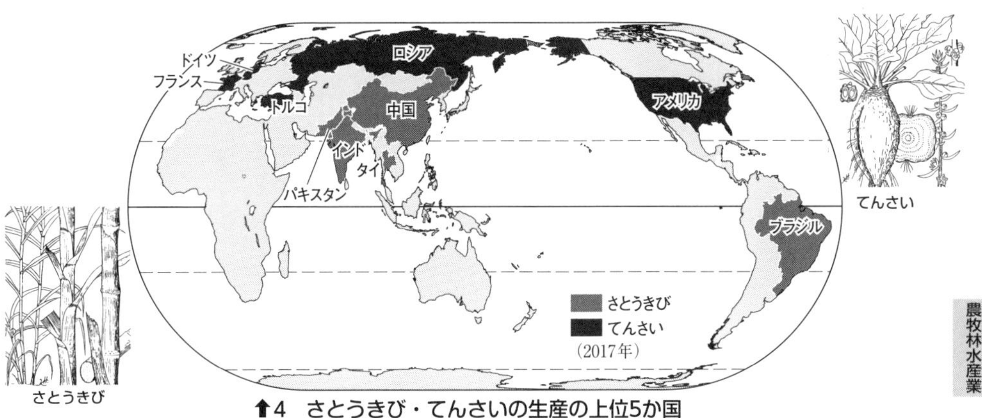

⬆4 さとうきび・てんさいの生産の上位5か国

さとうきびは，砂糖の原料になるほか，ラム酒などのアルコール原料や，搾(しぼ)りかすはバガスとよばれて，製紙用パルプや肥料としても使われています。さらに，近年は，さとうきびを発酵させてつくる**バイオエタノール**が二酸化炭素の排出量の少ないエネルギー源として，アメリカやブラジルで生産が増加しています。ブラジルは特に自動車燃料に使われていて，さとうきびの生産量は2000年比で2倍以上に増加しています。さとうきびは，生産地で砂糖に加工されて輸出されています(**表2**，**表3**)。さとうきびのまま輸出するよりも，砂糖に精製した方が輸送費が安くなるからです。また，さとうきびは収穫後，すぐに品質が落ちるため，精製工場は畑から近いところにつくられます。

てんさい由来の砂糖は地産地消

てんさいの原産地は地中海沿岸地域だといわれていますが，現在は，ほとんどが寒冷地域で栽培されています(**図4**)。特に，ロシア，フランス，ドイツ，アメリカで多く生産されています(**表5**)。砂糖の原料だけでなく，葉っぱや搾りかすは家畜の飼料に利用されています。かつてヨーロッパで行われていたノーフォーク農法では，圃場(ほじょう)を四つに分けて輪作を行い，その一つに てんさい やカブ，じゃがいもなどが栽培されていました。てんさいの生産国は先進国が多く，砂糖需要が高いため，てんさいからつくられる砂糖はほとんど輸出されることなく**地産地消**になっています。日本で てんさい が栽培されているのは北海道だけです。

DB p.63⑨

(F)

2017	万トン	%
ロシア	5 193	17.3
フランス	3 438	11.4
ドイツ	3 406	11.3
アメリカ	3 205	10.6
トルコ	2 083	6.9
ポーランド	1 573	5.2
ウクライナ	1 488	4.9
エジプト	1 211	4.0
中国	938	3.1
イギリス	892	3.0
世界計	**30 102**	**100.0**

⬆5 てんさいの生産

データブック オブ・ザ・ワールド ▶ p.64, 102

農牧林水産業

⑬ 世界の綿花

綿花三大生産国は，インド，中国，アメリカ！

綿

DB p.64⑨

(F)

2014	万トン	%
インド	619	23.7
中国	618	23.6
アメリカ	359	13.7
パキスタン	237	9.1
ブラジル	141	5.4
ウズベキスタン	111	4.2
オーストラリア	89	3.4
トルコ	85	3.2
アルゼンチン	33	1.3
ギリシャ	31	1.2
世界計	**2 616**	**100.0**

⬆1　綿花の生産

DB p.64⑩

(F)

	2016	万トン	%
輸出	アメリカ	247	36.4
	インド	87	12.8
	ブラジル	80	11.9
	オーストラリア	72	10.6
	ブルキナファソ	31	4.5
	世界計	**678**	**100.0**
輸入	ベトナム	92	14.6
	中国	90	14.1
	トルコ	82	13.0
	インドネシア	68	10.7
	バングラデシュ	61	9.6
	世界計	**634**	**100.0**

⬆2　綿花の貿易

綿の木の実が熟すと，ぱくりと殻が割れ，綿飴のようにふわふわとふくらんだ白く細かい繊維の固まりが出てきます。これが綿花(木綿)です。その膨らみのなかに黒く小さい種子が入っています。古くから最も身近な繊維原料で，綿を紡いだ綿糸(めんし)を織って布がつくられます。現在，栽培されている綿花のほとんどはメキシコ原産のものです。綿花の栽培には，温暖(無霜(むそう)期間200日以上が目安)で，成長期には雨が多く収穫期には雨の少ない気候が適しています。ロシアは，旧ソ連時代には綿花の栽培が盛んでしたが，現在は，綿花生産の上位にはほとんど登場することがありません(**表1**)。綿花生産の中心だったウズベキスタンなど旧ソ連の構成国が分離，独立してしまったからです。

綿花の生産

綿花の生産は，インド，中国，アメリカがトップ3です(**表1**)。中国では，豊富な労働力と賃金水準の低さを背景に労働集約的工業が発達していますが，その代表例が**綿工業**で，**綿製品**の世界的な製造拠点になっています。そのため，綿花の生産が需要に追いつかず，輸入が増加しています(→p.130「綿織物と絹織物の生産」)。生産量だけでなく，輸入量も多いのが中国の特徴です(**表2**)。これも世界から賃金の低さをねらった中国への企業進出が背景にあります。同じことはトルコにもいえます。その結果，中国もトルコも「衣類」が輸出品目の上位に位置しています。

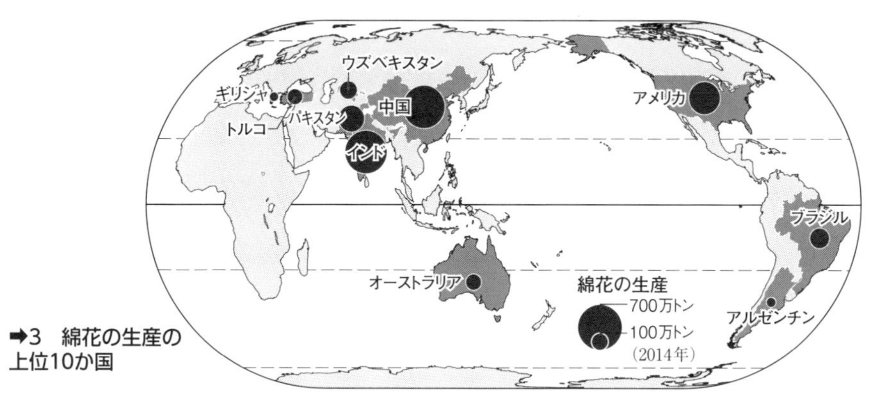

➡3 綿花の生産の上位10か国

近年，綿花の生産量をのばし，世界トップに立っているのがインドです(**表1**)。1996年をピークに2002年までは減少を続けていましたが，その後は右肩上がりに増加しています。中国と同様，人口が多くて賃金水準が低く，イギリスの影響もあって綿工業が発達しています。それにもかかわらず，綿花の輸出を行っているというのがインドの特徴です(**表2**)。外国企業の進出によって綿織物生産の拠点になっている中国やインドネシア，バングラデシュなどからの買い付けが増加しているからです。

インドでは，もともと18世紀には家内工業による綿織物工業が発達していました。しかし，イギリスで産業革命がおこると，イギリスから工場制手工業による機械製綿布が大量に流入したため，太刀打ちできずに潰れてしまったのです。また，隣国のパキスタンも綿花の生産国としてよく知られています。インダス川中流域のパンジャブ地方を中心に栽培されていて，中国やインドと同様，綿工業が発達しています。

アメリカは世界最大の綿花の輸出国

綿花価格は1990年代半ばから安値が続いています。これには世界最大の綿花輸出国アメリカの綿花生産が深く関係しています(**表2**)。アメリカでは国内生産者を保護するために政府が補助金を出しています。それによって綿花の生産者価格が一般市場価格のおよそ半分にまで引き下げられています。生産コストの一部を国が負担することで生産者の利益を保証しているのです。その結果，世界の綿花価格の相場が下がり，途上国の綿花価格も下落するという構造になっています。こうしたダンピングが途上国の農家を苦しめています。

データブック オブ・ザ・ワールド ▶ p.66

⑭ 世界の羊と羊毛

羊毛は南半球が供給して北半球が消費する！

DB p.66⑤ (F)

2017	万頭	%
中国	16 135	13.4
オーストラリア	7 213	6.0
インド	6 307	5.2
ナイジェリア	4 250	3.5
スーダン	4 057	3.4
イラン	4 003	3.3
イギリス	3 483	2.9
エチオピア	3 184	2.6
トルコ	3 098	2.6
チャド	3 079	2.6
世界計	**120 243**	**100.0**

⬆1 羊の頭数

DB p.66⑦ (F)

2013	千トン	%
中国	471	22.2
オーストラリア	361	17.0
ニュージーランド	165	7.8
イギリス	68	3.2
イラン	62	2.9
モロッコ	56	2.6
スーダン	56	2.6
ロシア	55	2.6
トルコ	51	2.4
インド	47	2.2
世界計	**2 127**	**100.0**

＊羊から刈り取ったままの原毛

⬆2 羊毛の生産(脂付き羊毛*)

DB p.66⑧ (F)

	2013	千トン	%
輸出	オーストラリア	346	40.5
	ニュージーランド	133	15.5
	南アフリカ	46	5.3
	イギリス	38	4.4
	ドイツ	23	2.7
	世界計	**854**	**100.0**
輸入	中国	345	45.2
	インド	89	11.6
	イギリス	37	4.9
	ドイツ	37	4.8
	イタリア	35	4.6
	世界計	**764**	**100.0**

脂付き羊毛と洗上げ羊毛の合計

⬆3 羊毛の貿易

羊はやぎと同様，乾燥にも強い家畜です。粗食に耐え，少ないカロリーでもたくましく生き抜くことができるのです。羊の飼育頭数をみると(**表1**)，中国が群を抜いて世界一です。中国の羊の飼育は，乾燥気候の内陸部が中心で，内モンゴル自治区や新疆(シンチャン)ウイグル自治区，青海(チンハイ)省，チベット自治区，甘粛(カンスー)省が五大牧区とよばれ，全体の3分の2を占めています。次いで多いのがオーストラリアとインドです。また，やぎの飼育頭数が多いのも，やはり中国です。次いで，インド，ナイジェリア，パキスタン，バングラデシュと続いています。

羊の用途はおもに羊毛

羊の種類には，毛用のメリノ種，肉用のサフォーク種やロムニー種，毛肉兼用のコリデール種がよく知られていますが，ほかにも1000種近くあるといわれています。最も飼育数が多いのは**メリノ種**です。

羊毛の生産は，中国がトップで，オーストラリア，ニュージーランドと続いています(**表2**，**図4**)。かつてはオーストラリアが世界の羊毛市場を独占していて，1990年には飼育頭数が1億6700万頭を数え，羊毛の生産量は世界の3割をこえていました。しかし，近年は中国の成長と**合成繊維**におされて，オーストラリアの羊毛生産は減少傾向にあります。それでも，飼育羊は7000万頭をこえています。実に，同国の人口の約3倍で，ニュージーランドの場合は，羊の数は2700万頭と少し減りますが，同国の人口の約6倍になっています。羊毛の生産は二国合わ

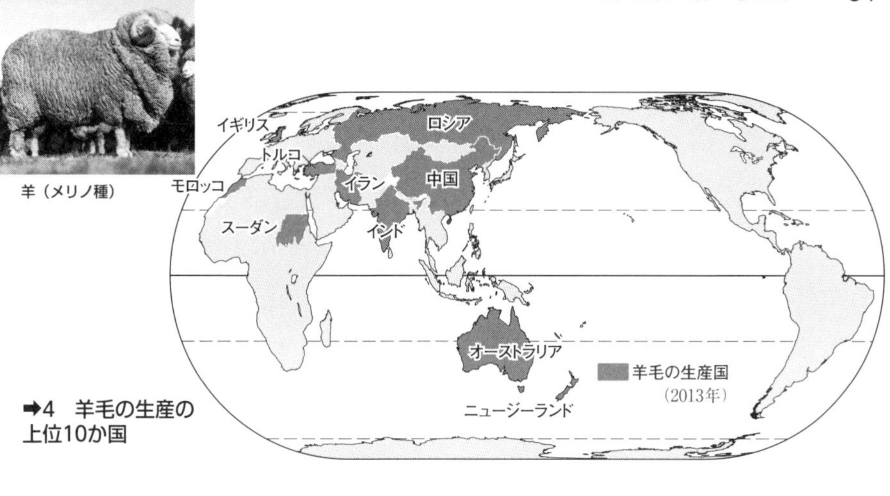

羊（メリノ種）

➡4　羊毛の生産の上位10か国

せて，世界の4分の1を占めています。

中国が羊毛の生産でオーストラリアを追い抜いたのは，経済成長が背景にあります。暮らしが豊かになったため，高級スーツなど衣料用の需要が高くなっているからです。そのため生産量が世界一にもかかわらず，輸入が多く，輸入量でも世界一になっています(**表3**)。しかし，火鍋（ひなべ）ブームによる「爆食い」などを背景に，羊毛より高く売れる羊肉生産に切り替える農家があらわれ，羊毛の生産が減少して価格が高騰しています。さらに，羊の放牧による砂漠化が激しいため，放牧を減少させる政策を進めていることもあって，羊毛の供給が追いつかず，輸入が急増しています。

毛織物工業の多くは北半球で発達

オーストラリアとニュージーランドの羊毛の輸出は，合計すると世界の半分をこえています。さらに，南アフリカ共和国を加えると世界の約6割を占めることになります。南半球は羊毛の一大供給地になっています(**表3**)。一方，それを輸入しているのが，中国，インド，そしてヨーロッパ諸国です。いずれも北半球の国で，**毛織物工業**の多くは北半球で発達しています。毛織物は綿織物と比べても価格が高いため，先進国での流通が多くなっています。また，防寒用に使われることが多いため，寒冷地での需要が高くなっています。しかし，南半球は，北半球と比べると，経済水準が低く，寒冷地域はほとんどないため，毛織物の需要も多くありません。羊毛は，南半球の国々が生産し，北半球で消費されるというわかりやすい構造になっています。

データブック オブ・ザ・ワールド ▶ p.66-67

⑮ 世界の牛と牛肉・牛乳

ヒンドゥーの国が牛肉生産世界一!?

DB p.66⑨ (F)

2017	万頭	%
ブラジル	21 490	14.4
インド	18 510	12.4
アメリカ	9 370	6.3
中国	8 321	5.6
エチオピア	6 093	4.1
アルゼンチン	5 335	3.6
パキスタン	4 440	3.0
メキシコ	3 177	2.1
スーダン	3 073	2.1
チャド	2 760	1.9
世界計	**149 169**	**100.0**

⬆1 牛の頭数

DB p.66⑩ (F)

2017	万トン	%
アメリカ	1 191	18.0
ブラジル	955	14.4
中国	690	10.4
アルゼンチン	284	4.3
オーストラリア	205	3.1
メキシコ	193	2.9
ロシア	161	2.4
フランス	142	2.1
ドイツ	114	1.7
南アフリカ	101	1.5
世界計	**6 625**	**100.0**

⬆2 牛肉の生産

DB p.66⑪ (F)

	2016	万トン	%
輸出	ブラジル	154	13.3
	オーストラリア	139	12.1
	インド	126	10.9
	アメリカ	108	9.3
	ニュージーランド	55	4.8
	世界計	**1 156**	**100.0**
輸入	アメリカ	129	11.5
	ベトナム	73	6.5
	中国	72	6.4
	日本	67	5.9
	(香港)	50	4.5
	世界計	**1 123**	**100.0**

水牛などを含む

⬆3 牛肉の貿易

世界の家畜の飼育頭数で最も多いのが牛で，約15億頭を数えます。牛は環境適応力が高いため，世界のさまざまな環境でも飼育されています。国別の飼育頭数をみると，ブラジルとインドがトップ2で，アメリカ，中国と続きます(**表1**)。牛は，肉用や乳用などの飲食用のほか，バッグやシューズなど牛革製品にも利用されています。牛肉と牛乳の生産量は中国で増加しています(**表2**，**表6**)。いうまでもなく，近年の経済成長を背景に，肉類や乳製品の需要が高くなっているからです。「大豆」の項(p.62)でも解説しましたが，それによって飼料の**大豆**の輸入が激増しています。

ヒンドゥー教の聖なる牛

インドでは，国民の約80%が**ヒンドゥー教**を信仰しています。ヒンドゥー教では，牛は神を運ぶ聖なる動物とされていて，牛肉を食べる習慣がありません。しかし，牛乳は違います。人々の貴重なタンパク源になるため，積極的に消費されます。インドでは乳牛が多く，牛乳の生産量はアメリカに次いで世界2位になっています(**表6**)。また，ギーとよばれるバターの生産量も多く，アメリカやニュージーランドを抜いて世界一です(**表4**)。しかし，輸出ではトップ5にも登場せず，国内消費が多いことがわかります(**表5**)。実際に，バターの消費は世界一で，世界の半分をこえています。

一方，牛肉の輸出量をみると，世界3位になっています(**表3**)。ヒンドゥー教

DB p.66⑫ (F)

2014	千トン	%
インド	3 798	38.1
アメリカ	846	8.5
パキスタン	726	7.3
ニュージーランド	472	4.7
ドイツ	441	4.4
フランス	405	4.1
ロシア	253	2.5
トルコ	212	2.1
ポーランド	181	1.8
アイルランド	166	1.7
世界計	**9 978**	**100.0**

⬆4 バターの生産

DB p.66⑬ (F)

2016		千トン	%
輸出	ニュージーランド	531	28.1
	オランダ	301	15.9
	アイルランド	187	9.9
	ドイツ	132	7.0
	ベルギー	124	6.5
	世界計	**1 890**	**100.0**
輸入	フランス	203	11.7
	オランダ	133	7.7
	ドイツ	130	7.4
	ロシア	102	5.9
	イギリス	94	5.4
	世界計	**1 742**	**100.0**

⬆5 バターの貿易

DB p.67⑦ (F)

2017	万トン	%
アメリカ	9 773	14.5
インド	8 363	12.4
ブラジル	3 349	5.0
ドイツ	3 267	4.8
ロシア	3 091	4.6
中国	3 039	4.5
フランス	2 440	3.6
ニュージーランド	2 137	3.2
トルコ	1 876	2.8
パキスタン	1 612	2.4
世界計	**67 562**	**100.0**

⬆6 牛乳の生産

の国なのに，なぜ，牛肉が生産されているのでしょう。ほかでもありません，インドには約14%の**ムスリム**(イスラームの信者)がいるからです。イスラームでは，豚肉はだめですが，牛肉を食べることは禁忌(きんき)ではありません。人口約13.5億人のうちの14%ですから，約2億人，これは大規模な市場です。インドの牛肉の生産量は15位前後と世界的な牛肉生産国であり，そのため余剰があって輸出に回されています。この秘密は水牛にあります。水牛の数ではインドは世界一なのです。インドは水牛からも搾乳(さくにゅう)します。ヒンドゥー教は水牛を禁忌にしていないため，搾乳ができなくなると，食肉として解体するのです。

ニュージーランドといえば「酪農品」

ニュージーランドの**酪農**は，イギリスへの供給地として発達しました。産業革命によって市民の生活水準が向上し，ヨーロッパ全体に乳製品の需要が広まりました。さらに19世紀後半には，イギリスとニュージーランドとの間に牛肉用の**冷凍船**が就航します。これによって，ニュージーランドは，ヨーロッパへの牛肉や乳製品の一大供給地になったのです。

ニュージーランドは北島南部を南緯40度が通過し，比較的高緯度に位置します。夏季に冷涼で，また年降水量がそれほど多くないため，北島には牛の放牧に適した草原地帯が広がっています。乳牛を大規模放牧することで飼料コストが低くおさえられるため，生産性が非常に高くなっています。「酪農品」はニュージーランドの最大輸出品目になっています。また，乳製品の輸出先のトップは中国で，全体の4割近くを占めています。一方，日本の乳製品の輸入相手国は，オーストラリアとニュージーランドが2トップで，合わせて半分近くを占めています。

データブック オブ・ザ・ワールド ▶ p.67

⑯ 世界の豚と豚肉

農牧林水産業

いもあるところに豚あり！

豚（ランドレース種）

DB p.67⑧ (F)

2017	万頭	%
中国	43 504	45.0
アメリカ	7 341	7.6
ブラジル	4 110	4.2
スペイン	2 997	3.1
ドイツ	2 758	2.9
ベトナム	2 741	2.8
ロシア	2 203	2.3
ミャンマー	1 800	1.9
メキシコ	1 721	1.8
カナダ	1 425	1.5
世界計	**96 739**	**100.0**

⬆1　豚の頭数

DB p.67⑨ (F)

2017	万トン	%
中国	5 452	45.5
アメリカ	1 161	9.7
ドイツ	551	4.6
スペイン	430	3.6
ブラジル	382	3.2
ベトナム	373	3.1
ロシア	353	2.9
カナダ	214	1.8
フランス	214	1.8
ポーランド	205	1.7
世界計	**11 989**	**100.0**

⬆2　豚肉の生産

豚は，牛，羊，やぎに次いで飼育頭数の多い家畜です。もともとはイノシシを家畜化したもので，おもに肉用として飼育されていて，肉類のなかでは最も生産量が多いのが豚肉です。牛は乳用として，羊ややぎは毛用や乳用としての利用もありますが，豚はほとんどが肉用です。飼料は，大豆やとうもろこし，いも類などが基本ですが，雑食性なので土を掘りおこして小さな生き物を食べたり，魚も食べます。要するに「何だって食べる」のです。その中でも特に，**じゃがいもとさつまいも**などのいも類が多く使われています。中国は，じゃがいもとさつまいもの生産量も世界一で，豚の飼育頭数は世界計の半分近くを占めています(**表1**)。日本でも，さつまいもの生産が日本一の鹿児島県で，豚の飼育頭数も日本一になっています。いもあるところに豚あり，というわけです。

豚は何でも食べる！

ヨーロッパでは古くから，家畜といえば豚のことでした。「何だって食べる」豚は，台所のゴミや食べ残しだけでなく，庭や家周りの雑草も食べてくれます。さらに，1回の出産で10頭ほども子供を産むため，食料としても非常に有用です。豚はコストから考えても生産性が高いのです。例えば，ドイツには，じゃがいも料理がたくさんありますが，その皮はゴミになり，デンプンをとれば搾(しぼ)りかすが出ます。それもそっくり豚が食べてくれます。そして糞も肥料になります。豚は人間にとって，なくてはならない家畜なのです。

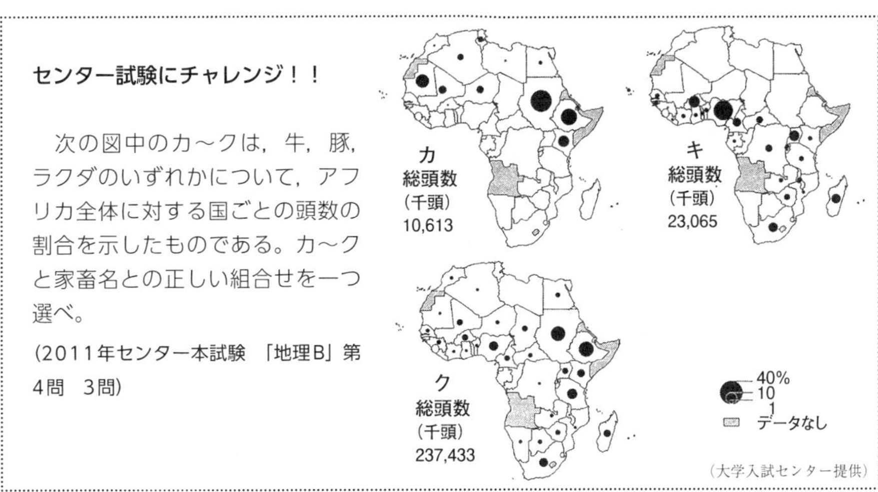

現在，豚の飼育頭数は，これも中国が世界1位で，アメリカ，ブラジルでも多くなっています(**表1**)。ヨーロッパでは，スペイン，ドイツ，ロシアで多く，上位10か国には登場しませんが，フランス，オランダ，デンマークなども豚の飼育頭数が多い国として知られています。

ムスリムは豚肉を食べない

イスラームを信仰する人たちを**ムスリム**とよんでいますが，ムスリムは国の憲法よりもイスラーム法を優先しています。シャリーアともよばれる，「コーラン」やムハンマドの言行から生まれた社会規範で，出生から結婚，死まで事細かく規定しています。豚肉を食べてはいけないこともその一つです。もちろん，豚の飼育も許されていません。飼育頭数国別ランクに，ムスリム人口の多い国が登場しないのもそのためです。

以前，センター試験で，アフリカの国ごとにおける家畜頭数の割合をあらわした図形表現図が提示され，家畜の種類を読み取る問題が出題されました。上の図がそれですが，このうちの「キ」には，北アフリカ5か国(モロッコ，アルジェリア，チュニジア，リビア，エジプト)に，家畜の頭数をあらわす●印がまったく描かれていないのがわかります。この問題は，ムスリムが多い国では豚が飼育されていないということがわかっているかどうかを試していたのです。統計を読み取るには，「上位国に共通するものは何か」という発想が大事ですが，「なぜ，この国が上位に入っているのか」と順位の背景にある事情をみきわめる力も必要です。

データブック オブ・ザ・ワールド ▶ p.68

⑰ 世界の木材伐採量

針葉樹と広葉樹はどこが違う？

DB p.68② (F)

2017	百万m³	%
アメリカ	420	11.1
インド	355	9.4
中国	332	8.8
ブラジル	257	6.8
ロシア	212	5.6
カナダ	155	4.1
インドネシア	120	3.2
エチオピア	112	3.0
コンゴ民主	88	2.3
ナイジェリア	76	2.0
世界計	**3 777**	**100.0**

⬆1　木材の伐採量

DB p.68③ (F)

2017		百万m³	%
針葉樹	アメリカ	283	21.7
	ロシア	168	12.9
	カナダ	127	9.7
	中国	95	7.3
	スウェーデン	67	5.1
	世界計	**1 306**	**100.0**
広葉樹	インド	340	13.7
	中国	237	9.6
	ブラジル	211	8.5
	アメリカ	137	5.5
	インドネシア	120	4.9
	世界計	**2 471**	**100.0**

⬆2　木材の樹種別伐採量

DB p.68⑤ (F)

2017		万m³	%
輸出	ロシア	4 916	17.0
	カナダ	3 981	13.7
	アメリカ	2 117	7.3
	ニュージーランド	1 772	6.1
	スウェーデン	1 395	4.8
	世界計	**28 964**	**100.0**
輸入	中国	8 004	29.3
	アメリカ	2 872	10.5
	ドイツ	1 436	5.3
	オーストリア	1 103	4.0
	日本	997	3.7
	世界計	**27 294**	**100.0**

⬆3　木材(丸太+製材)の貿易

木材の伐採量の統計をみると，一つの共通点がみえてきます(**表1**)。「国土面積が大きい国で，木材の伐採量が多い」ということです。国土面積が広ければそれだけ森林面積も大きくなりますから，当然のことかもしれません。世界の国土面積はロシア，カナダ，アメリカ，中国，ブラジル，オーストラリア，インドの順に大きく，オーストラリアを除いた国々が森林面積の上位を占めています。オーストラリアは6割近くが乾燥気候のため，森林面積は国土面積に比例して大きくならないのです。

針葉樹(英語名conifer)と広葉樹(英語名broadleaf tree)

一般的に，針葉樹と広葉樹は葉の形から分類されています。**針葉樹**は軽くて軟らかく，まっすぐ伸びていて，運搬しやすく加工しやすいため，多くは建築用材として使われています。一方，**広葉樹**は，重くて硬いため，運搬に労力がかかり，曲がっていることが多いため，加工がたいへんで，建築用材よりも家具や楽器などに多く使われています。

針葉樹は寒冷地域に多い樹木で，種類は少なく540種ほどしかありません。そのため，純林地帯(**タイガ**)が形成されやすく，樹種の判別や伐採もそんなに難しくありません。伐採量はアメリカやロシア，カナダ，スウェーデンなど，寒冷気候の国が上位を占めています(**表2**)。

一方，広葉樹は温暖な地域に広くみられる樹木で，種類も多く，20万種にも

DB p.68⑦

（財）

2018	億円	%
カナダ	1 135	27.8
アメリカ	764	18.7
ロシア	497	12.2
フィンランド	327	8.0
スウェーデン	271	6.6
中国	182	4.5
オーストリア	136	3.3
マレーシア	115	2.8
チリ	102	2.5
インドネシア	97	2.4
合計（その他共）	**4 078**	**100.0**

⬆4　日本の木材輸入先

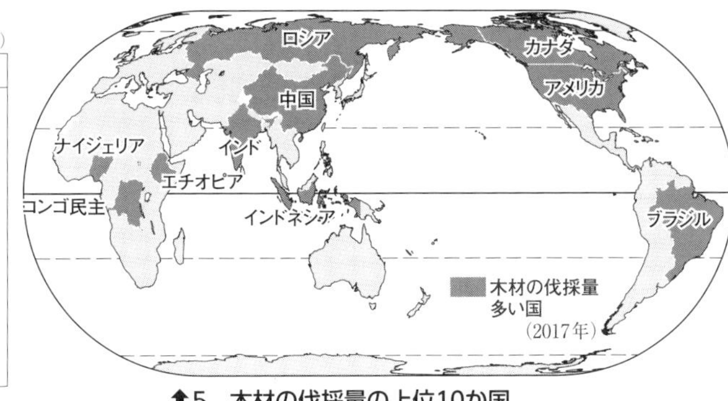

⬆5　木材の伐採量の上位10か国

のぼります。そのため，純林地帯が形成されることはほとんどなく，樹種の判別や伐採が難しくなります。伐採量は，インドやブラジル，インドネシアといった亜熱帯から熱帯の国が上位を占めています（**表2**）。

アメリカは木材の輸出もあれば輸入もある

木材の貿易をみると，アメリカは輸出量，輸入量いずれも上位を占めています（**表3**）。伐採量が世界最大なので（**表1**），人口が多く国内需要が多いとはいえ，輸出量が多いことは理解できますが，どうして輸入量も多いのでしょう。アメリカで木材需要が多いのは，人口集積の著しい東海岸の**メガロポリス地帯**です。一方，木材の産地はロッキー山脈のある西部地域です。産地と消費地が，日本の26倍もある広い国土の西と東の端に分かれているため，国内輸送のコストが高くなります。そのため，東海岸での需要はおもにカナダからの輸入でまかなっています。反対に，西部地域で伐採した木材は，太平洋をこえて日本などのアジア諸国に輸出されています。

日本の木材輸入先

日本は山の多い国で，林道が未整備なこと，植樹の歴史が浅く，伐採できるまでに成長していないことなどから，近年上昇傾向とはいえ，木材の自給率は30％前後と低く，需要の多くを輸入に頼っています。おもな輸入先は，カナダ，アメリカ，ロシアで，南洋材（広葉樹）では，マレーシアとインドネシアが多く，近年は，フィンランドやスウェーデンなどの北ヨーロッパからの輸入量も多くなっています（**表4**）。また，中国やオーストリア，ベトナムからの輸入は製材や丸太でなく，パルプやチップ，合板が多くなっています。

データブック オブ・ザ・ワールド ▶ p.68, 100

⑱ 天然ゴムと合成ゴム

天然ゴムと合成ゴムの発展をたどろう！

DB p.68❽ (F)

2017	千トン	%
タイ	4 600	32.3
インドネシア	3 630	25.5
ベトナム	1 095	7.7
インド	965	6.8
中国	817	5.7
マレーシア	740	5.2
コートジボワール	580	4.1
フィリピン	407	2.9
グアテマラ	318	2.2
ミャンマー	237	1.7
世界計	**14 253**	**100.0**

⬆1 天然ゴムの生産

DB p.68❾ (F)

	2016	千トン	%
輸出	タイ	3 601	39.1
	インドネシア	2 579	28.0
	ベトナム	697	7.6
	マレーシア	642	7.0
	コートジボワール	500	5.4
	世界計	**9 205**	**100.0**
輸入	中国	2 502	27.9
	アメリカ	946	10.5
	マレーシア	930	10.4
	日本	663	7.4
	インド	453	5.0
	世界計	**8 982**	**100.0**

⬆2 天然ゴムの貿易

DB p.100⓬ (界)

2018	千トン	%
中国	3 079	20.2
アメリカ	2 348	15.4
韓国	1 592	10.4
ロシア	1 582	10.4
日本	1 552	10.2
ドイツ	829	5.4
(台湾)	782	5.1
フランス	483	3.2
インド	374	2.5
シンガポール	307	2.0
世界計	**15 264**	**100.0**

⬆3 合成ゴムの生産

ゴムの木の原産地はブラジルのアマゾン川流域のパラ州で，パラゴムの木ともよばれています。ゴムは18世紀には製品化されていました。しかし，生ゴムがそのまま使われていたため，温度が高くなるとべとついたり硬くなったり，欠点だらけでした。それを1839年に，アメリカのチャールズ・グッドイヤーが，硫黄を混ぜて加熱すると耐熱性が生まれることを発見し，工業原料として注目されるようになりました。さらに，1888年にスコットランドのジョン・ダンロップが空気入りタイヤを開発し，1908年にフォードがモデルTを発売すると，急速に自動車工業が発展し，天然ゴムの栽培も拡大していきます。

天然ゴムの生産の中心は東南アジア

ゴムの木は，ブラジルにとっては重要な産業資源だったため，富を守るために，ゴムに輸出税を課し，ゴムの木の種子や苗の国外持ち出しを禁止していました。しかし，イギリス人がその苗木の持ち出しに成功し，セイロン島やシンガポールなど，当時のイギリス**植民地**で独占的に栽培を始めます。それによってイギリスは，ブラジルに代わって巨額の富を得るようになったのです。

現在，**天然ゴム**の生産量は，タイとインドネシアが2トップで，ベトナムやマレーシア，フィリピンでも多くなっています(**表1**)。輸出統計からみても，タイとインドネシアを中心に東南アジアが80%をこえています(**表2**)。なかでもマレーシアは，1988年まで1世紀にわたって世界最大の天然ゴム生産国になっていま

DB p.100⑬

(工)

国名	2003	2016
中国	18 786	(3)55 649
アメリカ	18 844	(3)14 800
日本	14 207	11 412
韓国	5 524	(3)6 877
ドイツ	6 156	6 048
ロシア	2 418	4 026
ブラジル	2 764	(1)4 009
インドネシア	2 531	(2)3 681
ルーマニア	1 055	3 308
ポーランド	2 337	3 167
スペイン	…	2 856

(1) 2015 (2) 2008 (3) 2007

⬆4 自動車用タイヤの生産(万本)

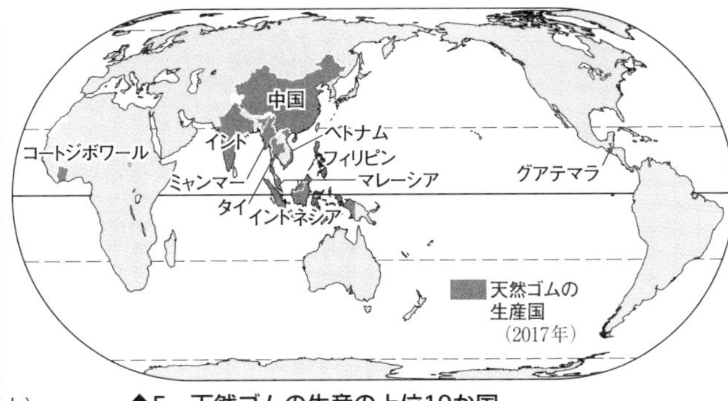

⬆5 天然ゴムの生産の上位10か国

した。現在，マレーシアは農業の多角化を進めていて，天然ゴムから，より収益性の高い**油やし**に転換する農家が増えています。それでも，依然として生産量は多くなっています。また，近年，マレーシアへの外国企業による自動車工場の進出が著しく，ゴムの需要が高まり，天然ゴムの輸入国になっている点も見逃せません。

合成ゴムの登場！

合成ゴムを登場させたのは戦争です。軍事車両の増産のためにドイツでは1940年代のはじめには国産化に成功し，アメリカでは，日本のマレー半島占領によってゴムが輸入できなくなったため開発を進め，1945年には大量生産を始めています。合成ゴムは石油，ナフサから生成される化学製品で，これによって安定したゴム製品を供給できるようになりました。現在，合成ゴムの生産は，中国をトップに，石油化学工業や自動車産業が発達したアメリカ，韓国，ロシア，日本，ドイツなどが上位を占めています(**表3**)。

中国は世界最大の天然ゴム輸入国

冷戦の終結によって，東ヨーロッパや旧ソ連の構成国にも市場が広がった結果，自動車の需要が急増し，いまや，中国の**自動車産業**は世界経済を牽引するようになっています。現在，中国の自動車生産台数は世界1位で，ゴムの需要が高くなり(**表4**)，天然ゴムだけでなく合成ゴムの生産も拡大していますが，それでも追いつかず，輸入量が増加しています(**表2**)。中国は世界最大の天然ゴムの輸入国で，中国以外の自動車生産国では，天然ゴムが足りなくなり，合成ゴムを増産して不足を補っています。

データブック オブ・ザ・ワールド ▶ p.69

⑲ 世界の漁獲量

世界最大の漁場はどんなところか？

DB p.69④

(F)

2017	漁獲量	養殖業生産量	合計	%
中国	1 558	6 436	7 994	38.9
インドネシア	674	1 590	2 263	11.0
インド	545	618	1 163	5.7
ベトナム	328	383	711	3.5
アメリカ	504	44	548	2.7
ロシア	488	19	507	2.5
日本	327	102	430	2.1
ペルー	419	10	429	2.1
バングラデシュ	180	233	413	2.0
フィリピン	189	224	413	2.0
世界計	**9 363**	**11 195**	**20 558**	**100.0**

⬆1 漁獲量と養殖業生産量（万トン）

DB p.69⑤

(F)

	2016	百万ドル	%
輸出	中国	20 131	14.1
	ノルウェー	10 770	7.6
	ベトナム	7 320	5.1
	タイ	5 893	4.1
	アメリカ	5 812	4.1
	世界計	**142 530**	**100.0**
輸入	アメリカ	20 547	15.2
	日本	13 878	10.3
	中国	8 783	6.5
	スペイン	7 108	5.3
	フランス	6 177	4.6
	世界計	**135 037**	**100.0**

⬆2 水産物の貿易

DB p.69②

9,363万トン
(2017)
太平洋 49.5%
北西部 21.9%
中西部 13.4
8.2
南東部
北東部 3.6
中東部1.9
南西部0.5
大西洋 24.5
北東部 10.2
5.4
中東部
北西部 1.9
南東部 1.8
南西部 2.0
中西部 1.6
地中海・黒海など1.4
13.2 インド洋
東部 7.5
大西洋・南極 0.3
西部 5.7
内水面 12.7

⬆3 水域別漁獲量

漁業は，大きく二つ，**海水面漁業**（海）と**内水面漁業**（河川や湖）に分けられます。また，自然界から魚介類を取る漁業に対し，養殖業は，食用や加工用にすることを目的に人工的に魚介類を育てることをいいます。農業のハウス栽培に似ています。さらに，捕獲した魚介類を原料に加工食品をつくる水産加工業と合わせて，水産業とよんでいます。

好漁場となる自然条件

好漁場には豊富な魚介類とその餌になるプランクトンがたくさん生息しています。その好例となるのが潮目(しおめ)とバンク（浅堆(せんたい)）です。**潮目**とは，暖流と寒流がぶつかる海域のことです。冷たくて重い寒流が暖流の下に潜り込むことで湧昇(ゆうしょう)流がおこり，海水中の栄養塩類が表層部まで押し上げられます。また，海流がぶつかって攪乱(かくらん)されるため，酸素が海水に溶け込みます。その結果，プランクトンが増え，暖流にのって，まぐろ，かつお，さば，いわしなどが，寒流にのって，さけ，ます，たら，にしん，いか，たこ，さんまなどがそれぞれ集まって好漁場になるのです。一方，**バンク**は，周辺よりも海底の浅い海域のことです。浅いため，太陽光線が届きやすく，海藻類が繁茂(はんも)し，それが魚のすみかや産卵場となるため，魚が集まって好漁場になります。日本の三陸沖には日本海流（暖流）と千島(ちしま)海流（寒流）がぶつかる潮目があり，その周囲にバンクが広がっています。海に囲まれた日本は，領土が狭い分を，領海と排他的経済水域が補ってくれているのです。

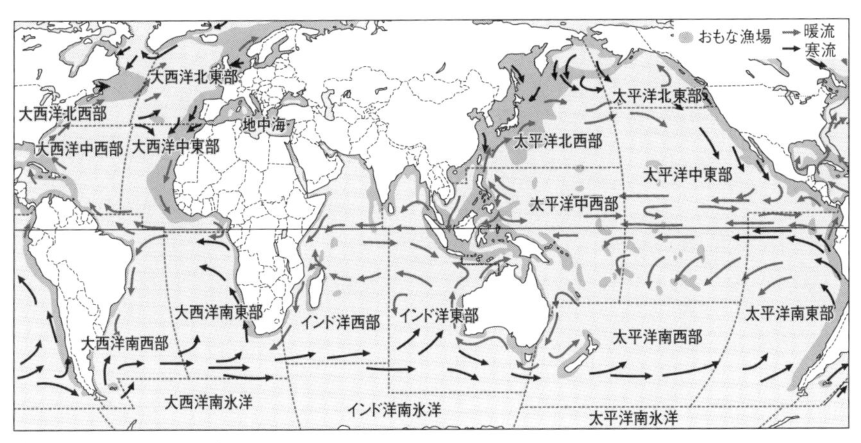

⬆4　世界の漁場と海流

太平洋北西部漁場は世界最大の漁場

世界の漁場は大きく太平洋と大西洋に分かれ，太平洋の南東部，北西部，北東部の三つ，大西洋の北東部，北西部の二つは，恵まれた漁場環境から，かつては五大漁場とよばれていました。漁獲量が最も多いのは太平洋北西部漁場で（**図3**，**図4**），日本や中国，韓国などが主要漁場にしています。中国は漁獲量が世界最大ですが，養殖の方が4倍近く多くなっています（**表1**）。えび類や貝類，かに類，うなぎなどを中心に，中国政府は養殖業者への優遇政策を進め，養殖施設への投資を続けています。また，輸出入がともに多いのも特徴です（**表2**）。特に，魚粉の輸入が多く，養殖の餌に使っています。そうして養殖した水産物を輸出しているのです。漁獲による水産物は国内向け，養殖による水産物は国外向け，と大きく棲み分けができています。アメリカは人口大国で水産物の国内需要が多いため，漁獲量が多いですが，輸入量を増やして需要を満たしています（**表2**）。

輸出国別の水産物の特徴

輸出される魚種には特徴があります。ノルウェーは高緯度にあり，寒冷気候ですが，暖流の北大西洋海流が上っているため，にしん，たらなどが豊富に水揚げされています。クォータ制とよばれて，漁師1人当たりの漁獲量が決められているため乱獲はせず，水産業の平均年収が国の平均をこえているため，若者に人気の職種になっています。ベトナムやタイでは，**えび**の輸出が盛んです。そのため，水田をえびの養殖池に転用する農家が増えているほか，沿岸のマングローブが伐採されていて，自然環境の破壊が進んでいます。

データブック オブ・ザ・ワールド ▶ p.69

⑳ 日本の水産業

輸入と養殖で需要を満たす漁業国日本！

DB p.69③

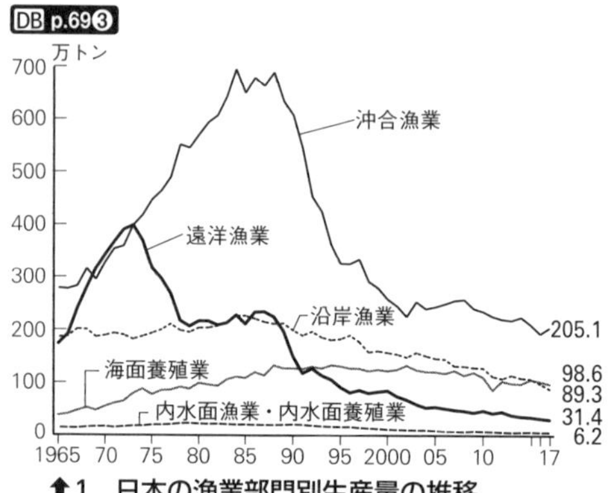

⬆1　日本の漁業部門別生産量の推移

DB p.69⑥

(F)

2013	g
モルディブ	507
アイスランド	252
キリバス	199
(香港)	191
マレーシア	162
(マカオ)	150
ミャンマー	149
ポルトガル	147
アンティグア=バーブーダ	146
韓国	145
世界	**52**

㈾日本 133 g

⬆2　1人1日当たり魚介類の供給量

日本の漁業部門別生産量の変化をみると，1973年を境に**遠洋漁業**が減少し，代わって，**沖合漁業**が増加していることがわかります(**図1**)。第四次中東戦争をきっかけにおこった第一次オイルショックによって燃料費が高騰し，遠洋漁業の収益性が悪化したからです。また，国連海洋法条約によって排他的経済水域が200海里になったことも要因にあげられます。その結果，遠洋漁業から沖合漁業に転換した漁師が多く，漁獲量が増加しています。しかし，マイワシ漁の衰退や，北洋漁場からの撤退によって，沖合漁業も減少しています。1980年代のピーク時には1300万トン近かった総漁獲量も，年々下降を続け，現在はおよそ3分の1にまで減少しています。

日本は世界有数の水産物輸入国

日本の1人1日当たりの魚介類供給量は133gです。世界平均が約50gにすぎないことからすれば，日本人は，世界的にみてもよく魚を食べていることがわかります(**表2**)。漁獲量は，年々，減少傾向にあるため，人口が減少するか，1人1日当たり魚介類供給量が減少しないかぎり，国内需要を満たすことができなくなることは明らかです。

日本では古くから，あじ や，いわし などの大衆魚の消費が中心でした。しかし，高度経済成長期に高級魚の消費が増加し，国内需要を満たすために輸入量が増えました。特に1985年のプラザ合意によって円高が進行したことも，輸入額を大

DB p.69⑨ (財)

2018	億円	%
アメリカ	1 499	11.4
チリ	1 429	10.9
中国	1 405	10.7
ロシア	1 403	10.7
ノルウェー	1 050	8.0
ベトナム	635	4.8
(台湾)	583	4.4
韓国	544	4.1
インドネシア	517	3.9
インド	466	3.5
世界計	**13 128**	**100.0**

⬆3 日本の魚介類の輸入先

DB p.69⑩ (財)

2018	億円	%
ベトナム	403	20.8
インド	353	18.2
インドネシア	313	16.1
アルゼンチン	160	8.3
タイ	145	7.5
カナダ	108	5.5
ロシア	89	4.6
中国	69	3.6
ミャンマー	43	2.2
(グリーンランド)	28	1.5
世界計	**1 941**	**100.0**

(注)生鮮・冷凍のもの

⬆4 日本のえびの輸入先

DB p.69⑪ (財)

2018	億円	千トン
さけ・ます	2 257	235.1
まぐろ	1 949	188.9
えび	1 941	158.5
いか	703	102.7
かに	614	26.9
たこ	424	34.5
にしん	346	90.6
うなぎ	309	8.8
うなぎの稚魚	210	0.01
うに	207	10.9
合計	**13 128**	**1 657.6**

(注)生鮮・冷凍のもの

⬆5 日本の魚介類の品目別輸入

きくしました。

日本はアメリカに次いで水産物輸入量が多くなっています。なかでも**魚介類**はアメリカやチリ，中国，ロシア，ノルウェーからの輸入が多く(**表3**)，輸入品目では，さけ・ます，まぐろ，えびがトップ3を占めています(**表5**)。

えびは，ロブスターを除けば，漁獲量，養殖業生産量ともに中国が世界一です。しかし，中国は人口が多く需要が高いため，ほとんどを国内で消費しています。日本は，えびの需要の80%以上を，ベトナムやインド，インドネシア，タイなど，東南アジアや南アジアからの輸入に頼っています(**表4**)。それが，輸出国での自然破壊につながっていることは前項に述べた通りです。また，チリやロシア，ノルウェーからの，さけ・ます の輸入も多くなっています。

それでも需要を満たせない！

近年，日本は**養殖業**にも力を入れています。養殖には，海面養殖業と内水面養殖業があり，海面養殖業の漁業総生産量に対する割合は6%程度ですが，生産額では約16%を占めています。特に，まだい や，くろまぐろ などの高級魚の養殖に力を入れていて，まだい は80%，ぶり類は60%，くろまぐろ は70%，くるまえび は80%が養殖による水揚げです。また，海面養殖業での内訳は，ぶり類が40%，まだい が24%，かんぱち が14%，くろまぐろ が7%になっています。

日本の養殖は，静岡県や三重県，四国4県，熊本県，鹿児島県など，海水温の高い西日本で行われています。魚は海水の温度が低いと食欲が減退し，成長が遅くなります。そのため，養殖には暖かい海が適しているのです。一方，内水面養殖業の生産量は，年々，減少傾向にあります。

データブック オブ・ザ・ワールド ▶ p.70

㉑ 日本と世界の食料自給率

農牧林水産業

日本の食料自給率はなぜ低い？

DB p.70④

昭和国勢総覧，食料需給表 平成29年度

年度	供給熱量	主食用穀物(1)	穀物（食用＋飼料）	米	小麦	豆類	野菜類	果実類	肉類	鶏卵	牛乳・乳製品	砂糖類
1935	…	…	…	73	96	42	101	104	93	100	107	…
1955	…	…	…	109	41	51	100	104	100	100	90	11
1960	79	89	82	102	39	44	100	100	91	101	89	18
1970	60	74	46	106	9	13	99	84	89	97	89	22
1980	53	69	33	100	10	7	97	81	81	98	82	27
1990	48	67	30	100	15	8	91	63	70	98	78	32
2000	40	60	28	95	11	7	81	44	52	95	68	29
2005	40	61	28	95	14	7	79	41	54	94	68	34
2010	39	59	27	97	9	8	81	38	56	96	67	26
2015	39	60	29	98	15	9	80	40	54	96	62	33
2017	38	59	28	96	14	8	79	39	52	96	60	32

⬆1　日本の食料自給率（%）

(1) 米・小麦・大麦・裸麦

ある国の国民が食べた食料のうち，自国で生産された割合のことを**食料自給率**といいます。「日本は食料自給率が低い」とよくいわれます。しかし，一概に正しいとはいえません。食料自給率には3種類あるからです。まず，総合食料自給率と品目別自給率の2種類があり，さらに総合食料自給率には，熱量で計算するカロリーベースと，金額で計算する生産額ベースがあります。一般的に使われているのはカロリーベースです。このカロリーベース，つまり，**供給熱量ベース自給率**は38%です（**表1**）。しかし，生産額ベースでは66%もあります（2017年）。また，品目別自給率は，米や大豆などの作物ごとに重量をベースにした自給率のことで，作物ごとにその数字も違ってきます。

日本人は「卵かけご飯」だけで生きのびる!?

日本の供給熱量ベース自給率をみると，1960年には79%ですが（**表1**），高度経済成長期が終わる1973年には55%にまで低下しています。経済成長によって生活水準が向上し，食生活が多様化したことで海外からの食料輸入が増加したからです。米の消費量の減少や，畜産物需要の増加による飼料用穀物の輸入量の増加なども背景にあります。その後，1985年以降の円高の進行によって海外からの食料輸入に割安感が出ると，さらに自給率は低下し，1998年以降はほぼ40%台で推移しています。四大穀物（米，小麦，とうもろこし，大豆）のうち，米の自給率だけは高く，ほぼ自給を達成していますが，小麦が12%，大豆が7%，とうも

DB p.70③

食料需給表 平成29年度

国名	年次	穀類	食用穀物	いも類	豆類	野菜類	果実類	肉類	卵類	牛乳・乳製品	魚介類	油脂類
日本	2017	28	(1)60	74	8	79	39	52	96	60	52	12
フランス	2013	189	176	116	78	73	57	98	100	123	30	85
ドイツ	2013	113	132	117	6	40	25	114	71	123	24	86
イタリア	2013	69	73	45	34	141	106	79	90	68	19	42
オランダ	2013	16	25	221	0	284	22	176	241	224	65	56
スペイン	2013	75	75	60	11	183	135	125	108	76	60	111
スウェーデン	2013	110	91	75	57	38	4	63	95	87	52	32
スイス	2013	42	40	75	29	46	37	80	54	102	2	35
イギリス	2013	86	79	75	39	38	5	69	88	81	55	51
アメリカ	2013	127	170	96	171	90	74	116	105	104	70	94
カナダ	2013	202	425	147	346	55	17	129	94	95	96	229
オーストラリア	2013	279	326	82	276	82	90	166	99	146	29	142

⬆2 おもな国の食料自給率(%)

(1) 日本の食用穀物には，蕎麦(そば)を含む

ろこしにいたってはほぼ0%となっています。ただ，鶏卵の自給率は非常に高くなっていて，海外からの食料輸入がとだえても，日本人は自給できる「卵かけご飯」で生きられるようです。牛肉・オレンジが**輸入自由化**された1990年以降は，肉類や果実類の自給率が低下しています。円高が進行し始めた時期とも重なります。近年は，野菜類や牛乳，乳製品の自給率も低下傾向にあり，食料自給率の低さがよく問題視されます。いったいそれの何が問題なのでしょうか？

食料自給率のここが問題！

アメリカやカナダ，オーストラリアなどは穀類や豆類，肉類の食料自給率が高くなっています(**表2**)。広大な土地を使って輸出指向の強い**企業的農牧業**が行われていて，国内需要よりもはるかに多い食料が生産されているからです。食料自給率が低いということは，簡単にいって，輸入量が多いということです。輸入するということは，お金を出して食料を購入する，ということです。例えば，アメリカから肉類を輸入するときは，米ドルで支払いますが，その分，外貨，つまり富が流出し，食の安全を他国にゆだねることになります。

日本は，これらの国から多くの食料を輸入しています。例えば，日本がアメリカやカナダ，オーストラリア，中国などと国交を断絶すると，たちまち日本は食料難に陥ってしまいます。断絶とまではいかなくても，干ばつや紛争がおこって輸入が困難になると，価格が高騰して食料不足がおこります。では，農業を守るために関税や輸入制限をすればいいのかというと，それは自由貿易の流れに反することになります。日本からの自動車や機械類の輸出が制限されると日本経済に悪影響となるからです。日本の農業自身を強くしていく必要があります。

データブック オブ・ザ・ワールド ▶ p.77-79

㉒ 日本の農産物の名産地

日本の適地適作を調べてみる！

DB p.77-79

農林水産統計データ

水稲（千t）		小麦（百t）		さつまいも（千t）		じゃがいも（千t）(1)		大豆（百t）		キャベツ（千t）(1)	
新潟	628	北海道	4 711	鹿児島	278	北海道	1 883	北海道	823	群馬	261
北海道	515	福岡	549	茨城	174	長崎	89	宮城	161	愛知	245
秋田	491	佐賀	369	千葉	100	鹿児島	86	佐賀	136	千葉	111
山形	374	群馬	231	宮崎	90	茨城	45	福岡	129	茨城	111
宮城	371	愛知	228	徳島	28	千葉	30	秋田	103	神奈川	77
全国	**7 780**	**全国**	**7 649**	**全国**	**797**	**全国**	**2 395**	**全国**	**2 113**	**全国**	**1 428**

みかん（千t）(1)		りんご（千t）(1)		肉用牛（千頭）		乳用牛（千頭）		豚（千頭）		ブロイラー（万羽）	
和歌山	144	青森	416	北海道	525	北海道	791	鹿児島	1 272	鹿児島	13 614
愛媛	120	長野	149	鹿児島	329	栃木	52	宮崎	822	宮崎	13 498
熊本	86	山形	47	宮崎	245	熊本	43	北海道	626	岩手	11 221
静岡	82	岩手	40	熊本	127	岩手	42	千葉	614	青森	4 014
長崎	53	福島	27	岩手	91	群馬	35	群馬	612	北海道	3 828
全国	**741**	**全国**	**735**	**全国**	**2 514**	**全国**	**1 328**	**全国**	**9 189**	**全国**	**68 928**

(1)2017

⬆1　日本の都道府県別農産物の収穫量の上位5位（2018年）

日本列島の大部分は気温の年較差が大きく，**四季**がはっきりしています。また，南北に弓なりに細長いため，気候の地域差が大きく，また，中央部を高く険しい山脈が走っているため，太平洋側と日本海側で気候がずいぶん違っています。また，**モンスーン**や台風の影響で，年降水量が多くなっています。しかし，このような地域性を活かし，それぞれの自然環境に適した農業が行われています。

稲は，成長期に気温が高く，雨の多い気候を好む植物で，「瑞穂（みずほ）の国」とよばれるくらい，日本にはぴったりの農作物です。水稲は約2600年前に伝わったとされていますが，陸稲はそれより1000年も古いといわれます。消費量が減っているとはいえ，日本人の主食であることに変わりはありません。都道府県別でみると，新潟県，北海道，東北地方が生産の中心地になっています。

カレーライスの材料は北海道で生産

小麦はほとんどが北海道で生産されています。北海道は高緯度にあって冷涼なため，小麦の栽培に適しています。北海道は日本で最も面積が大きい都道府県で，1農家当たりの耕地面積は約26haと飛び抜けています（全国平均は約2.1ha，2015年）。そのため，小麦以外にも，じゃがいもや大豆の生産でも日本最大です。また，たまねぎ，にんじん，牛肉もすべて北海道の生産量が日本一です。つまり，

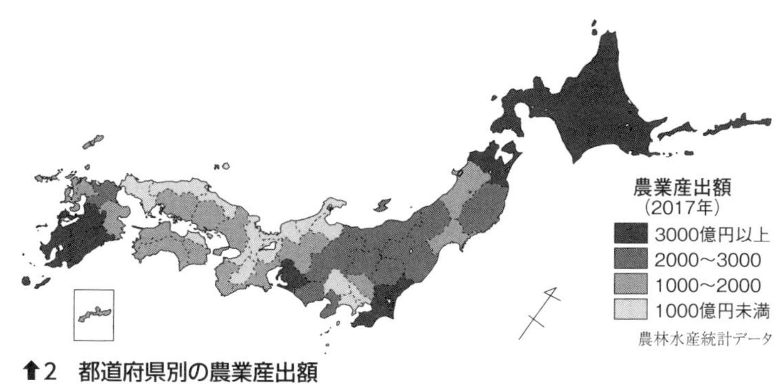

⬆2 都道府県別の農業産出額

カレーライスは北海道のお世話になる献立です。

さつまいも(甘藷)は，名前のように，生産量は鹿児島県が最も多く，ほかに，茨城県，千葉県，宮崎県など，温暖で火山灰地が広がる地域での生産量が多くなっています。また，キャベツやレタス，白菜などの高原野菜は内陸の標高の高い群馬県や長野県などで多く，涼しい気候を利用して，出荷時期を遅らせる**抑制栽培**が行われています。

一方，高知平野や宮崎平野などでは暖かい気候を利用した野菜の早作り(**促成栽培**)が行われていて，端境期をねらって大都市圏に出荷されています。果物栽培は，りんごや もも のように，比較的冷涼な気候を好むものもあれば，みかんや，メロンなど温暖な気候に適したものもあります。

酪農は北海道，畜産は九州南部

乳製品や肉類，卵などの畜産物を生産する産業をまとめて**畜産業**といいます。そのうち，乳製品を生産しているのが**酪農**で，家畜を放牧し肉類を生産しているのが**牧畜**です。酪農の中心地は北海道で，乳用牛の飼育頭数は全国の約6割を占めています。生乳の生産量が多く，全国の約5割を生産し，日本全国に出荷しています。しかし，乳製品の輸送には高鮮度保持が必要です。それを可能にしているのが**コールドチェーン**です。産地で生産されるとすぐに低温冷却され，そのまま輸送，貯蔵，仕分けされるシステムです。

一方，畜産は，鹿児島県や宮崎県など九州南部で盛んに行われています。一帯はシラス台地とよばれる火山灰地が広がり，保水性が悪いため水田耕作ができなかったからです。肉牛頭数も北海道が1位ですが，2，3位は鹿児島県と宮崎県で，面積当たりの頭数では，両県とも北海道より5倍も牛がいることになります。

データブック オブ・ザ・ワールド ▶ p.82

① 日本と世界の1次エネルギー

世界と日本のエネルギー利用の変遷を知る！

DB p.82④

IEA資料

区分＼年	1971		1980		1990		2000		2010		2016	
	百万t	%	百万t	%	百万t	%	百万t	%	百万t	%	百万t	%
石炭	1 436	25.4	1 800	24.7	2 225	25.3	2 279	22.7	3 546	27.7	3 657	26.6
石油	2 552	45.2	3 173	43.5	3 241	36.8	3 703	36.9	4 077	31.8	4 473	32.5
天然ガス	903	16.0	1 240	17.0	1 688	19.2	2 060	20.5	2 715	21.2	3 032	22.0
バイオ	617	10.9	741	10.1	905	10.3	1 024	10.2	1 286	10.0	1 345	9.8
電力	137	2.4	347	4.7	747	8.5	961	9.6	1 127	8.8	1 255	9.1
計	**5 644**	**100.0**	**7 302**	**100.0**	**8 809**	**100.0**	**10 029**	**100.0**	**12 808**	**100.0**	**13 764**	**100.0**

㈲電力…原子力・水力・地熱・太陽光・風力・その他のエネルギー

⬆1　世界の1次エネルギー生産（石油換算）

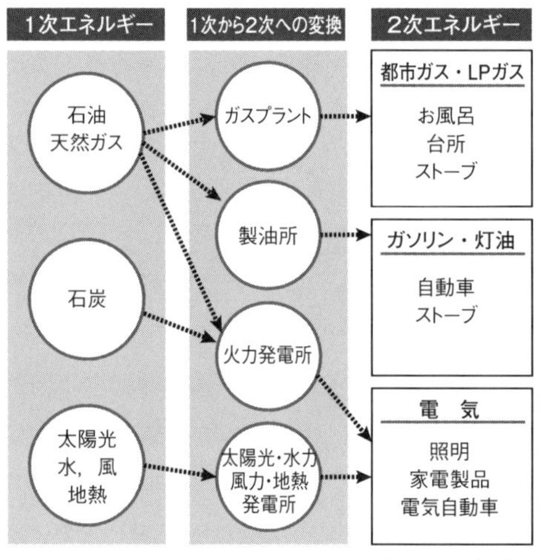

⬆2　1次エネルギーから2次エネルギーへの転換

1次エネルギーとは，石油や石炭，天然ガスなど，自然界に存在するエネルギーのことで，地熱，風力，水力などの自然エネルギーも1次エネルギーに含まれます。一方，1次エネルギーを利用しやすいように，加工，転換したものを2次エネルギーとよんでいます。原油からつくられるガソリンや灯油，石炭を乾留（かんりゅう）してつくられるコークス，また，火力発電や原子力発電，水力発電，風力発電によってつくられる電力も2次エネルギーに含まれます。

世界の１次エネルギー生産の経年変化

世界の人口増加や工業発展によって，年々，1次エネルギーの需要が高まっています。発電技術の発展によって，石油や石炭，天然ガスなどの**化石燃料**を使った発電が主流になっていますが（**表1**），かつては，穀物を脱穀したり製粉するのも水車（水力）を使ったり，船の移動に風の力，田畑を耕すのにも家畜の力を利用していました。

18世紀後半にイギリスでジェームズ・ワットが蒸気機関を改良し，それを動力源に蒸気機関車や蒸気船が登場しました。それによって遠隔地へも短時間で大

DB p.82⑥　　エネルギー・経済統計要覧 2019

区分＼年度	1970年度	%	1980年度	%	1990年度	%	2000年度	%	2010年度	%	2017年度	%
石炭	2 661	19.9	2 818	17.0	3 380	16.6	4 195	17.9	5 046	22.1	5 194	25.0
石油	9 623	71.9	10 986	66.1	11 870	58.3	12 106	51.8	10 147	44.5	9 044	43.5
ガス	166	1.2	1 012	6.1	2 063	10.1	3 072	13.1	3 998	17.5	4 700	22.6
水力	749	5.6	857	5.2	859	4.2	806	3.4	761	3.3	744	3.6
原子力	44	0.3	778	4.7	1 905	9.4	2 898	12.4	2 539	11.1	286	1.4
新エネルギー他	139	1.0	176	1.1	280	1.4	307	1.3	330	1.4	832	4.0
合計	**13 383**	**100.0**	**16 627**	**100.0**	**20 357**	**100.0**	**23 385**	**100.0**	**22 821**	**100.0**	**20 799**	**100.0**
国産エネルギー	2 126	15.9	2 481	14.9	3 414	16.8	4 210	18.0	3 813	16.7	2 046	9.8
輸入エネルギー	11 257	84.1	14 146	85.1	16 943	83.2	19 175	82.0	19 032	83.4	18 753	90.2

1ジュール(J)≒0.239カロリー(cal)≒0.278×10^{-6}キロワット時(kWh)

⬆3　**日本の1次エネルギー供給**〔単位:PJ(ペタジュール＝千兆ジュール＝10^{15})〕

量に輸送できるようになり，イギリスの植民政策と世界貿易の推進力になりました。このとき，蒸気機関の燃料になった**石炭**が世界の主力エネルギーになっていきます。

石油の開発は19世紀半ばから始まり，第二次世界大戦後は中東地域で次々と大油田が発見され，**オイルメジャー(国際石油資本)**が登場して急速に発展しました。液体の石油は固体の石炭と違ってパイプラインを使って遠方まで運べるため，石炭に比べて輸送コストがかからず，燃焼効率もよいことから世界的に広がっていきます。その後，二度のオイルショックによって原油価格が高騰，メジャーに対抗して**OPEC**(オペック)(**石油輸出国機構**)など産油国の価格支配力が強くなります。これによって脱石油化が進み，原子力や天然ガスなどの石油代替エネルギーの利用が拡大しました。

日本の1次エネルギー供給

日本は多くのエネルギー資源を海外からの輸入に頼っていて，輸入エネルギー割合は9割をこえています(**表3**)。二度のオイルショックのあと，1980年代からは脱石油化によって**天然ガス**のほか，原子力の割合が急増しました。日本は海に囲まれた島国で，パイプラインによる輸送が困難です。天然ガスは液化することで体積を600分の1にまで減らし，一度に大量輸送できるため，液化天然ガス(LNG)の利用は現在も増加しています。

また，**原子力発電**も，2000年代に入ると1割をこえるまでになりました。しかし，2011年の福島第一原子力発電所の事故をきっかけに原子力発電への安全性や放射性廃棄物が改めて問題となり，石炭や天然ガスの利用の見直しや，太陽光発電，風力発電，地熱発電の開発が進んでいます。

データブック オブ・ザ・ワールド ▶ p.83, 87-88

② 日本のエネルギー輸入先

エネルギー

こんなにも，日本は資源を輸入に頼っている！

DB p.83⑧

（財）ほか

	1990	2018	%
オーストラリア	55 736	116 068	61.3
インドネシア	935	28 868	15.2
ロシア	(1)8 704	18 737	9.9
アメリカ	11 546	11 534	6.1
カナダ	19 267	8 703	4.6
コロンビア	120	1 823	1.0
中国	5 214	1 813	1.0
ベトナム	106	732	0.4
モザンビーク	…	624	0.3
ニュージーランド	290	196	0.1
合計（その他共）	**107 517**	**189 320**	**100.0**

⬆1　日本の石炭輸入先（千トン）　(1)ソ連

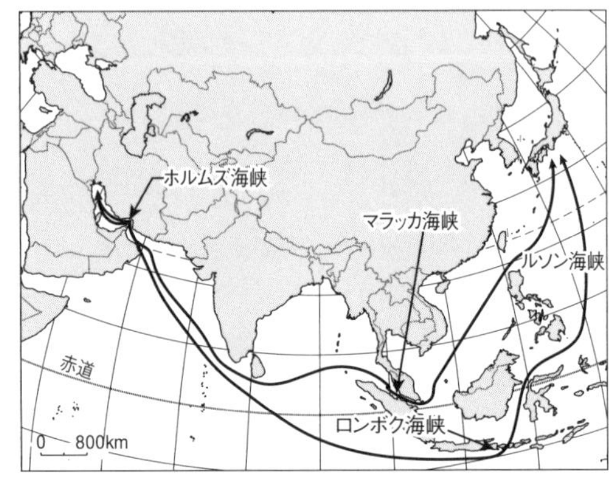

⬆2　エネルギー資源の日本への運搬航路

日本の国土面積は38万平方キロ。世界61番目の小国ですが，それでも世界の上位3分の1に入っていて，世界にはまだまだ小さな国がたくさんあります。しかし，鉱産資源の埋蔵量は少なく，エネルギー資源にも恵まれていません。日本は国内総生産（GDP）ではアメリカ，中国に次いで世界3位を誇る経済大国ですが，それだけに多くのエネルギーが必要で，エネルギー資源の輸入量は，年々，増加の一途をたどっています。石炭，原油，液化天然ガスなど，エネルギー資源はすべて海上輸送によるもので，その輸入ルートをたどると，いかに多くの船舶が東南アジア海域を通過しているかがわかります（**図2**）。

日本の石炭の輸入先

日本の**石炭**の輸入先のトップはオーストラリアで，輸入量は，2016年には全輸入量の6割をこえています（**表1**）。そのほかでは，カナダやアメリカ，中国が多かったのですが，近年は，インドネシアとロシアからの輸入が増加しています。二国とも，石炭産業を基幹産業として成長させようとしており，特に，ロシアは極東地域での開発を進めていて，日本のほかにも中国への輸出も多くなっています。いまや，ロシアは，カナダやアメリカを抜いて3位の輸入相手国で，日本のエネルギー政策にとって重要な国になっています。また，中国は，世界最大の石炭産出国ですが，2000年代に入ってからは輸入国に転じています。

DB p.87❶　　(財)ほか

戦前	1935	戦後	1980	1990	2000	2010	2018	%
アメリカ	2 749	サウジアラビア	89 871	45 993	62 863	65 033	67 935	38.6
インドネシア	866	アラブ首長国	34 544	47 784	62 876	44 249	44 604	25.4
英領ボルネオ	191	カタール	7 662	13 125	22 928	25 260	13 809	7.9
ソ連	55	クウェート	10 113	7 876	21 036	16 114	13 472	7.7
中国	54	ロシア(1)	105	65	…	14 526	8 389	4.8
イラク	48	イラン	16 767	22 614	29 556	20 989	7 592	4.3
エクアドル	39	イラク	19 789	8 361	3 642	7 026	3 095	1.8
ペルー	36	オマーン	7 779	13 718	11 403	6 857	2 989	1.7
シンガポール	13	アメリカ	…	…	1 218	32	2 958	1.7
		メキシコ	1 211	8 902	2 392	…	1 995	1.1
合計(その他共)	**4 204**	**合計**(その他共)	**254 447**	**225 251**	**249 814**	**214 618**	**175 897**	**100.0**

⬆3　日本の原油輸入先(千kL)

(1)1990年以前はソ連

日本の原油の輸入先

日本の**原油**の輸入先は，サウジアラビアやアラブ首長国，カタール，クウェート，イラン，イラクなど西アジア諸国が中心です(**表3**)。カタールは2019年に脱退していますが，いずれも**OPEC**(オペック)(**石油輸出国機構**)の加盟国です。埋蔵量はOPECだけで世界の半分近くを占めています。また，日本の輸入量のうちOPECからの輸入量は8割近く，OPECへの依存度が高くなっています。

DB p.88❾　　(千トン)(財)

国名	2018	%
オーストラリア	28 702	34.7
マレーシア	11 266	13.6
カタール	9 923	12.0
ロシア	6 673	8.1
インドネシア	5 133	6.2
アラブ首長国	4 977	6.0
ブルネイ	4 182	5.1
合計(その他共)	**82 789**	**100.0**

⬆4　日本の液化天然ガスの輸入

かつてはインドネシアからの輸入も多く，重要な貿易相手国でしたが，徐々に減少して，現在は1%にもとどきません。原因は日本ではなく，インドネシア自身が経済成長によって国内需要が増加し，輸出余力がなくなったためです。それに代わって，近年はロシアからの輸入が増えています。サハリンを中心に極東での開発を進めるロシアは，アメリカ，サウジアラビアに次いで世界3位の産出国で，日本のほかにも，中国，韓国への輸出も増加しています。

日本の天然ガスの輸入先

日本は**天然ガス**を液化した状態で輸入しています。島国のため，ヨーロッパのようにパイプラインを使った輸入が困難なこと，液化することで体積が600分の1になり輸送コストが下げられることが理由です。輸入先は，以前はインドネシアが最も多かったのですが，近年は，オーストラリア，マレーシア，カタールの上位3か国で全体の60%を占め，依存度が高くなっています(**表4**)。2010年以降はロシアからの輸入が多くなっていて，ほかにも，ナイジェリアやブルネイなど，供給地の分散化を図っています(→p.114「日本の発電量」)。

データブック オブ・ザ・ワールド ▶ p.83

エネルギー

③ 世界の石炭

石炭は分解されずに残った植物の死骸だった!?

DB p.83③

BP統計 2019

2018	石炭	%	亜炭など
アメリカ	2 202	30.0	301
中国	1 309	17.8	80
インド	965	13.1	49
オーストラリア	709	9.7	765
ロシア	696	9.5	907
ウクライナ	320	4.4	23
インドネシア	261	3.6	109
カザフスタン	256	3.5	…
ポーランド	205	2.8	59
南アフリカ	99	1.3	…
世界計	**7 349**	**100.0**	**3 199**

⬆1　**石炭の埋蔵量**(億トン)

DB p.83④

(E)

国名	1990	2000	2010	2016	%
中国	107 988	129 900	342 845	341 060	54.5
インド	20 183	31 370	53 269	66 279	10.6
インドネシア	733	6 285	31 919	45 600	7.3
オーストラリア	14 179	21 617	33 814	41 320	6.6
ロシア	(1)19 337	15 254	22 258	29 495	4.7
アメリカ	63 204	52 275	44 402	29 408	4.7
南アフリカ	17 480	22 420	25 452	25 531	4.1
カザフスタン	(1)12 238	7 489	10 365	9 732	1.6
コロンビア	2 047	3 814	7 441	9 051	1.4
ポーランド	14 749	10 222	7 617	7 039	1.1
世界計	**323 302**	**327 993**	**605 099**	**626 072**	**100.0**

⬆2　**石炭の産出**(万トン)

(1)1992

石炭は,蒸気ボイラーや発電に使用される**燃料炭**と,鉄鋼などの原料になる**原料炭**に分けられます。世界五大陸に偏りなく分布していて,石油に比べると埋蔵量が多く,可採年数が長いため,安定供給が見込まれる資源です。しかし,固体なため運搬に不便で,熱量でも価格面でも石油に劣っていて,また,地球温暖化の原因になっている二酸化炭素や環境汚染物質の排出量が多いなど,石油に比べてマイナス面の大きい資源です。しかし,近年は,液化したりガス化したり,汚染物質の除去など技術開発が進んでいて,石炭が見直されています。

石炭ができるまで

石炭は古生代に繁茂(はんも)したシダ植物などが地中に埋もれ,腐敗する前に熱と圧力によって石化したものです。土中に埋没したあと,菌類や微生物によって分解されると石炭にはなりません。その後,石炭化,つまり,植物中の酸素や水素が減少し,炭素濃度が上がっていくのですが,その度合いによって,高い順に,無煙炭,瀝青炭(れきせいたん),褐炭(かったん),泥炭に分化します。

シダ植物などが繁茂した時代を石炭紀(約3.6 ～ 3.0億年前)とよんでいますが,この時期には,植物を分解する菌類が少なかったことが分解が進まず石炭化が進んだ大きな原因といわれています。シダ植物の光合成によって大気中の二酸化炭素が吸収され,大気中の酸素濃度も約35%と,現在の21%に比べるとずいぶん高かったようです。

DB p.83⑥⑦

(E)

	2016	万トン	%
輸出	オーストラリア	38 930	29.9
	インドネシア	36 958	28.4
	ロシア	16 612	12.7
	コロンビア	8 333	6.4
	南アフリカ	6 994	5.4
	世界計	**130 315**	**100.0**
輸入	中国	25 555	20.4
	インド	19 095	15.3
	日本	18 597	14.9
	韓国	12 789	10.2
	ドイツ	5 776	4.6
	世界計	**125 181**	**100.0**

⬆3 石炭の貿易

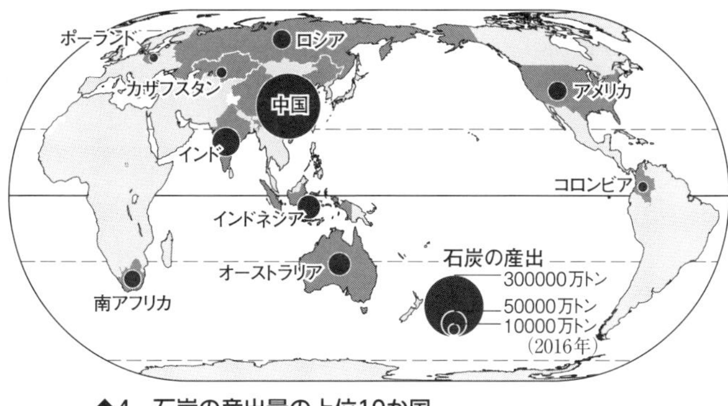

⬆4 石炭の産出量の上位10か国

基本的に，自然環境は複雑であり，単純化して説明するのは難しいのですが，一般的に，石炭は，古生代後期の造山運動によって形成された山地付近に埋蔵が多くなっています。北欧のスカンディナヴィア山脈や，イギリスのペニン山脈，ロシアのウラル山脈などがよく知られています。埋蔵量では，アメリカ，中国，インドで多く(**表1**)，産出量では中国が圧倒的に多く，世界の半分以上を占めています(**表2**，**図4**)。また，中国やインド，オーストラリア，南アフリカ共和国，ポーランドなどでは，石炭が電源構成のトップになっています。

石炭の輸出はオーストラリアとインドネシアでトップ2

石炭の輸出国では，オーストラリアとインドネシアが上位を占めていて，二国で世界の6割近くを輸出しています(**表3**)。オーストラリアは産出量が4.1億トンに対して輸出量は3.9億トンと，産出の9割以上を輸出に回しています。人口が約2500万人と少ないため，国内需要が少なく輸出余力が高いことが要因としてあげられます。中国は産出量では群を抜いていて，インドも次いで多いのですが，二国とも経済成長によって発電用の燃料や製鉄用の原料としての利用が多く，産出分ではまかないきれず，輸入量が増加しています。

また，インドネシアも埋蔵量や産出量では上位にあり，輸出も世界2位で，中国やインド，日本などに輸出しています。オーストラリアと同様に，4億をこえる産出量に対し輸出量は3.7億トンと9割近くを輸出しています。人口は約2.7億で，国内需要も大きいことを考えると**輸出指向**の強いエネルギーといえます。しかし，近年は経済発展によって国内需要が増加し，年々，輸出も少なくなっていて，日本の輸入量も減少しています。

データブック オブ·ザ·ワールド ▶ p.84-85

④ 世界の石油

エネルギー

いかにして石油の安定供給をはかるか !?

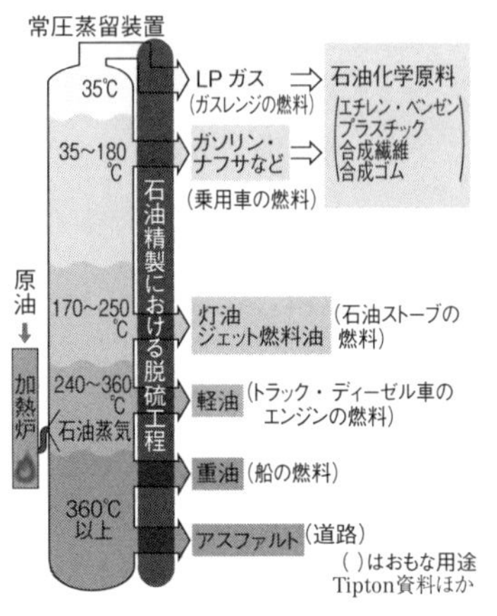

⬆1 原油の精製の流れとおもな用途

DB p.84⑤

(E)

国名	1937	1980	2000	2016	%
サウジアラビア	1	49 590	40 850	52 301	13.4
ロシア	(1)2 850	(1)60 321	31 127	52 172	13.4
アメリカ	17 287	42 420	28 793	43 805	11.2
イラク	426	13 012	12 645	22 034	5.6
中国	…	10 595	16 300	19 969	5.1
イラン	1 033	7 267	20 371	18 721	4.8
カナダ	31	7 041	8 794	15 805	4.1
アラブ首長国	…	8 279	11 368	15 419	4.0
クウェート	…	8 412	9 922	14 976	3.8
ベネズエラ	2 720	11 479	16 477	12 541	3.2
ブラジル	…	908	5 195	12 130	3.1
メキシコ	671	9 994	15 659	11 148	2.9
ナイジェリア	…	10 419	11 047	8 933	2.3
アンゴラ	…	743	3 671	8 632	2.2
ノルウェー	…	2 455	15 752	7 984	2.0
世界計	**27 950**	**297 866**	**333 983**	**390 162**	**100.0**

(1)ソ連

⬆2 **原油産出量**(万トン)

石油は私たちの暮らしになくてはならない資源です。**図1**のように，原油は精製され，用途別に形を変えていきます。その4割が工場や家庭などの熱エネルギーとして，4割が自動車や船舶，航空機などの動力エネルギーとして，残りの2割が，洗剤やプラスチックなどの化学製品の原料として使われています。

石油をめぐる歴史

1960年代に，世界のエネルギーの主役は石炭から石油に代わっています。これを**エネルギー革命**とよんでいます。オイルメジャーが豊富な資金力で油田の開発を進めた結果，産油量が急増して価格が下落，安定供給ができるようになったからで，その結果，**オイルメジャー**が世界経済を支配するようになりました。

それに対し，産油国は資源の所有権を主張し，自国資源は自国で産出，管理するという資源ナショナリズムが高まります。中東の産油国を中心に**OPEC**(オペック)（**石油輸出国機構**）を結成し，原油の採掘権をオイルメジャーから取り戻し，自ら産出に乗り出しました。しかし，オイルメジャーとの対立から原油産出の削減を繰り返したため，原油価格が高騰して1973年にはオイルショックがおこりました。

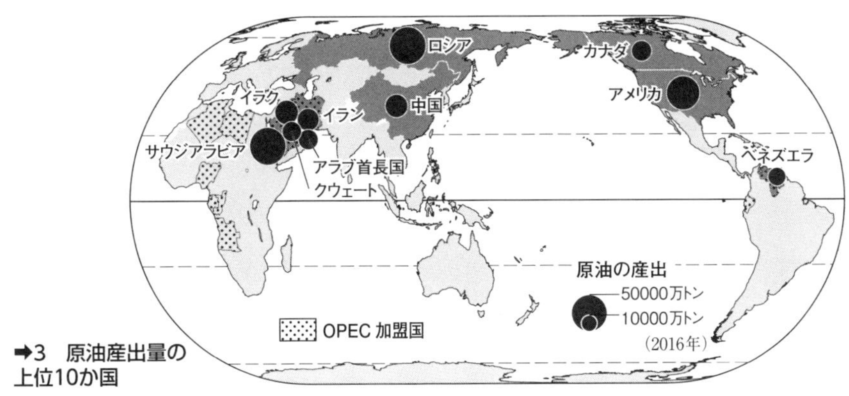

➡3 原油産出量の上位10か国

DB p.84⑦ (E)

輸出	2016	%	輸入	2016	%
サウジアラビア	37 317	17.1	アメリカ	38 827	17.2
ロシア	25 284	11.6	中国	38 101	16.9
イラク	18 736	8.6	インド	21 862	9.7
カナダ	14 398	6.6	日本	15 617	6.9
アラブ首長国	12 024	5.5	韓国	14 554	6.4
クウェート	10 788	4.9	ドイツ	9 124	4.0
イラン	10 450	4.8	スペイン	6 417	2.8
ベネズエラ	8 974	4.1	イタリア	6 088	2.7
ナイジェリア	8 606	3.9	オランダ	5 432	2.4
アンゴラ	8 395	3.8	フランス	5 427	2.4
世界計	**218 679**	**100.0**	**世界計**	**225 790**	**100.0**

⬆4 原油の貿易(万トン)

DB p.84⑧

国	%
日本	88.0%
韓国	74.2
イタリア	38.7
スペイン	24.3
フランス	22.8
アメリカ	19.4
オランダ	16.0
ドイツ	5.0
イギリス	2.4

⬆5 おもな国の輸入原油の中東依存度(2018年)

中東の原油産出・輸出事情

世界の原油の約半分はアジアに埋蔵されていて，なかでもペルシャ湾とその周辺の中東地域が9割を占めています。中東地域の油田開発は，1900年にイランで始まりました。イギリスの資本によって開発され，産出は当初，イラン，イラクが中心でしたが，戦後は中心がサウジアラビアに移り，輸出量でもサウジアラビアが世界1位になりました。

しかし，1970年代の二度の**オイルショック**によって，先進諸国は天然ガスや原子力などの代替エネルギーの開発や省エネルギー型工業への転換，OPEC以外への供給地の分散化をはかりました。その影響から，1980年代半ばには，原油需要の縮小で原油価格が下落し，サウジアラビアは産油量を減らしました。その後，産油量は回復し(**表2**)，現在も輸出量ではトップに立っています(**表4**)。日本は原油のほとんどをサウジアラビアやアラブ首長国，カタール，クウェートなどから輸入していて，中東依存が高くなっています(**図5**)。

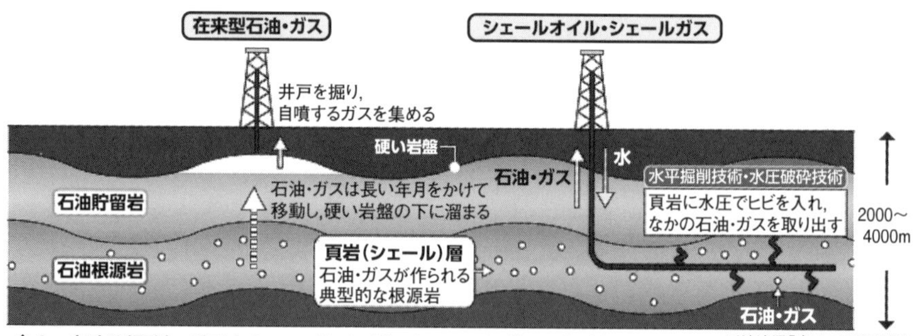

⬆6　在来型石油・ガスとシェールオイル・シェールガスの掘削のしくみ　石油連盟「今日の石油産業」

世界最大の輸出国はサウジアラビア

サウジアラビアの輸出統計では，原油，石油製品，プラスチック，化学薬品，液化石油ガスなどが上位を占めていて，石油産業が基幹産業になっていることは確かです。サウジアラビアはロシアに次いで世界2位の産油量を誇っていますが(2015年)，人口は約3400万人と多くないため，石油の国内需要もそれほど多くないと思われます。そのため，採掘した原油のほとんどを輸出に回すことができるはずなのですが，輸出量は産油量の7割程度です。残りの3割を全て自国の輸送用燃料と火力発電用燃料に使っています。その結果，サウジアラビアは1人当たり二酸化炭素排出量が世界最大になっています。

一方，サウジアラビアとほぼ同等の産油量を維持しているロシアは，輸出量は世界2位ですが，サウジアラビアとは石油の消費状況にかなりの差があります。原因は人口が約1.4億人と多いこと，寒冷な国のため暖房に石油が欠かせないことなどがあげられます。サウジアラビア以外にも，中東諸国で輸出余力の高い国にはアラブ首長国，イラク，クウェートなどがあります。

アメリカからのシェール革命

アメリカは経済水準が高く，また人口が3億人をこえているため，国内の電力需要は多くなっています。しかし，火力発電用の原油の産出量は1985年をピークに年々減少を続けていて，輸入量を増やして国内需要を補っていました。それと平行して，**シェールオイル**の開発が進められ，2000年代に入って採掘技術が発達したことで，2008年以降，アメリカのシェールオイルの産出量は増加しました。2015年には増産によって原油に余剰が生まれたため，原油価格は急落しました(**図7**)。

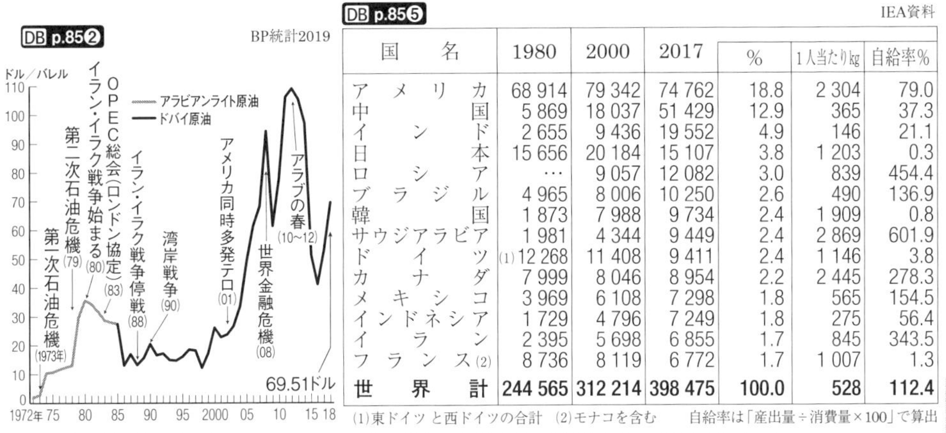

⬆7　原油価格の推移

DB p.85⑤　　IEA資料

国名	1980	2000	2017			
				%	1人当たりkg	自給率%
アメリカ	68 914	79 342	74 762	18.8	2 304	79.0
中国	5 869	18 037	51 429	12.9	365	37.3
インド	2 655	9 436	19 552	4.9	146	21.1
日本	15 656	20 184	15 107	3.8	1 203	0.3
ロシア	…	9 057	12 082	3.0	839	454.4
ブラジル	4 965	8 006	10 250	2.6	490	136.9
韓国	1 873	7 988	9 734	2.4	1 909	0.8
サウジアラビア	1 981	4 344	9 449	2.4	2 869	601.9
ドイツ	(1)12 268	11 408	9 411	2.4	1 146	3.8
カナダ	7 999	8 046	8 954	2.2	2 445	278.3
メキシコ	3 969	6 108	7 298	1.8	565	154.5
インドネシア	1 729	4 796	7 249	1.8	275	56.4
イラン	2 395	5 698	6 855	1.7	845	343.5
フランス(2)	8 736	8 119	6 772	1.7	1 007	1.3
世界計	**244 565**	**312 214**	**398 475**	**100.0**	**528**	**112.4**

(1)東ドイツと西ドイツの合計　(2)モナコを含む　　自給率は「産出量÷消費量×100」で算出

⬆8　おもな国の原油の消費量と自給率(万トン)

在来型の石油は中東地域に多く埋蔵されていました。アラビア半島西側の紅海はプレートの「広がる境界」であり，アラビア半島は東に移動していて，ペルシャ湾は「狭まる境界」となっています。そのため，ペルシャ湾は褶曲(しゅうきょく)構造の地層が多く，石油はその背斜(はいしゃ)部に多く埋蔵されています。一方，非在来型であるシェールオイルは，頁岩(けつがん)層に含まれている石油分で，頁岩の層まで掘削して水を送り込み，その水圧で取り出します(**図6**)。同じ層にはシェールガスとよばれる天然ガスも含まれています。2018年現在，シェールオイルの採掘によって，アメリカは世界最大の産油国に復活し，世界トップ10に入る輸出国になる見込みです。

原油の消費量はアメリカが断トツ

世界のおもな国の**原油の消費量**をみると，アメリカが世界一です(**表8**)。次が中国で，急速な経済成長によって，2000年代に入って急増しています。世界の輸入量ではアメリカと中国がトップ2となっています。アメリカは原油を輸出しているのですが，輸入国でもあるのです。

中国に次いで急増しているのがインドです。インドは2010年代に入って急速に成長し，人口も13億をかかえていて原油需要が多くなっています。インドは原油の埋蔵量も産出量も世界20位前後ですが，経済発展に追いつかず輸入量を増やして需要に対応しています。次いで消費量が多いのが日本で，産油量はごくわずかなため，国内需要のほとんどを輸入でまかなっています。**原油自給率**が0.3%と非常に低く，韓国と同様に，1%を下回っています。

データブック オブ・ザ・ワールド ▶ p.88

⑤ 世界の天然ガス

アメリカとロシアでツートップ！

DB p.88⑤

IEA資料

国名	1980	2017	%
アメリカ	5 535	7 604	20.2
ロシア	(1)4 439	6 940	18.4
イラン	43	2 138	5.7
カナダ	781	1 843	4.9
カタール	32	1 691	4.5
中国	143	1 417	3.8
ノルウェー	260	1 282	3.4
オーストラリア	89	1 053	2.8
アルジェリア	135	944	2.5
サウジアラビア	112	942	2.5
世界計	**15 265**	**37 684**	**100.0**

(1)ソ連

⬆1 **天然ガスの産出**(億m³)

DB p.88⑦

(E)

輸出	2016	%	輸入	2016	%
ロシア	7 598	18.0	日本	4 616	11.0
カタール	5 040	12.0	ドイツ	3 797	9.0
ノルウェー	4 502	10.7	アメリカ	3 235	7.7
カナダ	3 199	7.6	中国	2 780	6.6
アメリカ	2 451	5.8	イタリア	2 487	5.9
アルジェリア	2 106	5.0	フランス	1 918	4.6
トルクメニスタン	2 029	4.8	イギリス	1 896	4.5
オーストラリア	2 005	4.8	韓国	1 843	4.4
オランダ	1 988	4.7	トルコ	1 775	4.2
マレーシア	1 185	2.8	メキシコ	1 654	3.9
世界計	**42 128**	**100.0**	**世界計**	**41 971**	**100.0**

1ジュール(J)≒0.239カロリー(cal)

⬆2 **天然ガスの貿易**〔PJ(ペタジュール)＝千兆ジュール〕

意外なことに，数ある統計のなかで，1位と2位をアメリカとロシアで占めているというのはほとんどありません。しかし，天然ガスの産出では，めずらしくそうなっています。天然ガスは，地下から地表に噴出するガス全般をさしますが，一般的には火山噴火時などの不燃性のものを除いた，可燃性の炭化水素ガスのことをいいます。液化するときに酸化物が取り除かれるため，燃焼時に，窒素酸化物や硫黄酸化物などの大気汚染物質や，二酸化炭素などの温室効果ガスの発生が少なく，**クリーンエネルギー**とよばれています。日本では都市ガスとして利用するほか，ほとんどの火力発電所で使われています。

世界の二大産出国，アメリカとロシア

現在，天然ガスの産出量はアメリカとロシアで世界の約40％を占めています(**表1**)。アメリカの産出量は2005年まではほぼ横ばいでしたが，それ以降は増加傾向にあります。ロシアは1950年代半ばから産出が始まり，旧ソ連が崩壊した1991年までは尻上がりに増加していました。しかし，それ以降は増減を繰り返しながら横ばい状態が続いています。

アメリカとロシアに次いで産出量が多いのは，イラン，カナダ，カタール，中国などです。北アメリカに限れば，埋蔵量としては多いわけではありませんが，アメリカとカナダの二か国で世界の約4分の1の量を産出しています。埋蔵量では，アメリカ，ロシアのほかに，イラン，カタール，トルクメニスタンが上位に名を連ねています(**表4**)。

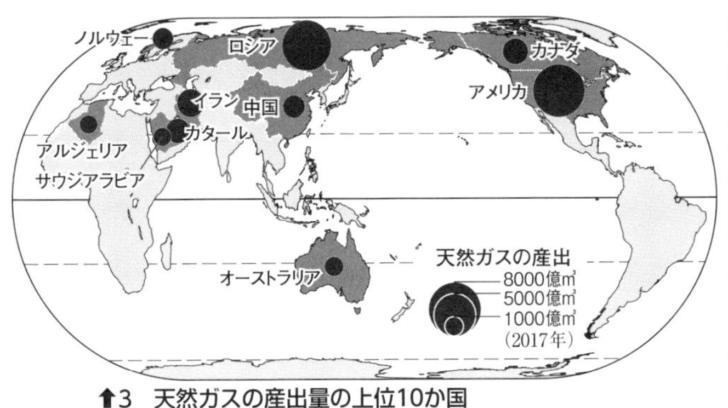

⬆3　天然ガスの産出量の上位10か国

DB p.88④　BP統計2019

2018	百億㎥	%
ロシア	3 894	19.8
イラン	3 193	16.2
カタール	2 470	12.5
トルクメニスタン	1 949	9.9
アメリカ	1 189	6.0
ベネズエラ	634	3.2
中国	607	3.1
アラブ首長国	594	3.0
サウジアラビア	589	3.0
ナイジェリア	535	2.7
世界計	**19 685**	**100.0**

⬆4　天然ガスの埋蔵量

天然ガスの輸送手段

天然ガスを輸送する手段としては，気体のまま輸送するか，液体にして輸送するかの二つの方法があります。大陸では，**パイプライン**を使って気体のまま運ばれています。しかし，日本のような島国ではパイプラインの敷設が困難なため，－162℃まで冷却して液化して輸送しています。**液化天然ガス**(LNG)とよばれ，専用の低温断熱タンクを備えたLNGタンカー(LNG船)を使って輸送されています。

天然ガスの貿易

天然ガスの世界総産出量のうち，約3割が輸出されています。石油の約5割に比べれば少ないですが，石炭の約2割に比べれば多く，比較的貿易が盛んなエネルギー資源です。

輸出では，ロシアやカタール，ノルウェー，カナダ，アメリカが上位を占めています(**表2**)。輸出量が多いということは輸出余力が大きいということです。原因は，①人口が多く国内需要も多いが，ほかの化石エネルギーや自然エネルギー，代替エネルギーも豊富なため余剰がある，②人口が少ないため需要が少なく余剰が多い，のどちらかです。ロシア，アメリカ，マレーシアの場合は①にあたり，カタール，ノルウェー，カナダ，トルクメニスタン，オランダの場合は②にあたります。しかし，これらのいずれの国も，おもなエネルギーは石油です。輸入が多い国は経済水準が高く，エネルギー需要が大きいことが多く，二酸化炭素排出量の少ない天然ガスはクリーンエネルギーとして重要視されています。

データブック オブ・ザ・ワールド ▶ p.86

⑥ 世界のバイオ燃料

バイオ燃料生産はアメリカとブラジルが多い！

	使用法	原　料	おもな生産国
バイオエタノール	ガソリンと混合	さとうきび，てんさい，とうもろこしなど	アメリカ ブラジル
バイオディーゼル	軽油と混合	パーム油，菜種油，大豆油，廃食油など	ヨーロッパ

⬆1　液体バイオ燃料の分類

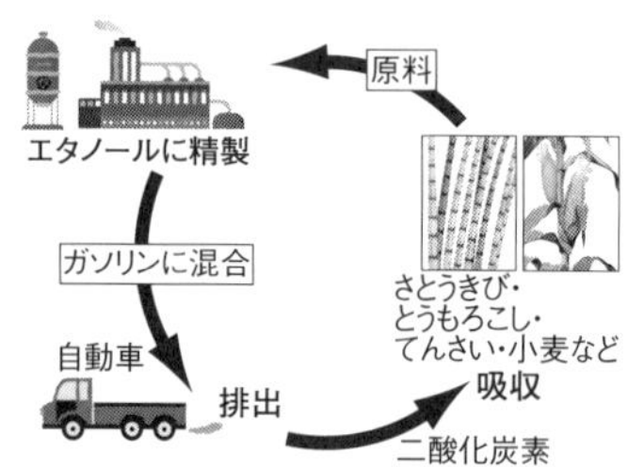

➡2　バイオ燃料のカーボンニュートラル

『図で見る環境・循環型社会白書(2007)』ほかより作成

DB p.86⑨　IEA資料

2017	万トン	%
アメリカ	5 270	46.7
ブラジル	2 442	21.7
ドイツ	401	3.6
アルゼンチン	355	3.1
中国	320	2.8
フランス	306	2.7
インドネシア	304	2.7
タイ	239	2.1
スペイン	209	1.9
オランダ	193	1.7
世界計	**11 278**	**100.0**

⬆3　液体バイオ燃料の生産

バイオガソリンという言葉を聞いたことがありますか。植物資源を原料とした**バイオエタノール**をガソリンと混ぜた燃料のことで，石油からつくられるガソリンに比べて，二酸化炭素の排出量が少ないため，新しい燃料として注目されています。エタノール燃料は，すでに自動車黎明(れいめい)期から生産され，燃料としても使われていました。しかし，**エネルギー革命**によって石油が安価に手に入るようになると，ガソリンが主力エネルギーになりました。その結果，大気汚染物質や温室効果ガスの排出量が増大し，1992年にはリオデジャネイロで**地球サミット**(国連環境開発会議)が開催され，化石燃料に代わる新しいエネルギーの開発が話し合われました。その一つとして，エタノール燃料が見直されています。

カーボンニュートラルという考え方

エタノール燃料の生産に対しては，**カーボンニュートラル**という考え方があります(**図2**)。エタノール燃料はとうもろこしや大豆，さとうきびなどの植物を原料としてつくられます(**表1**)。植物は成長するときに光合成によって二酸化炭素を吸収するため，エタノールとなって燃焼するときに排出される二酸化炭素の量は大気中で差し引きゼロになると考えられています。こうしたバイオ燃料は，再生可能エネルギーとして期待されています。

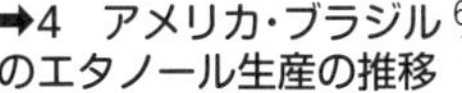

➡4 アメリカ・ブラジルのエタノール生産の推移

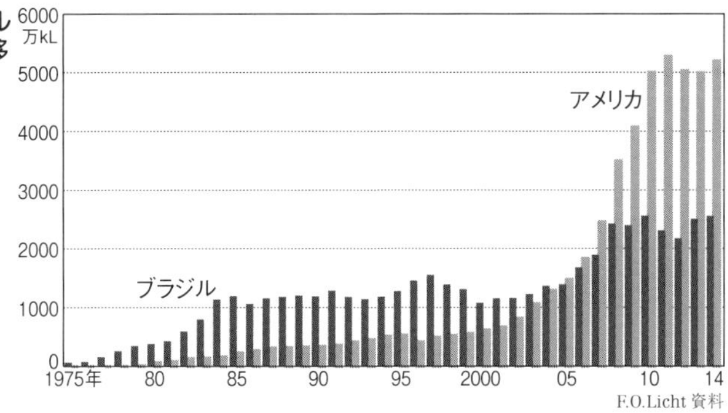

アメリカとブラジルのエタノールの生産

世界的にエタノールの生産量は増加傾向にありますが，特に多いのはアメリカとブラジルです。2014年の統計で，アメリカは約5000万kL，ブラジルは約2500万kLのエタノールを生産しています(**図4**)。

ブラジルは，**さとうきび**の生産量が多く，それを原料にエタノール燃料を生産しています。生産量を増やすために，さとうきびの収穫量が最近30年間で3倍に増加しています(→p.76「世界の砂糖」)。ブラジルのエタノール生産は歴史が古く，ガソリンへのエタノール混合率は一般に10%までですが，ブラジルでは25%と高くなっています。

アメリカは人口が3億人をこえていて，自動車の保有台数が多いことから，1970年代の二度のオイルショック以来，エタノール燃料を見直し，生産を拡大してきました。アメリカで生産されるエタノール燃料は，おもに**とうもろこし**を原料にしています。アメリカはとうもろこしの生産量が世界最大で，生産の2割前後を輸出に回し，輸出量も世界1位が続いています。

エタノール燃料の原料になるとうもろこしの流通量は増加していますが，とうもろこしは家畜の飼料としても使われるため，エタノール燃料用の流通量が増加すると，需給のバランスが崩れて，飼料用のとうもろこしの価格が上がります。その結果，肉類だけでなく，ほかの食料品の価格にも影響します。2013年には国内消費量が増えたため，とうもろこしの輸出余力が低下し輸出量も減少して，輸出量世界トップの座をブラジルに明け渡しました。しかし，2016年は，再び世界最大のとうもろこしの輸出国になっています(→p.58「世界のとうもろこし」)。

データブック オブ･ザ･ワールド ▶ p.89

⑦ 世界の発電量

おもな国は火力発電が中心

DB p.89❶

IEA資料

2016	合計	火力	%	水力	%	原子力	%	再生可能エネルギー(2) 計	%	風力	地熱	太陽光	バイオ燃料
中国	62 179	44 226	71.1	11 934	19.2	2 133	3.4	15 398	24.8	2 371	1	753	761
アメリカ	43 220	28 069	64.9	2 921	6.8	8 399	19.4	6 371	14.7	2 295	186	503	791
インド	14 776	11 995	81.2	1 375	9.3	379	2.6	2 393	16.2	449	…	141	436
ロシア	10 910	7 042	64.5	1 866	17.1	1 966	18.0	1 857	17.0	1	4	5	25
日本	10 580	8 404	79.4	851	8.0	181	1.7	1 552	14.7	60	25	510	336
カナダ	6 674	1 324	19.8	3 872	58.0	1 011	15.2	4 336	65.0	308	…	30	128
ドイツ	6 491	3 613	55.7	261	4.0	846	13.0	1 883	29.0	786	2	381	583
ブラジル	5 789	975	16.8	3 809	65.8	159	2.7	4 651	80.3	335	…	1	506
韓国	5 626	3 790	67.4	66	1.2	1 620	28.8	159	2.8	17	…	51	64
フランス(1)	5 562	479	8.6	649	11.7	4 032	72.5	972	17.5	214	0	82	96
世界計	**250 816**	**163 196**	**65.1**	**41 700**	**16.6**	**26 060**	**10.4**	**59 389**	**23.7**	**9 577**	**817**	**3 385**	**5 706**

1Wh＝3.6kJ(キロジュール)　(1)モナコを含む　(2)水力(揚水水力除く)･風力･地熱太陽光･バイオ燃料･潮力など

⬆1　世界のおもな国の発電量(億kWh)

世界の発電方法で，一番多いのは火力発電で，発電量の7割近くを占め，次いで水力発電，原子力発電と続いています。近年は，新しいエネルギーとして，風力，地熱，太陽光，バイオ燃料など，再生可能な自然エネルギーによる発電も増加しています。発電量では，人口大国の中国が一番多く，次いでアメリカ，さらにインド，ロシア，日本が上位に名を連ねています(**表1**)。

世界の多くの国で火力発電が中心

世界の多くの国では火力発電を中心に，ほかに水力発電や原子力発電などを組み合わせて電力需要を満たしています。**火力発電**の燃料で最も多いのは石炭で，次いで天然ガス，石油となっています(**図2**)。石炭を主力にしている国は中国やインドで，ほかにオーストラリア，南アフリカ共和国，ポーランドが上位となります。天然ガスを火力発電の中心にしているのは，ロシア，イギリス，マレーシア，オランダなどです。日本も天然ガスが最も多く，ほぼ同量で石炭も使われています。

水力発電量の多少は，包蔵水力といって，国内で経済的・技術的に開発利用可能な水の量で決まります。国土面積が大きければ，その分，水の量が多いため，水力発電量は多くなります。国土面積の大きい国は水力発電量が多い，と考えてよいでしょう。しかし，オーストラリアのように国土面積が大きくても大半が乾

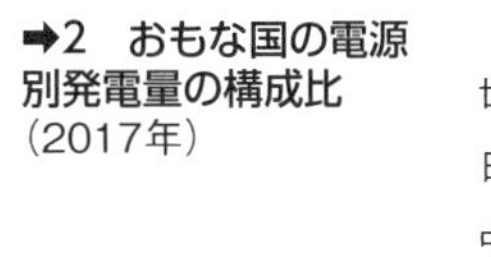
➡2 おもな国の電源別発電量の構成比 (2017年)

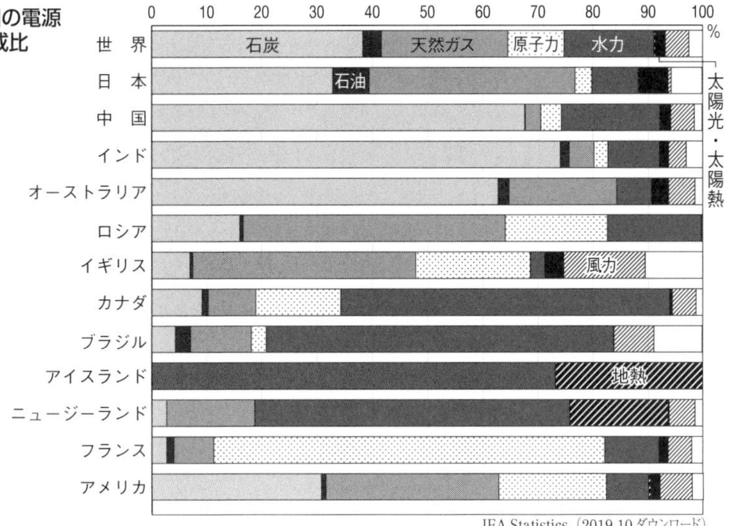

IEA Statistics（2019.10 ダウンロード）

燥地域という国もありますから一概にはいえません。水力発電の割合が高いのはアイスランド，ブラジル，カナダ，ニュージーランドで，四か国とも5割をこえています。ほかにも，ベネズエラ，ノルウェーが高くなっています。

原子力発電は，発電量ではアメリカが一番多く，発電の割合ではフランスが最も高くなっています。特にフランスは，原子力発電の割合が約7割と飛び抜けて高いのが特徴です。原子力発電は,変動の激しい石油価格に左右されることなく,安定的に電力を供給できますが，フランスでも，年々，老朽化が進んで維持費が高くなり，閉鎖を予定しているところも出てきています。

再生可能な自然エネルギーへの期待

水力発電を含め，風力発電や地熱発電，太陽光発電は自然エネルギーを利用した**再生可能エネルギー**として期待されています。再生可能エネルギーは枯渇の心配がないこと，地球環境への負荷が小さいといった長所がある一方，天候に左右されやすく，供給が不安定になるという短所もあります。**地熱発電**は地下のマグマの熱を利用するため，プレートの変動帯で火山の多い国で行われています。**太陽光発電**は，特に太陽光に恵まれたヨーロッパ諸国で盛んです。温室効果ガスを排出しないため温暖化対策にもなり，また今後は技術の進歩で発電コストが下がると期待されています。

データブック オブ・ザ・ワールド ▶ p.88, 90

⑧ 日本の発電量

日本の発電量の経年変化

DB p.90③

（電）

年度	合計	水力	%	火力	%	原子力	%	風力	%	太陽光	%	地熱	%
1951	47 354	37 132	78.4	10 222	21.6	…	…	…	…	…	…	…	…
1960	115 498	58 481	50.6	57 017	49.4	…	…	…	…	…	…	…	…
1970	359 538	80 090	22.3	274 782	76.4	4 581	1.3	…	…	…	…	85	0.0
1980	577 521	92 092	15.9	401 967	69.6	82 591	14.3	…	…	…	…	871	0.2
1990	857 272	95 835	11.2	557 423	65.0	202 272	23.6	…	…	1	0.0	1 741	0.2
1995	989 880	91 216	9.2	604 206	61.0	291 254	29.4	1	0.0	…	…	3 173	0.3
2000	1 091 500	96 817	8.9	669 177	61.3	322 050	29.5	109	0.0	…	…	3 348	0.3
2005	1 157 926	86 350	7.5	761 841	65.8	304 755	26.3	1 751	0.2	1	0.0	3 226	0.3
2010	1 156 888	90 681	7.8	771 306	66.7	288 230	24.9	4 016	0.3	22	0.0	2 632	0.2
2015	1 024 179	91 383	8.9	908 779	88.7	9 437	0.9	5 161	0.5	6 837	0.7	2 582	0.3
2017	1 007 423	90 128	8.9	861 518	85.5	31 278	3.1	6 140	0.6	15 940	1.6	2 145	0.2

発電量は電気事業用と自家用の合計。自家用は1995年度までは1発電所500kW以上，1996年度以降は1発電所1000kW以上で小規模発電を含まない。

⬆1　日本の発電量の推移（百万kWh）

現在の日本は石油による火力発電が中心ですが，そのほかに石炭や天然ガスや，水力，地熱，風力などの自然エネルギー，さらに原子力などを発電に利用しています。これらの発電方式は時代とともに増減を繰り返してきました。

日本は資源小国で発電に必要なエネルギーを輸入している

表1と**図2**から，日本の発電量の推移をみてみましょう。かつては**水力発電**が中心だったことがわかります。高度経済成長期には増え続けるエネルギー需要に対応するため，水力発電にかわって火力発電が主力エネルギーとなりました。しかし1973年，第四次中東戦争をきっかけに第1次**オイルショック**がおこると，石油価格が高騰しました。エネルギー多消費型の経済活動は見直しを迫られ，重厚長大型から軽薄短小型へと産業構造の転換がおきました。1970年代の二度のオイルショックによって，石油にかわり天然ガスと原子力に注目が集まり，またエネルギーとしての石炭が見直されました。以降，**原子力発電**は増加し，2010年時点では総発電量の約4分の1を占めるまでになりましたが，2011年3月の東日本大震災により福島第一原子力発電所で事故が発生すると，見直しが行われました。現在，**太陽光発電**などの再生可能エネルギーによる発電が増えています（**図3**）。日本の**地熱発電**は適地のほとんどが国立公園内にあり，法律上開発が難しい状況です。また源泉が枯渇するとして，温泉業界から反対の声があります。その一方で，潜在的な地熱資源量は世界有数ともいわれています。

DB p.90❷

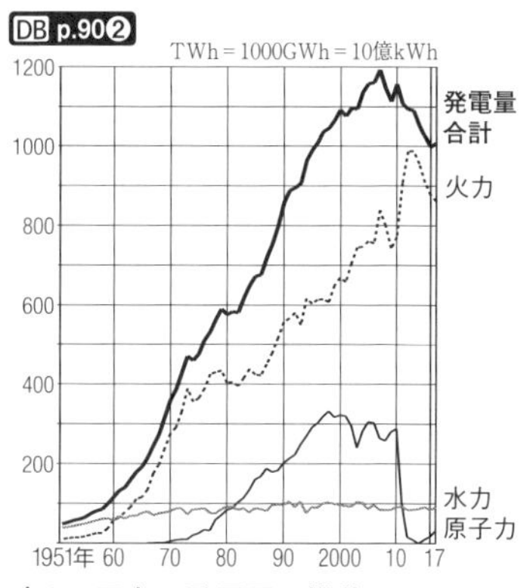

⬆2 日本の発電量の推移

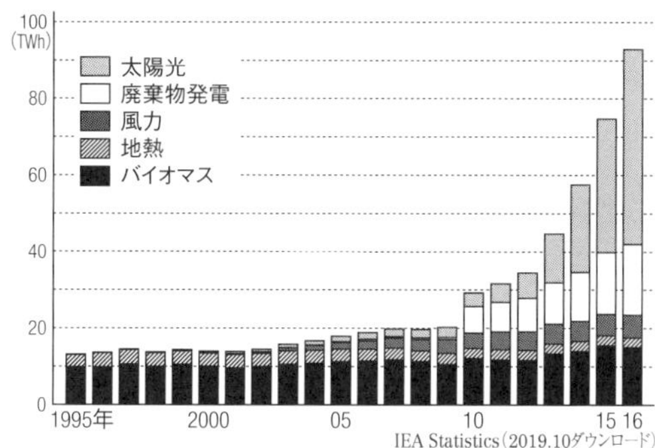

⬆3 日本の再生可能エネルギー発電量の推移

DB p.88❾ （千トン）（財）

国名	2018	%
オーストラリア	28 702	34.7
マレーシア	11 266	13.6
カタール	9 923	12.0
ロシア	6 673	8.1
インドネシア	5 133	6.2
アラブ首長国	4 977	6.0
ブルネイ	4 182	5.1
合計（その他共）	**82 789**	**100.0**

⬆4 日本の液化天然ガスの輸入

DB p.88❿ （千トン）（財）

国名	2018	%
アメリカ	6 777	63.1
アラブ首長国	972	9.1
サウジアラビア	878	8.2
カタール	861	8.0
クウェート	633	5.9
オーストラリア	491	4.6
アルジェリア	46	0.4
合計（その他共）	**10 734**	**100.0**

⬆5 日本の液化石油ガスの輸入

日本は天然ガスを液化して輸入する

天然ガスは，燃焼時に硫黄分などの環境汚染物質の排出量が少ないエネルギーとして知られており，**クリーンエネルギー**として認識されています。海に囲まれている日本は，天然ガスをパイプラインで運ぶことが困難です。天然ガスを液化し，**液化天然ガス**(LNG：Liquefied Natural Gas)として輸入しています。液化天然ガスは，－162℃で冷却圧縮することで液体となったもので，液化の過程で硫黄分が除去されます。また体積が天然ガスの600分の1になるため，液化した方が一度に大量に輸送することができます。このように，輸送コストを小さくして輸入しています。おもな輸入相手国は，オーストラリアやマレーシア，カタールなどです(**表4**)。

一方，同じ気体燃料ではありますが，石油や天然ガスに含まれるプロパンやブタンを原料として液化されたものが**液化石油ガス**(LPG：Liquefied Petroleum Gas)です。一般的にドイツ語の「プロパンガス」と呼ばれています。液化石油ガスは家庭用プロパンガスやタクシーなどの自動車用燃料などとして利用されており，日本はおもにアメリカと中東諸国から輸入しています(**表5**)。

データブック オブ･ザ･ワールド ▶ p.93

鉱工業

① 金・銀・銅の産出

銅鉱の産出は圧倒的にチリがトップ！

DB p.93⑨

（含有量）(M)

2016	トン	%
中国	453	14.5
オーストラリア	290	9.3
ロシア	253	8.1
アメリカ	222	7.1
カナダ	165	5.3
ペルー	153	4.9
南アフリカ	145	4.6
メキシコ	111	3.6
ウズベキスタン	102	3.3
スーダン	93	3.0
世界計	**3 120**	**100.0**

⬆1　金鉱の産出

DB p.93⑩

（含有量）(M)

2015	トン	%
メキシコ	5 900	21.4
ペルー	4 230	15.3
中国	3 390	12.3
オーストラリア	1 570	5.7
ロシア	1 570	5.7
チリ	1 510	5.5
ボリビア	1 310	4.7
ポーランド	1 290	4.7
アメリカ	1 090	3.9
アルゼンチン	1 080	3.9
世界計	**27 600**	**100.0**

⬆2　銀鉱の産出

DB p.93⑤

（含有量）(M)

2015	万トン	%
チリ	576.4	30.2
中国	171.0	9.0
ペルー	170.1	8.9
アメリカ	138.0	7.2
コンゴ民主	102.0	5.3
オーストラリア	97.1	5.1
ロシア	73.2	3.8
ザンビア	71.2	3.7
カナダ	69.7	3.6
メキシコ	59.4	3.1
世界計	**1 910.0**	**100.0**

⬆3　銅鉱の産出

銅は英語でcopperといいます。bronze（ブロンズ）ということもありますが，bronzeは，銅に錫（すず）を混ぜ合わせた青銅のことで，オリンピックなどで表彰に使われる銅メダルは，青銅を素材にしているのでブロンズメダルとよばれています。

銅は，鉄やアルミニウムに次いで消費量が多く，家電製品のほか電気自動車などにも使われています。それほど私たちの暮らしに欠かせない大切な金属です。また，銅はアルミニウムと同様，「リサイクルの優等生」とよばれています。品質を損なうことなく，ほぼ100%リサイクルできるからです。ただ，私たちの目で，リサイクル品かどうかを判別することはできません。**表1〜3**で産出量の単位をみると，銅鉱は「万トン」と「万」が入っているのに対し，金鉱や銀鉱は「トン」です。金鉱や銀鉱は銅鉱に比べて，いかに希少価値の高い金属かがわかりますね。

世界最大の産出国はチリ！

銅鉱といっても一つではなく，自然銅，輝銅鉱（きどうこう），斑銅鉱（はんどうこう）などを合わせた総称です。世界で一番埋蔵量が多いのはチリで，世界全体の30%を占め，ほかに中国，ペルー，アメリカが上位となります。この5か国で埋蔵量の半分以上を占めており，環太平洋造山帯などプレートが狭まる境界に多い傾向があります。産出量でもチリが世界一で，世界の3割を占めていて（**表3**），銅と銅鉱はチリの主要輸出品目として輸出の半分近くを占めています。産出量を大陸別にみると，やはり南アメリカが最大で，アジア，北アメリカと続いています。アジアで最も多いのは

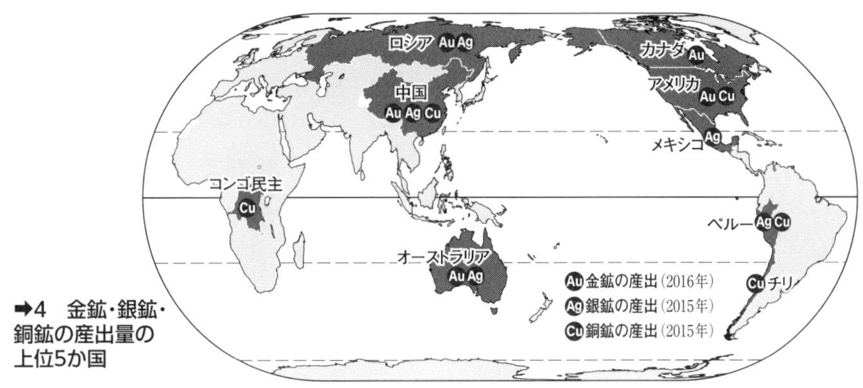

➡4 金鉱・銀鉱・銅鉱の産出量の上位5か国

中国です。また，アフリカにはコンゴ民主共和国からザンビアにかけて**カッパーベルト**とよばれる銅鉱床地帯が広がっています。コンゴ民主共和国，ザンビアともに，銅が輸出品目のトップで，主要産業になっています。ザンビアの銅はほとんどが中国に輸出されています。ザンビア，タンザニア，モザンビークなどアフリカ南部への中国の資本投下は急増していて，特にザンビアでは銅，石炭，マンガンなどの鉱山資源のほとんどが中国資本の管理下にあります。

日本の銅鉱の輸入先

日本でもかつては足尾銅山(栃木県)や別子銅山(愛媛県)，日立銅山(茨城県)など銅山がたくさんありました。しかし，公害問題や採算が合わなくなったなどの理由ですべて閉鎖され，現在は銅鉱の100%を輸入しています。一番の輸入先はチリです。ほかに，インドネシアやパプアニューギニア，フィリピンなどの東南アジア諸国からの輸入も多くなっています。

金鉱と銀鉱のおもな産出国

有史以来，これまでに産出された**金鉱**はオリンピックの公式プール(長さ50m×幅25m) 3杯分しかなく，また，確認埋蔵量は1杯分しかありません。それだけに希少価値が高く，その美しさで人々を魅了し，腐食せず加工しやすいため装飾品や貨幣として利用されてきました。産出量が一番多いのは中国で，オーストラリア，ロシア，アメリカなどで多く産出されます(**表1**)。銀はメキシコをトップに，ペルー，中国で世界の半分を産出しています(**表2**)。銀は装飾品のほか，銀ナノ粒子に加工され電子機器やさまざまな工業製品に使われています。

データブック オブ・ザ・ワールド ▶ p.95, 99, 107

鉱工業

② ボーキサイトの産出

アルミニウムはどこで生産される？

DB p.95⑤ (M)

2016	万トン	%
オーストラリア	8 200	30.4
中国	6 080	22.5
ブラジル	3 440	12.7
ギニア	3 150	11.7
インド	2 389	8.8
ジャマイカ	854	3.2
ロシア	543	2.0
カザフスタン	500	1.9
サウジアラビア	384	1.4
ギリシャ	180	0.7
世界計	**27 000**	**100.0**

⬆1　ボーキサイトの産出

DB p.99⑧ (M)

2016	千トン	%
中国	31 873	54.1
ロシア	3 561	6.0
カナダ	3 209	5.4
インド	2 723	4.6
アラブ首長国	2 500	4.2
オーストラリア	1 634	2.8
ノルウェー	1 220	2.1
バーレーン	971	1.6
アイスランド	855	1.5
サウジアラビア	840	1.4
世界計	**58 900**	**100.0**

⬆2　アルミニウムの生産

DB p.99⑨ World Metal Statistics Yearbook 2019

	2018	千トン	%
輸出	カナダ	2 621	12.1
	オランダ	2 571	11.9
	アラブ首長国	2 549	11.8
	ロシア	2 007	9.3
	インド	1 517	7.0
	世界計	**21 654**	**100.0**
輸入	アメリカ	4 076	16.2
	日本	2 880	11.4
	オランダ	2 777	11.0
	ドイツ	2 590	10.3
	韓国	1 446	5.7
	世界計	**25 228**	**100.0**

⬆3　アルミニウムの貿易

銅や鉄が発見されたのは紀元前のことですが，アルミニウムが初めてつくられたのはずっとのち，19世紀半ばのことです。アルミニウムは軽くて強く，また，リサイクル性に優れているため，1円玉をはじめ，アルミホイルやアルミサッシのほか，自動車や電車など，日常生活のいたるところで利用されています。そのアルミニウムの原料になるのがボーキサイトです。

ボーキサイトが埋蔵されている地域

ボーキサイトは酸化アルミニウムを含んだ岩石で，熱帯に広く分布しています。熱帯地域は高温で雨が多いため，土壌中の水溶性塩類が雨に溶けて流れてしまいます。鉄分（酸化鉄）や**アルミニウム成分**（酸化アルミニウム）は水に溶けにくいために土壌中に残ります。鉄分が多いので土壌は赤みを帯びています。このうちのアルミ分がボーキサイトの素になります。

ボーキサイトの世界最大の産出国はオーストラリアです。世界全体の3分の1近くを占めていて，中国，ブラジル，ギニアと続いています（**表1**）。埋蔵量では，ギニアとオーストラリアが多く，ベトナム，ブラジル，ジャマイカにも広く分布しています。オーストラリアは国のほぼ中央を南回帰線が通過しているため，北部（低緯度側）にはアルミ分が豊富な熱帯土壌が広がっています。各地で採掘されていますが，特に西オーストラリア州での産出が6割をこえています。

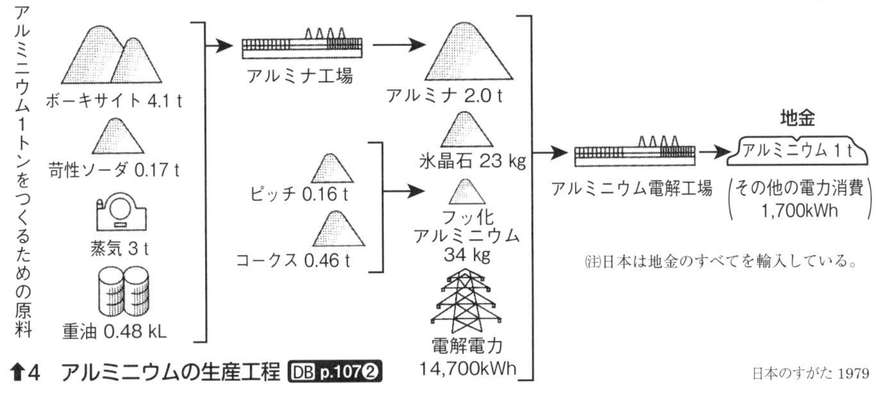

↑4 アルミニウムの生産工程 DB p.107②

日本のすがた 1979

アルミニウムの生産に必要なもの

ボーキサイトは金属ではなく，ただの石ころです。まず，この石ころに圧力を加えながら熱すると水酸化アルミニウムが溶け出します。これをさらに焼成するとアルミナと呼ばれる酸化アルミニウムが生まれ，これを電気分解してやっとアルミニウムをつくり出せるのです。金属のなかでは最も手間がかかり，この電解のときに大量の電力が必要なため，安価で豊富な電力が得られることがアルミニウムの生産に欠かせない条件になっています(**図4**)。そのため，ボーキサイトの産出国とアルミニウムの生産国とのランキングは大きく違っています。アルミニウムの生産量が多いのは圧倒的に中国で，世界の5割以上を占めています(**表2**)。ほかに，ロシア，カナダ，インドが上位となります。いずれも国土面積が大きいため，水力発電などの電力が豊富に得られるという特徴があり，ほかにアラブ首長国のような産油国，オーストラリアのような産炭国でも多くなっています。

アルミニウムの貿易統計の特徴

アルミニウムの消費が最も多いのは，生産と同様に中国です。2位のアメリカの7倍以上もあり，次いで，ドイツ，日本，韓国，インドと続いています。また，輸入量のトップはアメリカで，ほかに日本，ドイツ，オランダが多くなっています(**表3**)。

日本はエネルギー資源小国で，化石燃料を輸入して発電しているため，**発電コスト**が高くなっています。特に1973年からの二度のオイルショック以降は，燃料費の高騰からアルミニウムの生産は減少していて，現在は，すべてを輸入に頼っています。最も多い輸入相手国はオーストラリアで，ほかにもロシアや中国，アラブ首長国，ニュージーランドなどから輸入しています。

データブック オブ・ザ・ワールド ▶ p.95, 122-125

③ ダイヤモンドの産出

ダイヤモンドの流通は インド，イスラエル，ベルギー！

DB p.95⑦

(M)

2015	万カラット	%
ロシア	4 190	32.9
ボツワナ	2 073	16.3
コンゴ民主	1 600	12.6
オーストラリア	1 357	10.7
カナダ	1 168	9.2
アンゴラ	902	7.1
南アフリカ	722	5.7
ジンバブエ	349	2.7
ナミビア	205	1.6
シエラレオネ	50	0.4
世界計	**12 740**	**100.0**

1カラット＝0.2g

⬆1　ダイヤモンドの産出

輸出

その他

インド 18.8%

アメリカ 14.7

(香港) 11.9

ベルギー 11.0

イスラエル 10.6

アラブ首長国 9.9

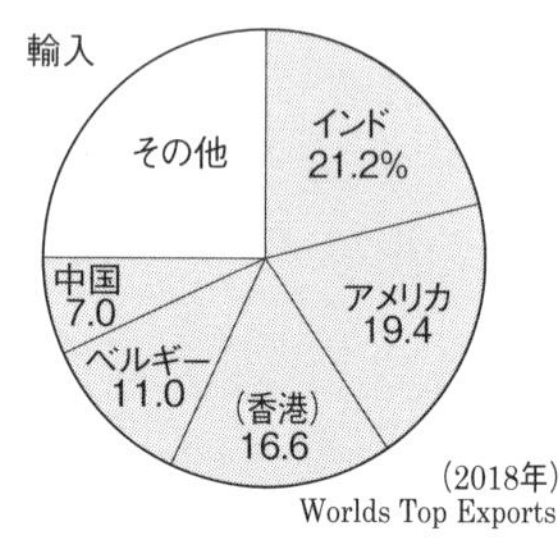

(2018年)
Worlds Top Exports

⬆2　ダイヤモンドの輸出・輸入

自然界に存在する物質のなかで，最も硬いのは**ダイヤモンド**です。日本では金剛石(こんごうせき)とよばれ，西洋では4月の誕生石として知られています。石言葉は「永遠の絆」，「純潔」で，結婚指輪にも使われています。

ダイヤモンドの母岩は雲母橄欖岩(うんもかんらんがん)という火成岩（マグマが冷えて固まった岩石）です。南アフリカのキンバリーで採れるのでキンバーライトとよばれています。キンバリーでは1867年にダイヤモンドの鉱脈が発見され，1914年に閉山するまで**露天掘り**で採掘されていました。雲母橄欖岩は古い地質構造のなかでしか生成されないため埋蔵地が限られており，日本のような新しい地質構造では存在しないとされてきましたが，2007年に愛媛県で微量ですがみつかっています。

かつては「インド石」とよばれていた

ダイヤモンドはすでに紀元前の頃には，インドで発見されていました。しかし，現在のような加工技術や研磨技術がなかったため，美しさよりも硬度の方に価値がありました。15世紀になるとヨーロッパで，ダイヤモンドをダイヤモンドで磨く技術が生まれ，光り輝く宝石として注目されるようになりました。ある父親が，娘との結婚の条件として，男にダイヤモンドを磨く方法をみつけるようにいったのが，研磨技術の開発のきっかけになったそうです。まさに，愛がイノベーションをもたらしたのでした。長らくダイヤモンドはインドでしか産出されなかったため，かつては「インド石」とよばれていました。

DB p.122-125

(百万ドル)(貿)ほか

国名	輸出入額	主要輸出入品の輸出・輸入に占める割合(%) 上段…輸出/下段…輸入				
インド	324 496	石油製品 14.6	機械類 10.4	ダイヤモンド 7.9	繊維と織物 5.6	化学薬品 5.5
	513 661	原油 22.5	機械類 18.8	金(非貨幣用) 6.2	ダイヤモンド 5.3	化学薬品 5.3
ボツワナ	6 575	ダイヤモンド 89.8	機械類 2.9	牛肉 1.4	化学薬品 0.7	金(非貨幣用) 0.7
	6 288	ダイヤモンド 28.7	機械類 13.4	石油製品 13.1	自動車 7.0	穀物 2.5
イスラエル	62 159	ダイヤモンド 23.2	機械類 22.9	医薬品 9.1	精密機械 7.1	化学薬品 3.7
	79 261	機械類 23.7	ダイヤモンド 8.5	自動車 8.3	原油 8.0	石油製品 3.3

⬆3 インド・ボツワナ・イスラエルの貿易品目(2018年)

そんなダイヤモンドに注目したのがユダヤ人でした。ダイヤモンドは，小さくて軽量なのに価値が高いため，格好の蓄財として金以上の商品になったのです。こうしてユダヤ商人の間にダイヤモンドの加工と販売が広まりました。現在，ダイヤモンドの加工は，インドのほかイスラエルやベルギーなどで盛んに行われています(**図2**，**表3**)。

ロシアに次いで産出の多いのはボツワナ

キンバリーの最初の採掘跡は，ビッグ・ホールとよばれる深い泉になって，現在は観光地になっています。このダイヤモンド鉱山を経営したのがイギリス資本のデビアス社で，世界のダイヤモンド生産の9割を支配していました。

現在，世界最大の産出量を誇っているのはロシアです(**表1**)。国土面積が広大な分，産出量が多くなっています。次いで多いのがボツワナです。ボツワナのダイヤモンド鉱脈は1967年に発見されています。鉱山を経営したのがデブスワナ社で，ボツワナ政府と先のデビアス社が50%ずつ出資してできた合弁会社です。ボツワナ最大の企業で，世界のダイヤモンドの4分の1を生産しています。ダイヤモンドはボツワナの輸出のおよそ9割を占めていて，政府歳入の50%をまかなっています。ボツワナ経済にとってダイヤモンドは，まさに宝の山で，ボツワナは世界銀行が定義する中所得国(上位)になっています。

ダイヤモンドも砂糖も同じ「C」!

ダイヤモンドの産出量は，年々，減少傾向にあり，2010年以降は横ばい状態が続いています。今後，大規模なダイヤモンド鉱脈が発見される保証はなく，その確率は低いことから，人工ダイヤモンドの開発が進められています。化学式ではダイヤモンドも砂糖も同じ「C」ですから，砂糖からつくろうとした時代がありました。現在，宝石になるような大きな人工ダイヤモンドはわずかしか流通していません。小さいものは工業用ダイヤとして利用されています。

データブック オブ・ザ・ワールド ▶ p.96-97

④ レアメタルの産出

レアメタルは，なぜレアな金属なのか？

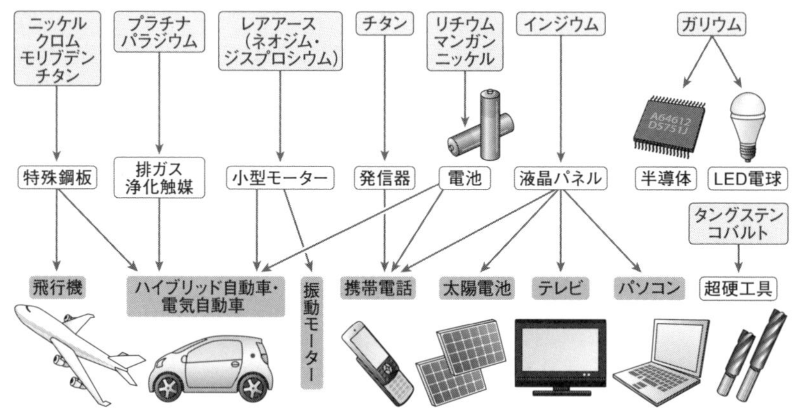

⬆1　レアメタルの用途の例

レアメタルは先端技術産業に欠かせない非鉄金属で，現在31種類が対象になっています(**図1**)。「埋蔵量が少ない金属」，「経済的理由で採掘できる量が少ない(採算性が低い)金属」，「純粋な金属として取り出すのが困難な金属」という意味合いがあり，海外では一般にマイナーメタルとよばれています。

レアメタルの偏在性と地政的リスク

レアメタルの埋蔵はアフリカ大陸南部，中国，旧ソビエト連邦地域に多く，特定の地域に偏在しています。そのため，地政的リスクが大きい，つまり，産出地の自然状況の変化や政情不安によって供給量が変動し，価格高騰を招く恐れがあります。冷戦時代は東西間の対立が激しかったため，西側諸国は旧ソ連や中国からのレアメタルの輸入が難しく，輸入先として南アフリカ共和国への依存度を高めていました。そのため，西側諸国も，南アフリカ共和国による人道的には許されない**アパルトヘイト**(人種隔離政策)を黙認せざるをえなかったのです。しかし，1989年のマルタ会談によって冷戦が終結し，東西間の交流が進み，東側諸国からの輸入が可能になると，レアメタル供給地としての南アフリカ共和国の地位が低くなります。それがきっかけで，西側諸国は南アフリカ共和国への経済制裁を強め，アパルトヘイトは廃止されるようになったのです。

DB p.97❷

(M)ほか

鉱種／産出量	産出国	%	おもな用途
リチウム 85.0千トン(1)	オーストラリア チリ 中国	60.0 18.8 9.4	金属の中で最も軽く，最もイオン化傾向が大きい。リチウムイオン電池は容量が大きく高い電圧が得られるため，電子機器から電気自動車まで幅広く利用される。
レアアース(希土類) 13.0万トン(2)(5)	中国 オーストラリア アメリカ	80.8 9.2 4.5	17元素(スカンジウム，イットリウム，ランタノイド*)の総称。チタン鉱石や鉄鉱石等の副産物として産出。永久磁石，研磨材，自動車用触媒，電池，蛍光体など。
チタン 1,032万トン(3)(5)	オーストラリア 南アフリカ 中国	15.8 15.3 13.6	耐食性に優れ，軽くて丈夫な素材。航空機用構造材，ロケット，船舶，生簀(いけす)，建材，化学装置用耐食剤，電極，塗料，印刷インク，医療品，腕時計，調理用品など。
クロム 2,800万トン(3)(5)	南アフリカ カザフスタン トルコ	42.9 19.6 12.5	耐食性に優れ，めっきとして利用される。鉄，ニッケルとの合金はステンレス鋼として厨房設備，鉄道車両などに。ニッケルとの合金はニクロム線として発熱素子に。
マンガン 1,780万トン(1)(6)	南アフリカ オーストラリア 中国	29.2 17.1 16.9	乾電池の陽極に，減極剤として二酸化マンガンが使用される。耐摩耗性，耐食性，靭(じん)性(しなやかさ)のある合金にするために添加される。
コバルト 126.0千トン(1)(5)	コンゴ民主 中国 カナダ	50.0 6.1 5.5	放射性同位体のコバルト60のガンマ線源として，医療分野，食品分野などに利用。合金は高温でも磨耗しにくくジェットエンジン等に利用。磁性材料としても重要。
ニッケル 228万トン(1)(5)	フィリピン ロシア カナダ	24.3 11.8 10.3	ステンレス鋼，ニクロム線，構造用合金鋼(自動車，船舶)，めっき，非鉄合金(電子機器)，磁性材料(スピーカー，モーター)，IC材料，蓄電池，触媒，硬貨など。
モリブデン 27.8万トン(1)(4)	中国 チリ アメリカ	46.4 20.0 13.0	ステンレス鋼などに添加され，耐熱性を増す働きをする。「焼入れ」の時に重要な役割を果たす。摩擦係数が低いので，潤滑油としても利用される。
タングステン 88.1千トン(1)(4)	中国 ベトナム ロシア	81.7 7.4 3.5	融点が約3400℃と高く，比重，電気抵抗が大きい。超硬工具(ドリル，カッター等)，高速度鋼，耐熱鋼，線棒板(フィラメント等)，接点(配電器等)，触媒などに利用。
白金(プラチナ) 191トン(1)(4)	南アフリカ ロシア ジンバブエ	69.8 12.0 7.8	化学的に極めて安定し酸化されにくく融点が高いので，度量衡原器，電極，るつぼ，電気接点，熱電対，装飾品などに利用。医療品，触媒，磁性体の材料にもなる。

(1)含有量 (2)酸化物当量 (3)精鉱量 (4)2016 (5)2015 (6)2014 ＊ランタノイド…原子番号57のランタンから71のルテチウムまでの15元素の総称

⬆2 おもなレアメタル(希少金属)の産出量と用途(2018年，産出量は世界計)

激しくなるレアメタル備蓄競争

レアメタルは偏在性の高い金属であるため，安定供給を確保することが重要です。まず，考えられるのは国家的備蓄です。アメリカは国家の非常事態に備えて第二次世界大戦以前からレアメタルを備蓄していたといわれています。現在は，世界の多くの国が備蓄を進めていて，日本も約2か月分のレアメタルを備蓄しています。また，供給地を分散することも考えられています。特定の国からの輸入に依存していると，地政的リスクがさらに高くなります。そのため，第三国の資源開発に協力し，供給地として確保していくことが重要です。それが第三国の雇用の創出にも繋がります。

レアメタルがたくさん使われている携帯端末やパソコンなどは，**リサイクル**によってレアメタルが回収できることから，2013年に小型家電リサイクル法が整備されました。携帯電話やパソコンなどのハイテク製品は，使わなくなっても意外と手元に残っていることが多く，各家庭や，広くいえば都市に多くのレアメタルが眠っていることになります。こうした都市での廃棄物を鉱山に見立てて，「**都市鉱山**」とよんでいます。

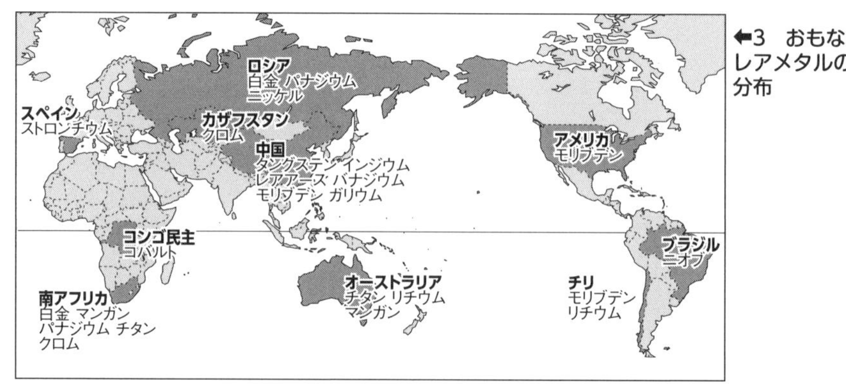

⬅3　おもなレアメタルの分布

たくさんのレアメタルが眠っている都市鉱山の開発を進めることも，安定供給につながります。日本の都市鉱山の埋蔵量は，金が6800トン，銀が60000トンとみられていて，世界の埋蔵量に対する割合では金が約16%，銀が約23%を占め，都市鉱山を合わせると日本が世界最大の資源国となります。

さらに，レアメタルを使わなくても，同じ機能が発揮できるよう開発を進めていくことも重要です。レアメタルの消費量を減らすということです。例えば，リチウム電池の正極をつくるのに**コバルト**が使われていますが，将来の電気自動車の普及に対応して，貴重なコバルトを使わないコバルトフリーの正極を使ったリチウム電池が開発され，商品化が進められています。近年，千葉県の房総半島沖や南鳥島沖など日本の排他的経済水域内にも，かなりのレアメタル鉱床があることが確認されています。しかし，鉱床が存在する水深が1500～5000mと深いため，採掘には技術面やコスト面での課題が多く，商業利用にはまだまだ時間がかかりそうです。

中国が8割を産出するレアアース

レアメタルのうち，スカンジウムやイットリウム，ランタノイドなどの計17元素の総称を**レアアース**といいます。これらの金属は金や銀よりも埋蔵量は多いのですが，鉱石から単体で分離させることが難しく利用しにくいため，流通価格が高くなっています。研磨剤や自動車用触媒，蓄電池，発光ダイオード，光学ガラス，蛍光体などに利用されています。世界の産出量のうち8割以上を中国（特に内モンゴル自治区に埋蔵が多い）が産出しているため，供給地の分散が求められる金属です。アパルトヘイト時代の南アフリカ共和国もそうでしたが，特定の国に産出が偏ってしまうと，これらは「外交カード」として利用される傾向があり

DB p.96⑤ (含有量)(M)

2015	万トン	%
フィリピン	55.4	24.3
ロシア	26.9	11.8
カナダ	23.5	10.3
オーストラリア	22.2	9.7
(ニューカレドニア)	18.6	8.2
ブラジル	16.0	7.0
インドネシア	12.9	5.7
中国	9.3	4.1
南アフリカ	5.7	2.5
キューバ	5.6	2.5
世界計	**228.0**	**100.0**

⬆4　ニッケル鉱の産出

DB p.96⑦ (精鉱量)(M)

2015	千トン	%
南アフリカ	12 000	42.9
カザフスタン	5 490	19.6
トルコ	3 500	12.5
インド	3 000	10.7
フィンランド	750	2.7
オマーン	700	2.5
ブラジル	500	1.8
イラン	400	1.4
ロシア	400	1.4
ジンバブエ	400	1.4
世界計	**28 000**	**100.0**

⬆5　クロム鉱の産出

DB p.96⑧ (精鉱量)(M)

2015	千トン	%
オーストラリア	1 629	15.8
南アフリカ	1 574	15.3
中国	1 400	13.6
モザンビーク	861	8.3
ウクライナ	725	7.0
カナダ	700	6.8
ベトナム	600	5.8
ケニア	524	5.1
セネガル	433	4.2
ノルウェー	430	4.2
世界計	**10 320**	**100.0**

⬆6　チタン鉱の産出

ます。そのため日本は，インドやベトナム，カザフスタン，オーストラリアなどへ供給地を分散させることのほか，リサイクル技術の開発，レアアースを使用しない代替技術の開発を進めることなど，一定の成果をあげています。

鉱工業

ニッケル鉱とチタン鉱の埋蔵と産出

レアメタルの一つに**ニッケル**があります。耐蝕性が高く(錆(さ)びにくい)，熱に強く，摩耗しにくいため，食器の原料となるステンレス鋼(ニッケルとクロムの合金鋼)の原料になっています。産出量のトップはフィリピンで，日本企業との合弁で開発した鉱山が多く，産出されたニッケル鉱の多くは日本に輸出されています。フィリピンの産出量は，直近の15年間で約30倍に増加したことになります。ほかにもアジアでは，ニューカレドニアやインドネシア，中国でも多く産出されています(**表4**)。インドネシアにはスマトラ島やジャワ島，スラウェシ島，ニューギニア島など広範囲にわたってニッケル鉱山があります。また，ニューカレドニアはフランスの海外領土で，面積は日本の四国程度ですが，ニッケルとコバルトの埋蔵量が多く，ニッケルが輸出の9割を占めています。ニッケル鉱山の開発が始まったのは1860年代のことで，1909年から太平洋戦争が始まる1941年まで，日本からも2000人近い移民が採掘に働いていました。

このほかに，**チタン**という金属もレアメタルに分類される鉱物で，オーストラリア，南アフリカ共和国，中国で産出量が多くなっています(**表6**)。チタンはほかの金属と比べて強度が高いうえ熱に強く，さらに軽くて，耐食性が強い(錆びにくい)という特徴があります。特に耐食性の強さを求めて，スキューバダイビングで利用する器材の材料として用いられることがあります。チタンはとにかく価格が高く，チタン製の器材は鉄製のものよりも3～4倍の値がつけられます。

データブック オブ・ザ・ワールド ▶ p.92, 98, 107

⑤ 鉄鉱石の産出と粗鋼の生産

鉄鉱石は安定陸塊に埋蔵量が多い

DB p.92② （万トン）（M）ほか

国名	2015	%
オーストラリア	48 600	34.7
ブラジル	25 700	18.4
中国	23 200	16.6
インド	9 600	6.9
ロシア	6 110	4.4
南アフリカ	4 640	3.3
ウクライナ	4 040	2.9
アメリカ	2 880	2.1
カナダ	2 830	2.0
スウェーデン	1 530	1.1
世界計	**140 000**	**100.0**

⬆1　鉄鉱石の産出（含有量）

DB p.98⑨ （万トン）世界鉄鋼協会

国名	2018	%
中国	92 826	51.9
インド	10 646	5.9
日本	10 433	5.8
アメリカ	8 670	4.8
韓国	7 246	4.0
ロシア	7 168	4.0
ドイツ	4 244	2.4
トルコ	3 731	2.1
ブラジル	3 474	1.9
イラン	2 500	1.4
世界計	**178 961**	**100.0**

⬆2　粗鋼の生産

DB p.98⑩

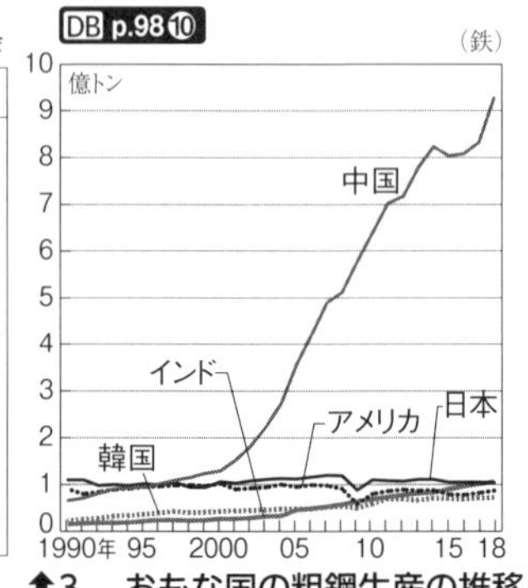

⬆3　おもな国の粗鋼生産の推移

鉄鉱石は，約27億年前（諸説あり）に海中で光合成生物が誕生し，それが分解した酸素が海水中の鉄イオンと結びついて生まれました。酸化鉄を主成分にしていて，一般に先カンブリア時代の地層に埋蔵の多い鉱石です。純粋な鉄を取り出すには，鉄鉱石をコークス（石炭を乾留してつくる）や石灰石といっしょに溶鉱炉に入れ，高温にして酸素分を除去（還元）する必要があります。こうして取り出された鉄は銑鉄（せんてつ）とよばれ（製銑（せいせん）部門），これに石灰石と酸素を混ぜ，不純物を取り除いたものが粗鋼です（製鋼部門）。この粗鋼を圧延して鋼材に加工する部門（圧延部門）と合わせて**鉄鋼業**とよんでいます（**図4**）。第二次世界大戦後は，全工程を一つの工場で行うようになりました（銑鋼一貫工場）。

粗鋼1トンをどうやってつくる？

粗鋼を製造する技術は以前とはずいぶん変わってきています。例えば，粗鋼を1トン生産するのに鉄鉱石2トン，石炭4トンが必要だった時代は，鉄鋼業は炭田に鉄鉱石を輸送する方式で行われていました。**炭田立地型**です。現在のように，鉄鉱石1.5～1.7トン，石炭0.8～1.0トンで生産できるようになると，石炭を鉄山に輸送して鉄鋼業が行われるようになりました。**鉄山立地型**です。戦後は，国内資源が枯渇したため，原料の輸入依存度が高まり，輸入に便利な港湾立地型に移行していきました。鉄鋼業は，原燃料を大量に使用する資源多消費型の工業で，第一次オイルショック以前は日本の主力産業でした。

DB p.107①

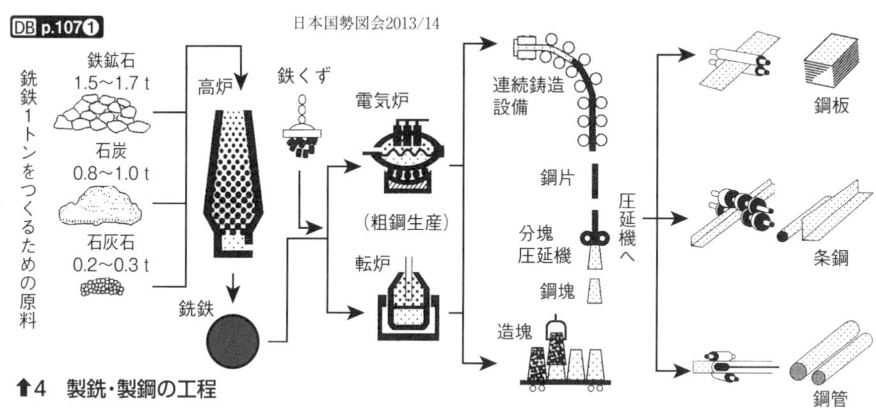

⬆4 製鉄・製鋼の工程

世界最大の産出量はオーストラリア

オーストラリアは日本の20倍もの国土面積があります。東部には，古生代の造山運動によって隆起したグレートディヴァイディング山脈が南北に走っていますが，西部には，安定陸塊のオーストラリア楯状地が広がっています。鉄鉱石の採掘は，その北西部のピルバラ地区で広く行われています。近年は中国向けの鉄鉱石の輸出が盛んで，中国の経済成長とともにオーストラリアの鉄鉱石産出量は急増しています。ブラジルも産出量の多い国です。国土の大半が安定陸塊で鉄鉱石が多く埋蔵されています。中国は2009年までは産出量が増加していましたが，その後は，輸入量を増やしたため，産出量は横ばい状態が続いています。ブラジルや中国を含めたロシア，インド，南アフリカ共和国の5か国はBRICS(ブリックス)とよばれ，いずれの国も鉄鉱石の産出量の多い上位10か国に入っています(**表1**)。

粗鋼の生産量は中国が断トツ1位

粗鋼の生産量は中国が圧倒的に多く，全体の半分近くを占めています(**表2**)。日本は2位ですが，中国の8分の1にすぎません。中国では近年の経済成長によって粗鋼需要が高くなっています。生産量は1990年には6700万トンでしたが，2000年には1億3000万トンとほぼ倍増し，さらに，2010年には6億3000万トンに増加して2000年比で約5倍に急増しました(**図3**)。粗鋼は自動車生産に欠かせないため，粗鋼生産の上位国には，中国やインド，日本，アメリカ，韓国など自動車生産国が肩を並べています。いまや，中国は世界最大の自動車生産国になっています(→p.132「自動車の生産」)。

データブック オブ・ザ・ワールド▶p.101

⑥ パルプの生産

パルプ生産は木材と水に恵まれた国で盛ん！

DB p.101⑥ (万トン)(F)

国名	2018	%
アメリカ	4 837	25.2
ブラジル	2 115	11.0
中国	1 758	9.2
カナダ	1 625	8.5
スウェーデン	1 151	6.0
フィンランド	1 089	5.7
ロシア	923	4.8
インドネシア	865	4.5
日本	864	4.5
インド	613	3.2
世界計	**19 205**	**100.0**

⬆1 パルプの生産

DB p.101⑦ (万トン)(F)

国名	2018	%
中国	10 245	26.6
アメリカ	6 991	18.1
日本	2 346	6.1
ドイツ	2 146	5.6
インド	1 358	3.5
インドネシア	1 136	2.9
韓国	1 054	2.7
ブラジル	1 033	2.7
フィンランド	1 024	2.7
スウェーデン	916	2.4
世界計	**38 548**	**100.0**

⬆2 紙と板紙の生産

DB p.101⑨ (万トン)(F)

	国名	2005	2018
輸出	ブラジル	544	1 335
	カナダ	1 054	925
	アメリカ	557	702
	チリ	262	449
	インドネシア	247	445
	世界計	**4 173**	**5 992**
輸入	中国	727	2 111
	アメリカ	613	537
	ドイツ	461	430
	イタリア	376	344
	フランス	214	199
	世界計	**4 371**	**5 981**

⬆3 パルプの貿易

紙ができあがるまでの工程をみていきます。まずは，木材を破砕してチップをつくります(**図4**)。次に，この木材チップに薬品を加え，高熱，高圧で溶かして繊維質のパルプを取り出します。この過程を**パルプ工業**とよんでいます。パルプには，針葉樹や広葉樹をパルプ化した木材パルプ，さとうきびや竹などを原料にした非木材パルプなどがあります。木材はほとんど針葉樹が使われていますが，近年は広葉樹の利用も増えていて，それが，熱帯林の減少の一つの要因となっています。一方，古紙を使った**リサイクル**も進んでいます(**表5**)。回収した古紙をほぐして異物を取り除いたあと，インキ分を薬品を使って分離し，漂白してパルプ化します。パルプには木材パルプのほかにも，レーヨンなどの化学繊維をパルプ化した合成繊維パルプもあります。こうしてつくられたパルプを，抄紙機(しょうしき)という機械を使って，大量の水を加えながら漉(す)きあげ，圧延して，ようやく紙が生まれます。これを**製紙工業**とよんでいます。

紙・パルプ工業の立地

紙・パルプ工業には木材と水が欠かせないため，どちらとも豊富な地域に立地する傾向があります。しかし，日本のように，木材を輸入していたり，古紙をリサイクルすることが多い場合は，消費地に近いところに立地することもあります。紙の消費量は人口の集中する都市部で多いため，都市に近いほど輸送費が少なくなり経済効率を上げることができるからです。

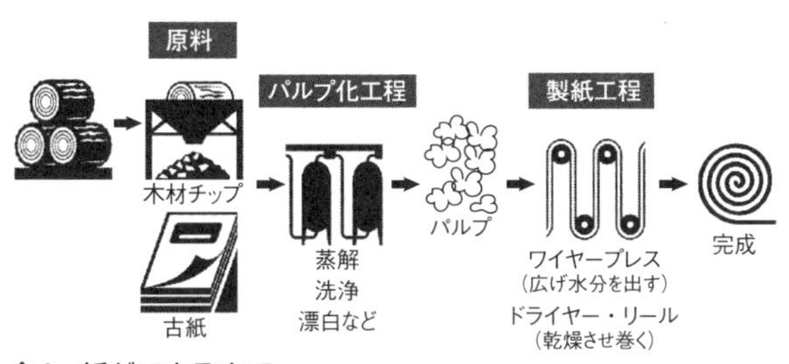

⬆4 紙ができるまで

DB p.101⑪ RISI Annual Review

2017	万トン	%(1)
スイス	128	110.0
(香港)	77	102.0
イギリス	768	90.0
オーストラリア	290	87.0
韓国	839	84.0
フランス	729	82.0
カナダ	445	80.0
日本	2 080	79.0
ドイツ	1 546	76.0
サウジアラビア	151	74.0

(1) 回収率=回収量/(生産+輸入-輸出)

⬆5 古紙回収

パルプの生産が盛んな国

世界最大のパルプ生産国はアメリカです(**表1**)。アメリカは人口が3億人をこえ,また,経済水準が高いため,日常生活で紙を利用する機会が非常に多くなっています。一方,カナダは国土面積に対する森林面積の割合が約4割もあり,水資源が豊富なため,古くから**パルプ生産**が盛んです。ほかにはブラジルや中国も盛んで,特にブラジルは,近年,パルプの生産量を急速にのばしています。中国,ヨーロッパに向けた輸出が増えているからです(**表3**)。国土が広く,広葉樹を中心とした森林資源が豊富なこと,さらに,**さとうきび**の生産でも世界トップにあり,さとうきびからの非木材パルプの生産が多いからです。さらに,**ユーカリパルプ**の生産も増加しています。ユーカリパルプは半世紀前にブラジルで始まりました。ユーカリは成長が早いため,ほかの木材よりは効率がよく,ブラジルは世界最大のユーカリ植林国になっています。しかし,成長が早い分,土壌の劣化と土壌水分の消失につながるなどの問題点も指摘されています。

北ヨーロッパでも生産が盛ん

スウェーデンとフィンランドでもパルプ生産が盛んです(**表1**)。二か国とも国土の約7割が森林となっています。しかも,森林のほとんどが平地林で,日本のように山地林が多い国と違って伐採も難しくありません。両国とも輸出統計をみると,「紙類」が上位に登場します。ともに,第一次世界大戦までは木材が輸出のトップに立っていました。しかし,1930年代以降はパルプ生産が多くなり,戦後は製紙業が発展して,近年はパルプ工業と製紙工業を合わせてパルプから紙までを一貫して製造し,ハイテク紙の開発も進める企業が多く誕生しました。携帯電話など通信機器メーカーとして有名なノキア社も最初はパルプ会社でした。

データブック オブ・ザ・ワールド ▶ p.102

鉱工業

⑦ 綿織物と絹織物の生産

綿織物は原材料の調達国で生産する！

DB p.102⑤　繊維ハンドブック

2014	千トン	%
中国	36 447	72.3
インド	3 853	7.6
パキスタン	3 156	6.3
トルコ	1 680	3.3
ブラジル	986	2.0
インドネシア	855	1.7
アメリカ	565	1.1
メキシコ	309	0.6
ベトナム	303	0.6
韓国	228	0.5
世界計	**50 438**	**100.0**

⬆1　綿糸の生産

DB p.102⑥　繊維ハンドブック

2014	千トン	%
中国	5 603	32.5
インド	5 058	29.3
パキスタン	3 265	18.9
インドネシア	780	4.5
ブラジル	640	3.7
トルコ	375	2.2
イラン	(1) 197	1.1
ロシア	153	0.9
メキシコ	132	0.8
シンガポール	127	0.7
世界計	**17 234**	**100.0**

⬆2　綿織物の生産　(1) 2013

DB p.102⑦　(貿)

2017		百万ドル	%
輸出	中国	13 629	49.3
	パキスタン	2 133	7.7
	インド	1 662	6.0
	イタリア	1 224	4.4
	トルコ	1 032	3.7
	世界計	**27 644**	**100.0**
輸入	バングラデシュ	3 857	18.0
	ベトナム	1 864	8.7
	中国	868	4.0
	(香港)	809	3.8
	アメリカ	783	3.7
	世界計	**21 452**	**100.0**

⬆3　綿織物の貿易

アメリカの東部を縦断するアパラチア山脈の東麓(とうろく)は台地状になっています。ここはピードモント台地とよばれ，大西洋側の平野との間は傾斜が急なため，アパラチア山脈から流れる河川がいくつもの滝をつくっています。滝が台地に沿って線状に並んでいるので滝線(たきせん)とよばれ，その流れの落差を動力源にして，初期には水車による紡績(ぼうせき)業や製粉業が生まれました。それが水力発電に変わって近代工業が生まれ，都市が発達しました。フィラデルフィア，ボルティモア，リッチモンドなど東部諸都市はこうして生まれ滝線都市とよばれています。イギリスがそうだったようにアメリカの工業も紡績業から始まりました。綿糸(めんし)は綿花を紡(つむ)いだ糸のことで，その綿糸をつくるのが**紡績業**で，綿糸から綿布(めんぷ)を織り上げるのが**綿織物業**です。

綿糸の生産が盛んな国

紡績業は原料産地に立地する傾向があります。綿花は安価なうえにかさばるため，遠隔地に輸送していたのでは経済効率が悪くなります。綿花はインド，中国のほかアメリカ，パキスタンで生産されています(→p.78「世界の綿花」)。**綿糸**の生産は，コストを抑えて利益の最大化をはかるため，賃金水準が低い中国やインド，パキスタンなどでの生産が多く，地域別にみた割合はアジアが多くなっています(**表1**)。

綿織物業は，人の手による仕事量が多い**労働集約型産業**で，賃金水準の低い国

DB p.102⑪ (F)

2017	トン	%
中国	398 212	67.2
インド	155 315	26.2
イラン	12 802	2.2
ウズベキスタン	12 480	2.1
タイ	4 552	0.8
ブラジル	3 035	0.5
ベトナム	2 509	0.4
ルーマニア	1 151	0.2
北朝鮮	969	0.2
アフガニスタン	651	0.1
アゼルバイジャン	245	0.0
世界計	**592 967**	**100.0**

⬆4 繭の生産

DB p.102⑫ (F)

	2017	トン	%
輸出	中国	7 498	50.7
	インド	2 060	13.9
	アメリカ	1 281	8.7
	ウズベキスタン	938	6.3
	ベトナム	554	3.7
	世界計	**14 778**	**100.0**
輸入	インド	4 060	25.4
	中国	3 551	22.3
	イタリア	1 366	8.6
	ルーマニア	1 077	6.8
	ベトナム	983	6.2
	世界計	**15 954**	**100.0**

⬆5 生糸の貿易

DB p.102⑬ (万m²)(工)

国名	2000	2016
中国	512 761	(4)866 875
ロシア	17 800	29 044
ベラルーシ	5 339	(2)5 274
ベトナム	970	(2)4 063
イタリア	…	1 843
フランス	…	921
ルーマニア	3 087	797
日本	3 344	224
ウズベキスタン	…	192
エジプト	…	152
セルビア(1)	364	(3)68

(1)2000年はモンテネグロを含む (2)2010 (3)2006 (4)2003

⬆6 絹織物の生産

が立地条件として優先されます。さらに，原料の綿花，綿糸の生産地が近ければそれだけ輸送費も安くなり，低コストで生産できます。綿織物の生産が中国やインド，パキスタンに集中しているのはそのためです(**表2**)。また，輸出でもこの3か国が多くなっています(**表3**)。特に，中国は世界の3分の1を生産する綿織物の生産拠点になっていて，綿花の国内生産が需要に追いつかず，輸入量が世界上位になっています。綿織物の輸入で香港が上位に入っているのは，中国で生産された綿織物はいったん香港に輸送されたあと外国に輸出されるからです。いわゆる香港の**中継貿易**です。また，イタリアで輸出額が多くなっているのは，ブランド品などの高級綿織物製品を輸出しているからです。

鉱工業

かつて盛んだった生糸をつくる養蚕業

天然の衣類素材としては，ほかに**生糸**(きいと)があります。生糸は蚕(かいこ)の繭(まゆ)から繭糸(けんし)(絹糸(けんし))をとり，何本かを抱合(ほうごう)したものです(**表4**)。一つの繭は一本の繭糸からできていて，長いものでは一本で1000mもあるため，綿糸のように撚(よ)り合わせる必要がありません。これを織り上げたのが**絹織物**です。軽くて光沢があり，肌触りがよいため，古くから高級織物として珍重されてきました。日本でも戦前までは**養蚕業**(ようさんぎょう)は盛んで，生糸は輸出品の主役として日本の近代化を牽引しました(**表6**)。

生糸の生産は繭をつくる蚕を育てることから始まります。蚕の餌になったのが桑(くわ)の葉で，農山村はどこに行っても**桑畑**がたくさんありました。しかし，1935年にアメリカのデュポン社が合成繊維の66ナイロンを開発すると，それにおされて養蚕業，製糸業は衰退，化学繊維や合成繊維が台頭してきました。かつての桑畑は，ぶどうや梨，桃などの果樹園に変わり，国土地理院の地形図からも，2013年の改訂で，桑畑を示す地図記号「Y」が消えてしまいました。

データブック オブ・ザ・ワールド ▶ p.105, 118

⑧ 自動車の生産

自動車工業はヨーロッパの伝統産業！

DB p.105❶

⬆1　自動車生産の推移

DB p.105❷

国名＼年次	2017			
	乗用車	商用車	合計	%
中国	24 806	4 209	29 015	29.8
アメリカ	3 033	8 157	11 190	11.5
日本	8 348	1 343	9 691	10.0
ドイツ	5 646	0	5 646	5.8
インド	3 953	830	4 783	4.9
韓国	3 735	380	4 115	4.2
メキシコ	1 900	2 168	4 068	4.2
スペイン	2 292	557	2 848	2.9
ブラジル	2 270	430	2 700	2.8
フランス	1 748	479	2 227	2.3
世界計	**73 457**	**23 848**	**97 304**	**100.0**

⬆2　自動車の生産（千台）

DB p.105❸

	千台	2017
輸出	フランス	5 695
	ドイツ	4 378
	日本	4 218
	韓国	2 416
	アメリカ	2 222
	スペイン	1 867
輸入	アメリカ	7 496
	ドイツ	2 810
	イタリア	1 646
	中国	1 228
	スペイン	927
	日本	337

世界自動車統計年報2019

⬆3　乗用車の貿易

自動車は，車種によってばらつきはありますが，2～3万点の部品からできています。そのため，自動車の組立工場の周辺には，部品を製造する工場が集積する傾向があります。自動車会社は，組立工程や部品の製造ごとに子会社や孫会社を傘下にかかえ，会社組織はピラミッドのような構造になっています。自動車工業は，ほかの産業と違って関連企業が多いため労働者数も多く，日本の場合，全就業人口の8%をこえています。

今や世界最大！　中国の自動車生産

現在，世界最大の自動車生産台数を誇るのは中国です（**表2**）。1990年には47万台だったのが，2017年には2900万台をこえています（**図1**）。また，乗用車にかぎれば，2017年の生産台数は1990年比で270倍近くになっています。特に，2000年以降の自動車生産量の増加が著しく，乗用車1台当たり人口では，2000年に200人台だったのが，2017年には10人を割り込んでいます（**表4**）。いかに自動車が普及したかがわかります。しかし，二酸化炭素排出量がそれに比例して増加していて，地球温暖化の原因の一つになっています。中国で自動車生産台数が急増したのは，経済成長によって自動車購買層（購買できる収入層）が増加したからです。自動車は一般に1人当たり国民総所得（GNI/人）が3000ドルをこえると普及し始めるというデータがあります。中国のGNI/人をみると，1990年は341

DB p.118❷

世界自動車統計年報2019ほか

2017	乗用車（万台）	商用車（万台）(1)	自動車合計（万台）	%	1km²当たり台数(2)	乗用車1台当たり人口 1980	2000	2010	2017
アメリカ	12 414	15 188	27 602	20.1	12.6	1.9	2.1	2.6	2.6
中国	18 464	3 096	21 560	15.7	19.2	16 386.2	218.6	39.0	7.6
日本	6 180	1 627	7 808	5.7	163.5	4.9	2.4	2.2	2.0
ロシア	4 675	621	5 296	3.9	2.7	(3) 28.7	8.6	4.1	3.1
ドイツ	4 647	362	5 009	3.6	130.0	(4) 2.6	1.9	1.9	1.8
世界計	**101 564**	**35 776**	**137 341**	**100.0**	**7.8**	**13.7**	**11.2**	**9.7**	**7.4**

(1)トラック・バス　(2)乗用車　(3)ソ連　(4)西ドイツ

⬆4　おもな国の自動車保有台数

ドル，2000年は935ドル，2015年が7930ドルと急増していて，普及の理由が理解できます。安価な労働力に恵まれていること，原材料の**鉄鋼**の現地調達が容易（鉄鉱石と石炭の産出が多い）なことから，低コスト生産が可能で，利益を最大に引き出せるため，外国の自動車企業による資本投下が進みました。また，人口大国であり，生産した自動車を中国国内で販売できるという利点もあります。

自動車の輸出が盛んな国

最初の自動車は蒸気自動車でした。18世紀の半ばにフランスで開発されています。次に登場したのが，現在，主流になっているガソリン自動車で，オーストリアのマルクスが発明しています。それを改良したのが2人のドイツ人，ダイムラーとベンツです。以来，自動車製造はヨーロッパの伝統産業になっています。現在，ヨーロッパは**ヨーロッパ連合（EU）**の結成によって，ヒト・モノ・カネ・サービスの移動が自由化され，貿易に関税がかかりません。そのため，世界有数の自動車生産国であるドイツやフランスは，積極的にEU市場を相手に自動車を輸出しています（**表3**）。

自動車は個人が使う**乗用車**と旅客や貨物輸送に使うトラックやバスなどの**商用車**に大別されます。乗用車にかぎれば，生産台数に対する輸出台数の割合は，ドイツが断然トップで8割近くを占めています。フランスに関しては，国内での生産台数のほかに，国外進出企業による出荷台数も含まれているため，正確な数値はわかりませんが，ドイツと並んで輸出指向が高くなっています。

スペインの最大輸出品目は自動車です。1986年にEU前身のヨーロッパ共同体（EC）に加盟して以来，ヨーロッパの自動車生産拠点としての地位を維持していて，輸出指向の強い自動車生産が行われています。海外に工場を移転して日本も国内市場だけでなく，積極的に世界市場を取り込むために海外生産比率を高め（現地生産を強め），また輸出台数を増やしています。

データブック オブ・ザ・ワールド ▶ p.105

鉱工業

⑨ 船舶竣工量

船舶竣工量は日・中・韓で世界の９割！

DB p.105⑩

2018	合計	%
中国	2 315	40.0
日本	1 453	25.1
韓国	1 432	24.8
フィリピン	200	3.5
ベトナム	48	0.8
イタリア	48	0.8
ドイツ	46	0.8
フランス	36	0.6
（台湾）	33	0.6
アメリカ	27	0.5
世界計	**5 783**	**100.0**

World Fleet Statistics 2018

⬆1　船舶竣工量（万総トン）

DB p.105⑪

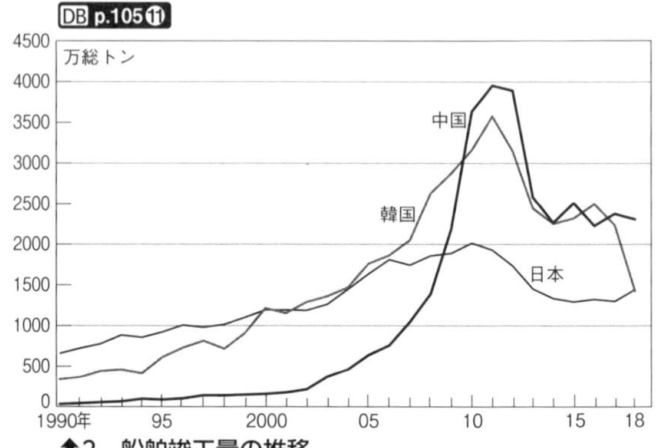

⬆2　船舶竣工量の推移

日本人が，まだ帆船（はんせん）しか知らなかった時代に，アメリカ人のペリーは蒸気船で来航して開国を求めました。1853年のことです。風がなくても進む，そんな蒸気船を目の当たりにした幕末の武士たちはその脅威に対抗するため，西洋技術を吸収して産業の近代化を進めます。そうして，1861年，長崎に最初の近代的造船所が生まれます。清（現在の中国）がアヘン戦争に敗れたことは日本にとっては大きな衝撃で，西欧の経済力に強い危機感をもったことはまちがいありません。西欧に対抗するためには，産業の西欧化，つまり近代化が必要で，その基盤になったのが**海運**でした。まず，蒸気機関が開発され，燃料の石炭を求めて炭鉱が開かれます。日本の近代化は，鉄鋼業でも綿織物業でもなく，じつは海運から始まっているのです。

海運をささえる船舶

船にもさまざまな種類があります。旅客輸送に用いられる旅客船，物資輸送と旅客輸送を同時に行える貨客船，そして一般貨物船です。一般貨物船には，コンテナ船や，ばら積み貨物船のほかにも，石油タンカー，LNG（液化天然ガス）タンカー，カーフェリーなどがあります（**写真3**）。日本や韓国は資源小国のため，鉱産資源やエネルギー資源の輸入が盛んで，ほとんどが海を経由して運ばれるため，**船舶**の需要が高くなっています。

コンテナ船

ばら積み貨物船

石油タンカー

LNGタンカー

⬆3　おもな一般貨物船

世界の船舶の竣工量は中国・韓国・日本で9割を占めます(**表1**)。日本は人口が約1億2500万人と，世界で11番目の人口大国で，様々な国内需要が多く，造船は国内発注が多いのが特徴で，受注の半分を占めています。同様に，中国も人口が多いため，国内発注率が高くなっています。しかし，韓国は人口が約5000万人と少なくはありませんが，日本や中国と比べると外国からの受注が多く，受注の9割を占めています。そのため，韓国はより世界経済の影響を受けやすくなっています。

造船業は高度経済成長期の主力産業

日本最初の鋼鉄船は1870年に長崎造船所で完成しています。**造船業**の始まりでした。当時，世界一の造船竣工量(しゅんこうりょう)を誇り，先端を走っていたのはイギリスです。日本はそのイギリスから造船技術を取り入れ，近代化を進めていきました。

現在，一つの船をつくるには50万点にのぼる部品が必要ですが，明治の頃から，造船業は，そうした部品を製造する工場や企業を傘下に置く**組立型工業**でした。それによって関連工業も発展したのです。また，屋内での製造が難しいため，晴天の日が多い地域，長崎や瀬戸内地方に造船所が建設されるようになりました。1956年には造船の進水量(ドックで組み立てられた船を水に浮かせた量)でイギリスを抜いて，日本は初めて世界トップに立っています。さらに，1970年には造船竣工量で世界の48%を占めるなど，以後，**鉄鋼業**や**アルミニウム工業**とともに，日本の経済成長を牽引する主力産業になりました。

その後，1970年代の二度のオイルショックによって一時的に低迷しましたが，1980年には世界シェアも47%と以前の水準を取り戻しています。現在は，中国と韓国の追い上げで，相対的に世界シェアは下がっていますが(**図2**)，世界を代表する造船国であることに変わりはありません。

データブック オブ・ザ・ワールド ▶ p.106

⑩ 電子機器の生産

鉱工業

おもな電子機器の生産地を探る

DB p.106❶

日経産業新聞

薄型テレビ（出荷2億2135万台）		デジタルカメラ（販売2029万台）		画像診断機器（出荷417億ドル）	
会社名	%	会社名	%	会社名	%
サムスン電子（韓国）	18.7	キヤノン（日本）	40.5	シーメンス（ドイツ）	23.1
LG電子（韓国）	12.2	ニコン（日本）	19.1	ゼネラル・エレクトリック（アメリカ）	21.8
TCL集団（中国）	8.0	ソニー（日本）	17.7	フィリップス（オランダ）	20.5
3社計	38.9	3社計	77.3	3社計	65.4

スマートフォン（出荷14億400万台）		タブレット端末（出荷1億4609万台）		パソコン（出荷2億5853万台）	
会社名	%	会社名	%	会社名	%
サムスン電子（韓国）	20.8	アップル（アメリカ）	29.6	HP（アメリカ）	23.2
アップル（アメリカ）	14.9	サムスン電子（韓国）	15.9	レノボ・グループ（中国）	23.2
華為技術（ファーウェイ）（中国）	14.7	華為技術（ファーウェイ）（中国）	10.0	デル（アメリカ）	17.1
3社計	50.4	3社計	55.5	3社計	63.5

NAND型フラッシュメモリー（出荷602億ドル）		ハードディスクドライブ（出荷3億7535万台）		インクジェットプリンタ（出荷5978万台）	
会社名	%	会社名	%	会社名	%
サムスン電子（韓国）	38.4	シーゲート・テクノロジー（アメリカ）	40.0	HP（アメリカ）	41.4
東芝（日本）	17.6	ウエスタンデジタル（アメリカ）	37.2	キヤノン（日本）	27.5
ウエスタンデジタル（アメリカ）	13.9	東芝（日本）	22.8	セイコーエプソン（日本）	26.4
3社計	69.9	3社計	100.0	3社計	95.3

⬆1　おもな電子機器の会社別世界シェア（2018年）

私たちの生活は電子機器に囲まれており，それなしでの暮らしはたいへん不便なものです。家ではテレビを観て，旅行に出かければデジタルカメラで写真を撮り，外出先でも携帯電話やスマートフォン（スマホ）にて話ができます。仕事場ではパソコンを使い，車を運転する際はカーナビを利用しています。これらの電子機器がそれぞれどこで生産されているのかを探ってみましょう。

先端技術産業が発達する国

薄型テレビやデジタルカメラ，スマホなどのハイテク製品の製造では，アメリカや日本，韓国などの会社がよく知られています（**表1**）。その理由は，これらの国では賃金水準が高いため，**労働集約型**の製品の製造では利益効率を上げることができないからです。より付加価値の高い，高価格の製品開発と製造に力を入れているのです。

例えば，写真を撮るときも，身近なものはスマホを使ってすませていますが，趣味や仕事でより高画質で撮るときはやはりデジタルカメラを使用します。薄くて軽いコンパクトなものから，一眼レフやミラーレスのような高機能カメラを含めて，デジタルカメラの世界シェアの8割は日本が占めています。

DB p.106❷

JEITA主要電子機器の世界生産状況ほか

2015	カラーテレビ(1)(2)		薄型テレビ(3)		カーナビゲーションシステム(4)		デジタルカメラ		ハードディスクドライブ(1)	
	千台	%	千台	%	千台	%	千台	%	千台	%
日本	1 194	0.5	1 140	0.5	4 120	34.2	5 220	13.5	0	0.0
中国	109 524	47.3	105 129	46.3	2 160	17.9	20 540	53.2	198 626	35.6
韓国	4 811	2.1	3 434	1.5	400	3.3	200	0.5	0	0.0
(台湾)	150	0.1	150	0.1	0	0.0	4 040	10.5	0	0.0
シンガポール	…	…	…	…	…	…	…	…	5 750	1.0
マレーシア	10 796	4.7	9 023	4.0	1 350	11.2	180	0.5	74 735	13.4
タイ	6 847	3.0	6 749	3.0	970	8.0	5 640	14.6	220 339	39.5
インドネシア	5 847	2.5	5 035	2.2	0	0.0	2 110	5.5	…	…
フィリピン	30	0.0	0	0.0	0	0.0	290	0.8	58 114	10.4
ベトナム	…	…	…	…	…	…	400	1.0	…	…
北アメリカ	27 726	12.0	26 747	11.8	640	5.3	0	0.0	0	0.0
南アメリカ	10 050	4.3	19 100	8.4	0	0.0	0	0.0	0	0.0
ヨーロッパ	44 880	19.4	43 601	19.2	2 420	20.1	0	0.0	0	0.0
世界計	**231 729**	**100.0**	**227 222**	**100.0**	**12 060**	**100.0**	**38 620**	**100.0**	**557 564**	**100.0**

⬆2 おもな国の主要電子機器の生産 (1)2014 (2)薄型テレビを含む (3)10インチ以上の液晶テレビとプラズマテレビ，ヨーロッパにはトルコを含む (4)ポータブルナビゲーションデバイスを除く

電子機器の多くは中国で生産されている

電子機器の多くは**国際分業**により生産されています。最も多いのは，断然，中国です(**表2**)。IT関連製品の世界輸出の3分の1近くを中国が占めています。電子機器は細かい部品が多いため，製造工程が多くコストがかかるため，安価な労働力が必要です。そのため，世界中から電子機器企業が中国に集まり，工場を建設して，安い賃金で中国人を雇用して安価な労働力を使って安価な製品をつくってきました。いわゆる企業の**海外進出**が拡大しています。

中国と日本を例にいえば，企業は日本に研究開発部門だけを残し，製造部門は賃金水準の低い中国に移して製品をつくります。しかし，すべてが中国でつくられるわけではなく，部品は日本で研究，開発され，中国以外のほかの国でつくられたものが中国に送られ(「機械類」の輸出)，組み立てられたあと，完成品が中国から日本に送られます(「機械類」の輸入)。

その結果，中国の最大輸出品目は「機械類」になります。集積回路やトランジスタ，コンピュータなどの貿易で，中国が輸出大国となっているのはそのためです。もちろん，完成品は中国国内でも販売されます。中国の巨大な市場は魅力的であり，それも企業の海外進出の利点の一つです。

しかし，こうした企業の海外進出は，日本国内での就業機会を減らし，中小企業を衰退させるなど，経済力の低下をまねいています。これを**産業の空洞化**とよびます。

データブック オブ・ザ・ワールド ▶ p.109

⑪ 研究費と技術貿易

科学技術はやはりアメリカが牽引している！

DB p.109③ 科学技術要覧 平成30年版

年度	日本	アメリカ	ドイツ	フランス	イギリス	中国
1971	153	941	172	105	…	…
1980	525	1 434	…	274	…	…
1985	889	2 748	406	281	246	…
1990	1 308	2 206	597	418	310	…
1995	1 441	1 731	519	337	208	39
2000	1 629	2 905	503	307	289	117
2005	1 785	3 617	764	497	435	330
2010	1 711	3 600	814	505	358	916
2015	1 894	6 011	1 425	800	585	2 754
2017	1 843	5 560	1 109	603	489	2 567

⬆1　おもな国の研究費の推移（百億円）

DB p.109④ 科学技術要覧 平成30年版

	年	日本	アメリカ	ドイツ	イギリス
輸出	1980	803	16 062	1 261	2 163
	1990	3 590	24 084	4 690	3 003
	2000	11 024	46 592	14 638	21 518
	2010	23 192	88 279	51 131	27 333
	2016	42 362	(1) 158 367	(1) 103 955	(1) 49 741
輸入	1980	3 011	1 641	2 593	1 867
	1990	8 744	4 539	5 140	3 969
	2000	11 863	17 748	19 631	9 955
	2010	15 289	61 075	39 686	16 192
	2016	22 626	(1) 107 597	(1) 77 759	(1) 25 779

(1) 2015

⬆2　おもな国の技術貿易（億円）

科学技術は日進月歩の反面，日々古くなっていきます。古い技術では市場競争に勝てないため，世界の先端を走る企業は新しい技術開発に余念がありません。こうして生まれる技術は，自社で利用するほかにも，権利譲渡，実施許諾という形で国際取引されています。ほかの国への技術供与は「**技術輸出**」，逆に技術の受け入れは「**技術輸入**」となり，技術輸出額（対価受取額）と技術輸入額（対価支払額）との収支が技術貿易収支額です。統計の作成方法は各国で異なるため単純な比較はできませんが，目安をはかることはできます。また，研究費とは，研究に要した人件費や原材料費などの諸経費のことをさします（**表1**）。

技術貿易額の動向

世界のおもな国の**技術貿易**の輸出入額をみると，アメリカがほかに比べたいへん高くなっています（**表2**）。これは企業活動を世界規模（グローバル）で進めている企業が多いということです。近年は，**先端技術産業**の発展によって，世界的に**知的財産権**を重視する傾向が強くなっています。このため，アメリカをはじめ，日本，ドイツ，イギリスなどは技術貿易額が輸出超過になっています。

先進工業国では，今後，**人口減少社会**へと突入すると考えられます。いいかえれば，労働力が減少するということであり，国内総生産（GDP）を右肩上がりに増加させていくことは難しくなっています。そのため，国内総生産を軸とした経済成長ではなく，海外で働く日本人の所得も含めた形で経済成長をはかっていく

DB p.109⑤

科学技術要覧 平成30年版

国名	年度	研究費(億円)	GDP比	産業	政府研究機関	大学等	民営研究機関	政府負担(億円)	製造業に占める業種別研究費割合(%)			
日本	2016	184 326	3.4	72.3	6.9	19.6	1.3	32 016	輸送機器等	25.3	情報通信機器	11.7
アメリカ	2016	556 029	2.7	71.2	11.5	13.2	4.1	139 476	コンピュータ等	(1)30.5	医薬品	(1)24.8
ドイツ	2016	110 927	2.9	68.2	13.8	18.0	…	31 639	自動車等	(1)41.3	コンピュータ等	(1)14.5
フランス	2016	60 293	2.3	63.6	12.9	22.0	1.6	(1)27 844	コンピュータ等	(2)23.5	輸送機器等	(2)21.7
イギリス	2016	48 886	1.7	67.0	6.3	24.6	2.1	(1)16 195	自動車等	(1)28.8	輸送機器等	(1)19.6
中国	2016	256 682	2.1	77.5	15.7	6.8	…	51 426	コンピュータ等	18.9	輸送器具	11.8

(研究費の使用割合(%):産業・政府研究機関・大学等・民営研究機関)

(1) 2015 (2) 2013

⬆3 おもな国の研究費の比較

必要があります。

表2の国は，いずれも2000年以降の技術輸出額の伸びが著しいことがわかります。日本は2003年頃から技術貿易が輸出超過に転じています。取引額が最も大きいのはアメリカです。特に技術輸出では，自動車工業，情報通信機械器具製造業などで伸びが著しくなっています。一方，技術輸入では情報通信機械器具製造業の割合が最も大きくなっています。また，医薬品工業でも輸出超過になっています。

鉱工業

各国は何に研究費を使っているか

研究費とは，研究のために要した人件費や原材料費，資産の購入費などをいいます。研究費もアメリカが断然トップで，フランスやイギリスと比べても10倍前後の開きがあります(**表3**)。研究費のGDP比は2.7%となっています。アメリカの政府負担額は世界最大ですが，研究費の政府負担比率を表から計算すると約25%で，それほど高くありません(フランスは約36%)。つまり，民間企業による研究開発が進んでいるため，アメリカ内で激しい競争原理が働いて，1ドルでも多くの利益を上げようと努力しているようすがうかがえます。アメリカと同様，日本やドイツも研究費のGDP比が高く(研究費も高い)，ともに自動車やその関連部品の研究が進んでいます。

近年，研究費を急速に伸ばしているのが中国です。2000年以降の15年間で，2000年比の24倍にまで増加しています。対GDP比は約2%とそれほど高くはありませんが，これも，1991年に0.72%だったことから考えると，年々，増加傾向にあることがわかります。ただ，政府負担率は約20%とそれほど高くありません。業種別研究費の割合で最も多いのがコンピュータ関係で，全体の5分の1を占めています。

データブック オブ・ザ・ワールド ▶ p.118

① 世界の鉄道輸送量

鉄道輸送量を「旅客」と「貨物」に分けて考える！

DB p.118①

UIC資料ほか

国名	年	営業キロ (km)	旅客 (百万人キロ)	貨物 (百万トンキロ)	千人当たり輸送量		1 km²当たり輸送量	
					(千人キロ)	(千トンキロ)	(千人キロ)	(千トンキロ)
インド	2015	66 030	1 147 190	681 696	895	532	349	207
韓国	2015	3 909	23 450	9 479	471	191	235	95
中国	2015	67 212	(1) 695 955	(1) 1 920 285	503	1 389	73	200
日本	2015	27 916	427 486	21 519	3 388	171	1 131	57
エジプト	2014	5 195	(5) 40 837	(5) 1 592	483	19	41	2
南アフリカ	2014	20 500	(8) 13 865	(7) 113 342	285	2 321	11	93
イギリス	2015	16 132	(3) 66 660	(4) 19 230	1 050	308	275	79
イタリア	2015	16 724	(1) 45 122	(1) 22 471	755	376	150	75
スウェーデン	2015	9 716	(1) 6 339	(9) 11 500	643	1 264	14	26
ドイツ	2015	33 332	(1) 80 422	(1) 94 564	997	1 172	225	265
フランス	2014	30 013	(1) 84 031	(1) 32 985	1 256	493	131	51
ポーランド	2015	18 510	(1) 9 196	(1) 25 953	238	672	29	83
ロシア	2015	85 262	(1) 124 461	(1) 2 342 590	868	16 331	7	137
アメリカ	2014	228 218	(2) 10 519	(2) 2 547 253	32	7 835	1	259
カナダ	2014	52 131	(1) 1 381	(4) 352 535	38	10 263	0	35
メキシコ	2014	26 704	(4) 479	(4) 78 770	4	712	0	40
ブラジル	2014	29 817	(1) 15 648	(7) 267 700	75	1 378	2	31

⬆1 おもな国の鉄道輸送量

(1)2016 (2)2015 (3)2014 (4)2011 (5)2010 (6)2009 (7)2008 (8)2007 (9)2006
営業キロ…鉄道営業を公示した区間をキロメートルで示したもの

鉄道は，自動車と並んで，日常生活になくてはならない，陸上輸送の要となる交通機関です。自動車と比較しても，一度に大量に輸送できるため，動力エネルギーの効率がよく，排ガスを出さないことから地球環境への負荷も小さいと考えられています。また，輸送時間も正確で，自動車よりも高速輸送が可能なため，国土の広い国では古くから発達してきました。

一方，急勾配の上り下りが難しいために敷設には地形的制約が大きいこと，輸送の弾力性が小さい(自分の都合に合わせて利用できない)こと，また，建設と維持，車両の購入や設備の更新に莫大な費用がかかることなどが短所としてあげられます。

旅客輸送量が多い国

旅客輸送量は，鉄道や航空機などの交通機関が輸送した人員の量で，「人キロ」単位であらわします。「人キロ」は，旅客の輸送人員数に輸送距離を乗じた数値で，例えば15人を10キロ運べば150人キロになります。

鉄道輸送における旅客輸送量の多い国は，インドや中国，日本，ロシアなどです(**表1**)。

先進国では，日常生活での自動車の利用率が高まったこと，いわゆるモータリゼーションの進展によって，鉄道の利用率が下がって自動車輸送量が増加しています。しかし，インドや中国などの人口大国では，依然として鉄道への依存度が高く，特に旅客輸送量が多くなっています。

世界最大の旅客輸送量を誇るのがインドです。統計的に，国民1人当たりGNIが3000ドルをこえるあたりから，自動車が普及し始める傾向があります。インドの1人当たりGNIは約1800ドル(2017年)ですから，まだまだ鉄道への依存が続くとみられています。鉄道の営業キロ数(営業区間の距離)は中国とそれほど変わりませんが，中国よりも旅客輸送量が約1.5倍も多いことから，中国の方がより自動車への依存度が高まっていると考えられます。

日本は乗用車保有率が高いため，自動車による輸送量が多いのですが(→p.132「自動車の生産」)，同時に，鉄道による輸送量も多くなっています。日本の鉄道は都市内や都市間で路線整備が進んでいて，運行時間の正確さや安全運行でも世界トップレベルといわれています。

都市部では乗用車をもたなくても，定時運行を実現している**交通インフラ**を利用できるため，三大都市圏を中心に鉄道への依存度が高くなっています。さらに，三大都市圏間を結ぶ東海道新幹線の普及もあって，鉄道による旅客輸送が盛んです。また，ロシアは国土が広いだけに営業キロ数も大きく，日本に次いで旅客輸送量が多くなっています。

貨物輸送量が多い国

貨物輸送量が一番多いのはアメリカで，拮抗するようにロシアが続いて，中国が3位に入っています(**表1**)。三国とも国土が広いため，鉱産資源や工業製品を鉄道で輸送することが多くなっているのです。一般的に，鉱山資源の産出量が多い国は鉄道による貨物輸送量が多くなる傾向があり，ほかにも，インドやカナダ，ブラジルも貨物輸送量で上位に入っています。

カナダの太平洋鉄道はアメリカの**大陸横断鉄道**に次いで北アメリカでは二番目に長い路線網をほこる鉄道で，両洋を結ぶ幹線鉄道として大きな役割を果たしてきました。ブラジルではリオデジャネイロとサンパウロを結ぶ高速鉄道が計画されており，当初は2014年のサッカーワールドカップに合わせて開業する予定でした。しかし，現在まで施工会社が決まっておらず，計画は中断したままになっています。

データブック オブ・ザ・ワールド ▶ p.119

交通・通信

② 世界の商船保有量とコンテナ取扱量

なぜ，船籍を外国に置くのだろう？

DB p.119①

IHS Markit

船主所在国	オイルタンカー	ばら積み船	一般貨物船	コンテナ船	合計（その他とも）			登録国	合計		
					隻数	千総トン	%		隻数	千総トン	%
ギリシャ	918	1 806	39	332	3 807	183 664	14.0	パナマ	7 953	214 864	16.1
日本	300	1 726	290	333	4 049	165 191	12.6	リベリア	3 481	155 108	11.6
中国	440	1 574	637	631	4 625	155 723	11.9	マーシャル諸島	3 533	151 150	11.3
イギリス	202	378	113	204	1 728	65 898	5.0	（香港）	2 610	124 445	9.3
アメリカ	127	361	49	123	2 377	63 720	4.9	シンガポール	3 240	85 228	6.4
ドイツ	74	257	715	875	2 310	57 286	4.4	マルタ	2 174	75 346	5.6
韓国	84	356	184	194	1 406	45 249	3.4	バハマ	1 365	60 451	4.5
ノルウェー	106	177	361	104	2 185	43 586	3.3	中国	5 921	54 636	4.1
シンガポール	269	288	112	223	1 529	40 112	3.1	ギリシャ	1 350	39 790	3.0
（香港）	90	454	82	147	996	34 380	2.6	日本	5 279	28 099	2.1
世界計	**5 958**	**11 348**	**9 651**	**5 161**	**53 416**	**1 312 190**	**100.0**	**世界計**	**118 525**	**1 333 643**	**100.0**

㈱ 船舶は税制上優遇される国に便宜的に登録される場合が多い（登録国参照）。一方，船舶を実質的に所有する船主の国籍別の表をみると，海運業界の実態がみえてくる（船主所在国参照）　**ばら積み船**･･･穀物・石炭・鉄鉱石などをばら積みの状態で運ぶ船

⬆1　**おもな国の商船船舶保有量**（2018年）

船舶は航空機と違って，一度に大量の物資を輸送できるため輸送費が安くなり，また，輸送貨物の大きさにも制限がありません。しかし，大規模な港湾施設の整備が必要なこと，船舶の建造費が高額なこと，輸送に日数がかかるため緊急性の高い物資の輸送には向いていないなどの短所もあります。

海上用の船舶は，波に対する安定性をよくするために，喫水（きっすい）（船舶が水に浮かんでいるときの，船の最下面から水面までの長さ）が深く設計されています。また，全幅（船体の最も幅の広い部分）も広くなっています。一方，河川用の船舶は，喫水が浅く，川幅の制約があるため全幅は狭くなっています。その代わりに，輸送量を確保するために全長は長くなっています。

おもな国の商船船舶保有量

船主所在国をみると，船舶保有量はギリシャが一番で，ほかに，日本，中国，イギリス，アメリカ，ドイツと先進工業国が多いことがわかります（**表1**）。しかし，登録国をみると，パナマやリベリア，マーシャル諸島，シンガポール，マルタなど小さな国が上位を占めています。どうしてでしょう。

船主は自分の所有している船をどこかの国に登録しなければなりません。船の国籍を船籍といって，基本的に船主の国籍がある国に登録します。しかし，外国船の登録を認めている国もあり，そこで登録された船舶は**便宜置籍船**（べんぎちせきせん）とよばれて

DB p.119③

The TOP 100 Ports

➡2 おもな港湾のコンテナ取扱量(万TEU)

港名	国名	1990	2010	2017
上海(シャンハイ)	中国	46	2 907	4 023
シンガポール	シンガポール	522	2 843	3 367
深圳(シェンチェン)	中国	…	2 251	2 521
寧波(ニンポー)	中国	…	1 314	2 461
香港(ホンコン)	中国	510	2 353	2 077
釜山(プサン)	韓国	235	1 416	2 049
広州(コワンチョウ)	中国	8	1 255	2 037
青島(チンタオ)	中国	14	1 201	1 826
ドバイポート	アラブ首長国	92	1 160	1 537
天津(テンチン)	中国	29	1 008	1 504
東京	日本	156	429	450
世界計		**8 560**	**44 105**	**58 797**

㈱TEU(Twenty-foot Equivalent Unit)…20フィートコンテナ換算
コンテナ船の積載能力を表す。

います。パナマやリベリア，マーシャル諸島，マルタのほかにギリシャも，便宜置籍船が多い国としてよく知られています。

船籍を外国に登録する理由にはいくつかあります。まず，税金対策です。誘致国は登録税や固定資産税など税制上の優遇措置を設けて，外国船舶の船籍登録を誘致しています。船主にとって船舶を本国で登録するよりパナマなどの便宜置籍国に登録した方が安上がりになるのです。さらに，船員コストの削減も理由としてあげられます。一般的に，先進国では，自国の船には自国民や自国が承認する免許をもった船員の乗船を義務づけています。しかし，便宜置籍国にはその規制がありません。そのため，賃金水準の高い自国船員の代わりに外国人船員を雇うことで人件費を抑えることができるのです。その反面，自国での船員雇用の縮小，失業率の増加の一因にもなっています。また，便宜置籍国での船員資格の規制のゆるさから，船舶運航の安全性などが問題になっています。

中国が上位を占める港湾別コンテナ取扱量

近年の港湾別**コンテナ取扱量**は，経済発展を背景に上海や深圳(シェンチェン)など，中国の港湾が上位を占めています(**表2**)。かつて香港ではシンガポールと並んで中継貿易が盛んで，中国からの物資を経由して海外に運んでいました。しかし，近年は，中国から直接海外に運ばれるようになったため，香港のコンテナ取扱量は減少し，順位も低下しています。一方，韓国の釜山港が**ハブ港**として急速に取扱量を増やしています。また，シンガポールも依然として上位を保っているほか，西アジアではドバイポート(アラブ首長国)，ヨーロッパではユーロポート(オランダ)の取扱量が増加傾向にあります。

データブック オブ・ザ・ワールド ▶ p.119

③ 世界の航空輸送量

時間をとるか，輸送量をとるか！

DB p.119④

ICAOほか

国名	旅客輸送（2018年）						貨物輸送（2018年）	
	国内・国際 合計			国際定期輸送			国内・国際計	国際輸送
	飛行距離（百万km）(1)	輸送人員（千人）(2)	旅客輸送量（百万人キロ）	飛行距離（百万km）(1)	輸送人員（千人）(1)	旅客輸送量（百万人キロ）	貨物輸送量（百万トンキロ）	貨物輸送量（百万トンキロ）
アメリカ	12 338	849 403	1 627 875	2 926	102 203	467 838	42 985	25 865
中国	5 258	551 235	1 070 347	1 088	42 070	281 490	25 256	18 136
アラブ首長国	1 481	95 306	409 367	1 481	84 738	409 367	15 963	15 963
イギリス	1 619	151 867	356 465	1 508	111 088	347 274	6 198	6 198
ドイツ	1 390	116 847	242 054	1 294	92 665	233 645	7 970	7 932
ロシア	1 404	89 374	229 060	575	26 147	107 097	6 811	6 130
アイルランド	837	153 538	224 623	837	113 145	222 317	169	169
カナダ	1 313	91 404	224 308	710	33 610	166 339	3 434	2 770
インド	1 047	139 822	221 194	449	18 417	88 931	2 704	1 893
フランス	882	68 316	201 955	663	39 967	155 258	4 444	3 972
日本	1 186	123 898	197 830	541	17 888	102 440	9 421	8 486

(注) 各国に登録されている航空会社の輸送量。旅客輸送量の順位による　(1) 2015　(2) 2017

⬆1　おもな国の航空輸送量

航空機は，自動車や鉄道などの陸上輸送や，船舶による海上輸送に比べれば，圧倒的な速さで物資を運ぶことができます。また，出発地と目的地を結ぶ最短距離をコースとすることができるため，短時間での輸送が可能となります。そのため，旅行などで海外を訪れる人々にとって，航空輸送は欠かせないものとなっています。しかし，機体の種類によって積みこめる貨物の大きさや重量に制限があるため大量輸送ができません。また，空港はどこにでもあるわけではありません。さらに空港までの輸送費がかかり，陸上輸送や海上輸送に比べて天候に左右されやすいという短所があります。

航空輸送に適している貨物

航空輸送は輸送費が高くなるため，それにコストをかけても十分に利益が出るもの，例えば，半導体や集積回路(IC)，精密機器，ダイヤモンドなどの付加価値の高い製品，つまり高価格製品が多くなります。いずれも小型で軽量なため，航空輸送に適しています。ほかに，美術品や骨董品なども航空輸送されます。陸上輸送や海上輸送に比べれば事故が少なく破損の心配がないからです。また，医薬品もほとんどが航空輸送されます。小型で軽量，高価格の代表例で，緊急性の高いものが多いからです。さらに，肉類や魚介類，野菜，果物，花卉(かき)など，高い鮮度を保つ必要があるものも航空輸送に適しています。

DB p.119⑤ 　航空統計要覧2018

都市名／空港名	乗降客数（千人）	取扱貨物（千トン）
ドバイ／ドバイ国際	87 722	2 654
ロンドン／ヒースロー	73 187	1 794
香港／香港国際	72 462	5 050
アムステルダム／スキポール	68 401	1 778
パリ／シャルルドゴール	63 697	2 195
シンガポール／チャンギ国際	61 574	2 165
ソウル／仁川（インチョン）国際	61 521	2 922
フランクフルト／フランクフルト国際	57 122	2 194
バンコク／スワンナプーム国際	48 812	1 440
台北／台湾桃園国際	44 480	2 270

㈲ 国際線のみ

⬆2　おもな国際空港の利用実績（2017年）

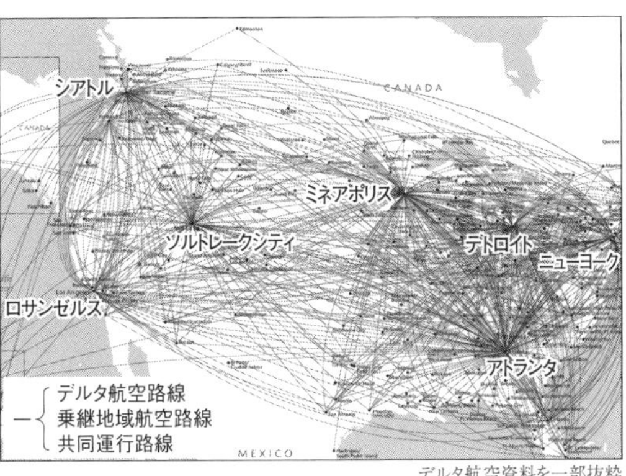

デルタ航空資料を一部抜粋

⬆3　デルタ航空のアメリカ国内航路

航空輸送量の多い国

航空輸送は国家間を輸送する国際輸送がほとんどですが，国土の広い国では国内輸送にも航空輸送が多くなっています（**図3**）。

貨物輸送量が多い国は，アメリカをトップに，中国，アラブ首長国，日本，ドイツと続いています（**表1**）。国際貨物輸送量でも，アメリカが世界一で，中国とアラブ首長国が続き，日本，ドイツ，イギリス，ロシア，フランスが上位に入っています。特徴的なのは，アラブ首長国の貨物輸送はすべてが国際輸送になっていることです。ドバイ空港が西アジア屈指の**ハブ空港**として物資輸送の要になっているからです（**表2**）。ほかにも，アラブ首長国はドバイを中心に観光立国になっているため，旅客輸送量でもアメリカ，中国に次いで世界3位になっています（**表1**）。また，イギリスやドイツ，カナダ，フランスも，観光立国として旅客輸送量が多くなっています。

以前は，航空輸送も，各空港を直接結ぶ輸送体系がほとんどでした。しかし，2000年代に入ってからは，いったん地域の中心となる空港に乗り入れたあと，周辺の空港にアクセスする**ハブ＆スポーク方式**の導入が進められています。地域航空網の中心となる空港をハブ空港とよび，そこから周辺空港にのびる路線をスポーク路線とよんでいます。**図3**はデルタ航空のアメリカ国内の路線網を示したもので，ミネアポリスやアトランタ，ソルトレークシティに乗り入れが集まってきています。

しかし，どこでもハブ空港になれるというわけではなく，例えば，複数の滑走路があること，航空会社専用のターミナルビルがあること，空港使用料が安いことや24時間体制での運用が可能なことなどの条件があります。

データブック オブ・ザ・ワールド ▶ p.120

④ 日本の輸送機関別輸送量

日本は旅客・貨物ともに自動車が最大！

DB p.120❷

国土交通白書

年度	旅客輸送人員（百万人）	旅客輸送人キロ（億人キロ）	輸送機関別構成比（%）(1)								
			JR	うち新幹線	民鉄（JR以外）	自動車	バス	乗用車等	航空	旅客船
1970	40 606	5 872	(2) 32.3	4.7	16.9	48.4	17.5	30.9	1.6	0.8
1980	51 720	7 820	(2) 24.7	5.3	15.5	55.2	14.1	41.1	3.8	0.8
1990	77 934	12 984	18.3	5.6	11.5	65.7	8.5	57.2	4.0	0.5
2000	84 691	14 197	17.0	5.0	10.1	67.0	6.1	60.9	5.6	0.3
2005	88 107	14 115	17.4	5.5	10.3	66.1	6.2	59.9	5.9	0.3
2009		100.0	17.8	5.5	10.9	65.6	6.4	59.2	5.5	0.2
実数	**89 500**	**13 708**	**2 442**	**760**	**1 495**	**8 987**	**874**	**8 113**	**752**	**31**

↑1 日本の旅客輸送の機関別輸送量の推移

(1)実数は億人キロ。旅客輸送人キロの構成比 (2)国鉄の数値

日本の輸送機関別の輸送量をみると，旅客，貨物ともに自動車が最大になっています（**表1**，**表2**）。日本で自動車への依存度が高まったのは高度経済成長期，特に1960年代半ば以降のことです。自動車の年間販売台数は1965年の59万台から1970年には237万台に急増しています。さらに，自動車保有台数は1965年の630万台から1967年には1000万台を突破しました。

こうした**モータリゼーション**の進展と同時に道路整備も進んだのです。1965年には日本最初の高速道路となった名神高速道路が，1969年には東名高速道路がそれぞれ開通しました。日本の道路延長距離をみると（**表3**），高速道路は1965年の約180kmから2017年には約8800kmまでのびています。一方，一般道路の延長距離は，1965年当時から23万km増えており，一般道路は早い段階から毎年着々と整備が進んでいたことがわかります。

旅客輸送が最も多いは自動車

旅客輸送が最も多いのは自動車ですが，輸送機関別構成比をみると，時代の変遷とともに，乗用車の割合が高くなっていることがわかります（**表1**）。これは自動車全体の保有台数が増加したからです。しかし，1960年代半ばから増加した乗用車の保有台数は，2000年前後には頭打ちになっていることがわかります。一方，乗用車の保有台数の増加に対し，相対的にバスの割合が1980年から1990年にかけて急減しています。乗用車の増加や運転手不足など社会的要因によって路線バスの赤字路線が多くなって廃止が続いたからです。その結果，高齢者や障

DB p.120❸ 国土交通白書

年度	貨物輸送トン数(百万トン)	貨物輸送トンキロ(億トンキロ)	輸送機関別構成比(%)(1)				
			JR	民鉄(JR以外)	自動車	内航海運	航空
1970	5 259	3 507	(2)17.8	0.3	38.8	43.1	0.0
1980	5 981	4 388	(2)8.4	0.2	40.8	50.6	0.1
1990	6 776	5 468	4.9	0.1	50.2	44.7	0.1
2000	6 371	5 780	3.8	0.0	54.2	41.8	0.2
2005	5 446	5 704	4.0	0.0	58.7	37.1	0.2
2009		100.0	3.9	0.0	63.9	32.0	0.2
実数	**4 830**	**5 236**	**204**	**2**	**3 347**	**1 673**	**10**

(1)実数は億トンキロ。貨物輸送トンキロの構成比 (2)国鉄の数値

⬆2 日本の貨物輸送の機関別輸送量の推移

DB p.120❹

年度	高速自動車国道(km)	一般道路(千km)
1965	181	985
1970	638	1 014
1980	2 579	1 111
1990	4 661	1 110
2000	6 617	1 160
2010	7 803	1 202
2015	8 647	1 212
2017	8 795	1 215

道路統計年報2018ほか

⬆3 日本の道路延長

害者，児童や生徒などが交通手段を失われ，交通弱者という言葉も生まれています。それに対し，自治体が運営するコミュニティバスや乗合タクシーが登場し，年々，増加しています。

自動車に次いで旅客輸送量が多いのが鉄道です。鉄道もバスと同様，乗用車の増大によって，1970年代から90年代にかけて急速に減少しました。赤字解消のため日本国有鉄道(国鉄)が地域ごとに六つのJR各社に分割民営化されたのは1987年のことでした。

鉄道に次いで多いのが航空機です。しかし，輸送費が高いため手軽に利用することが難しく，自動車と比べると割合は10分の1にも届きません。多く利用されるようになったのはモータリゼーションの進展と同様，1960年代以降です。旅客船は，観光船を除けば，離島への移動に利用されるのがほとんどで，近年は離島人口が減少していることもあって旅客輸送の構成比は低くなっています。

貨物輸送は依然として海運

高度経済成長期の貨物輸送を支えたのは，船舶交通でした。当時は，エネルギー多消費型の産業構造だったことから，鉄鋼業や造船業，アルミニウム工業といった素材型工業が中心を占めており，大きく重い物資を運ぶには**海運**が適していたのです。その後，1970年代の二度のオイルショックによって産業構造が転換し，素材型工業に代わって加工組立型工業が発展していきます。その結果，物資は小型軽量化し，迅速に輸送できる自動車輸送や航空輸送が優先されるようになりました。現在，**内航海運**の構成比は低くなりましたが，依然として自動車に次いで高く，自動車と合わせて輸送のほとんどを占める重要な輸送手段であることにかわりはありません(**表2**)。一方，鉄道輸送は自動車輸送には不向きな遠距離地への輸送手段として役立っています。

データブック オブ・ザ・ワールド ▶ p.121

⑤ インターネット・携帯電話の普及

意外に低い!? アメリカのインターネット普及率

DB p.121❷

ITU資料ほか

国名	1997	2010	2014	利用者率(%)
日本	716	10 123	11 504	(1)84.6
韓国	155	4 033	4 175	95.9
中国	62	46 008	68 714	(1)54.3
インド	13	9 185	22 813	(1)34.5
エジプト	…	2 169	2 643	46.9
南アフリカ	48	617	2 604	(1)56.2
イギリス	501	5 273	5 816	94.9
ドイツ	573	6 737	7 124	89.7
フランス	185	5 029	5 414	82.0
スウェーデン	123	844	891	92.1
アメリカ	5 073	24 520	28 181	(1)87.3
ブラジル	112	7 925	11 637	(1)67.5
オーストラリア	233	1 692	1 998	(1)86.5
世界計	**9 622**	**201 824**	**291 842**	**51.2**

利用者率は2018年 (1)2017 2018年の利用者数の世界計3 896百万人

⬆1 おもな国のインターネット利用者数(万人)

DB p.121❺

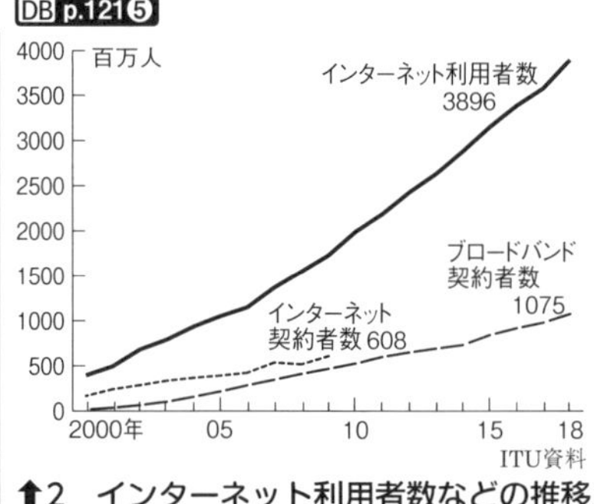

⬆2 インターネット利用者数などの推移

1990年代前半までは，インターネットを利用したことのある人はごくわずかでした。その後，徐々に利用者が増え，世界を一つにつなぐ情報通信網に成長しました。利用者数は，2000年には5億人にも満たなかったのが，いまや38億人をこえています。世界の2人に1人が利用していることになります(**図2**)。

インターネット利用者数と利用率の関連

インターネット利用者数が最も多いのは，世界最大の人口大国である中国で，その数は7億人近くまで増加しています(**表1**)。1997年には62万人だったのが，約20年間に1100倍にも増加しています。それでも，全人口の5割程度にすぎません。同じように多いのがインドです。利用者数は2億人をこえていますが，人口は13.5億ですから，6.8人に1人という割合です。中国と比べても，これはまだまだ低い水準にあり，企業や一部の富裕層が利用しているという状況です。

インターネット発祥の地であるアメリカは，もちろん利用者数は多いのですが，ほかの先進国と比べると利用者率がそれほど高くはありません。国土が広いため，隅々にまでネット回線を敷設するのが難しいからです。また，インターネットが利用できていても，ナローバンドという低速の回線(電話回線やISDN回線など)を利用している人が多く，日本ほどよい通信環境にはありません。

DB p.121③ ITU資料

2018	万件	百人当たり
中国	18 225	12.8
アメリカ	11 672	35.7
日本	6 344	49.9
ドイツ	4 300	51.7
フランス	3 862	59.4
ブラジル	3 831	18.3
イギリス	3 197	47.6
ロシア	3 195	(1) 22.0
イラン	3 049	37.3
韓国	2 591	50.6
世界計	**94 200**	**12.4**

⬆3 固定電話契約数 (1) 2017

ITU資料

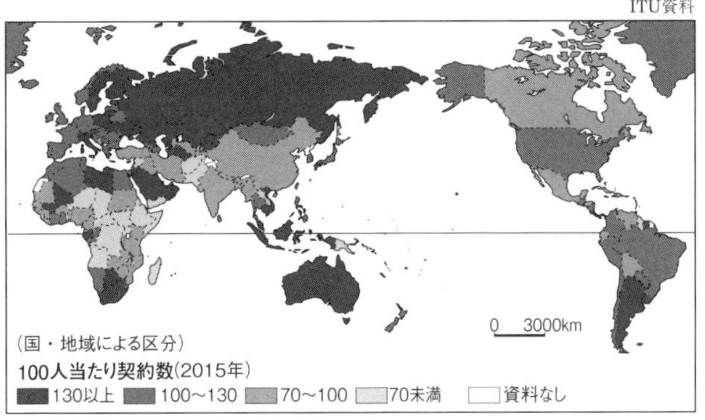

⬆4 携帯電話の普及

インターネット利用者数は，中国，アメリカ，インド，ブラジル，日本が多くなっています(**表1**)。日本は**ブロードバンド回線**が広く普及し，高速のネットワークを利用できる環境が整っていることもあって，インターネット利用者率は8割をこえています。韓国は，早くから高速通信網を整備しており，利用者率が最も高くなっています。

固定電話と携帯電話の契約数

もともと「電話」といえば固定電話のことでした。固定電話という名称は**携帯電話**などの移動体電話が登場するようになって生まれた言葉で，特に，家庭の電話は家電(いえでん)とか一般電話とよばれています。

固定電話は携帯電話と違って，利用するには電話局と各家庭を電話線でつなぐ必要があるため，多額の費用がかかります。また，電話線も以前は銅線が使われていましたが，通信速度を上げるために，現在は，各家庭と電柱の間はそのままですが，街中に張りめぐらされている電話線や電話局同士を結ぶ回線には光ファイバーが使われています。このように，固定電話では回線の維持と改良のためにも，多額の費用がかかります。そのため，資金力のない発展途上国ではほとんど普及しなかったのです。

一方，携帯電話は，中継局をつくるだけで回線敷設の必要がないため，発展途上国でも広く普及しました。固定電話は各国の経済力に比例しますが，携帯電話はほぼ人口に比例してそれぞれ普及しているといえます。

データブック オブ・ザ・ワールド ▶ p.122-127

① 輸出品目に特徴のある国

発展途上国の多くは１次産品の輸出が盛ん！

DB p.122-127

(貿)ほか

国名	輸出入額	主要輸出入品の輸出・輸入に占める割合(%) 上段…輸出／下段…輸入				
マレーシア	247 365	機械類 43.7	石油製品 6.6	液化天然ガス 4.0	原油 3.8	精密機械 3.6
	217 471	機械類 38.6	石油製品 9.3	鉄鋼 3.3	化学薬品 2.9	自動車 2.9
サウジアラビア(1)	221 661	原油 65.6	石油製品 11.4	プラスチック 6.5	化学薬品 4.1	機械類 1.3
	134 476	機械類 24.7	自動車 13.7	鉄鋼 4.2	医薬品 3.8	衣類 2.8
ブラジル	239 699	大豆 13.8	原油 10.5	鉄鉱石 8.4	機械類 7.8	肉類 6.0
	188 564	機械類 23.0	自動車 7.6	石油製品 7.1	化学薬品 7.1	船舶 5.4

(1) 貿易額2017，輸出入品2016

⬆1　**おもな国の貿易額**(百万ドル)・**輸出入品**(%)(2018年)

1次産品とは，農作物や鉱産資源のように，自然界からとり出されたそのままの状態で利用できるもの，まだ加工されていないものをいいます。発展途上国は技術水準が低いため，また，植民地時代からの経済構造の影響もあって，1次産品を先進国(北)に輸出し，先進国はそれを使って工業製品をつくり発展途上国(南)に輸出して富を得るという**南北貿易**が世界貿易の基本構造でした。「1次産品を輸出して，工業製品を輸入する」というのが発展途上国の貿易の特徴です。一方，先進国は工業製品を中心に輸出しており，輸出品目が「1位機械類，2位自動車」の順位となる傾向があります。

1次産品の輸出が盛んな国は？

では，各国の輸出品目をみていきましょう(**表1**，**表2**)。近年のマレーシアは工業発展が著しく，最大輸出品目が機械類になっています。一方，豊富なエネルギー資源の埋蔵を背景に，液化天然ガスの輸出が盛んなほか，**パーム油**の輸出国としても知られています。パーム油は油やしから採った植物オイルで，ほとんどが先進国に輸出されています。サウジアラビアは世界最大級の産油量を誇り，もちろん原油が最大輸出品目になっています。人口が約3400万とそれほど多くないため国内需要が小さく，その分，輸出余力が高いため，産出した原油のほとんどを輸出に回しています。ほかにも，石油製品やプラスチックなど石油関連品目が輸出の上位を占めています。西アジアの産油国をはじめOPEC(オペック)加盟国のほとんども同様です。ブラジルも1次産品の輸出が盛んな国です。近年の中国での大豆需要の増加を背景に大豆の輸出が伸びていて最大の輸出品目になっています。ほかに，原油や鉄鉱石，肉類などの1次産品が輸出の上位を占めています。

DB p.122-127

(貿)ほか

国名	輸出入額	主要輸出入品の輸出・輸入に占める割合(%) 上段…輸出/下段…輸入									
エチオピア(2)(5)	2 793	コーヒー豆	41.5	豆類	14.4	金(非貨幣用)	7.5	やぎの肉	5.4	革	4.5
	16 234	機械類	25.7	石油製品	10.1	自動車	8.5	鉄鋼	7.0	金属製品	4.8
ガーナ(3)	12 132	金(非貨幣用)	35.6	原油	30.4	カカオ豆	14.3	カシューナッツ	2.7	ココアペースト	2.3
	12 450	機械類	19.8	自動車	14.9	穀物	7.5	鉄鋼	4.9	金属製品	3.9
カメルーン(2)(4)	3 303	原油	39.3	木材	14.1	カカオ豆	12.3	綿花	5.1	アルミニウム	4.2
	5 203	機械類	16.4	穀物	11.3	石油製品	8.4	自動車	6.7	医薬品	4.4
ケニア(2)	5 695	茶	22.7	野菜と果実	9.8	切り花	9.5	石油製品	6.3	衣類	5.6
	14 107	石油製品	17.8	機械類	17.0	自動車	6.7	鉄鋼	5.5	穀物	5.2
コートジボワール(4)	11 806	カカオ豆	27.9	カシューナッツ	9.7	金(非貨幣用)	6.6	天然ゴム	6.6	石油製品	5.6
	10 942	機械類	14.4	原油	8.4	穀物	8.4	石油製品	6.6	自動車	6.5
ザンビア(1)	8 151	銅	75.2	化学薬品	2.5	切手類	2.1	機械類	1.9	金属製品	1.6
	8 738	機械類	21.0	銅鉱	11.3	石油製品	8.5	自動車	8.3	原油	4.6
ボツワナ	6 575	ダイヤモンド	89.8	機械類	2.9	牛肉	1.4	化学薬品	0.7	金(非貨幣用)	0.7
	6 288	ダイヤモンド	28.7	機械類	13.4	石油製品	13.1	自動車	7.0	穀物	2.5
フランス(6)	581 059	機械類	20.1	自動車	9.6	航空機	9.1	医薬品	6.1	アルコール飲料	3.0
	672 165	機械類	21.8	自動車	11.0	原油	4.3	医薬品	4.2	衣類	3.9
スペイン(1)	319 440	自動車	17.4	機械類	13.4	野菜と果実	6.3	石油製品	5.0	衣類	4.5
	351 021	機械類	17.5	自動車	12.3	原油	9.1	衣類	5.3	医薬品	4.4
オーストラリア	257 119	石炭	19.7	鉄鉱石	18.7	金(非貨幣用)	5.7	肉類	4.0	機械類	3.2
	227 003	機械類	25.4	自動車	12.8	石油製品	8.2	原油	4.5	医薬品	3.8

(1)貿易額2017 (2)貿易額2016 (3)貿易額2015 (4)輸出入品2017 (5)輸出入品2016 (6)モナコを含む

⬆2 **おもな国の貿易額**(百万ドル)・**輸出入品**(%)(2018年)

アフリカには発展途上国が多く，ほとんどの国で1次産品の輸出が多くなっています。エチオピアはコーヒー豆の原産国で最大の輸出品目になっているほか，コートジボワールやガーナ，カメルーンなど，ギニア湾岸諸国でもカカオ豆の輸出が盛んです。ケニアは茶と切り花で輸出の3分の1を占めています。茶はイギリス植民地時代からの**プランテーション**での栽培が盛んです。ケニアは低緯度で標高が高いため，温暖で気温の年較差が小さく，一年を通して花の栽培が可能です。こうして栽培された切り花は世界最大の花市場のオランダに輸出されたあと世界の国々に向けて再輸出されています。また，ボツワナは世界的なダイヤモンドの産出国であり，最大輸出品目になっています。ザンビアはコンゴ民主共和国から続く銅鉱床(**カッパーベルト**)を背景に，銅が輸出の7割前後を占めています。

先進国の輸出品目

フランスは**自動車**の輸出も盛んですが，**航空機**のエアバス社の本社や組立工場があることから，航空機関連の輸出が上位にあります。スペインの最大輸出品は自動車で，EUの自動車生産拠点として長い歴史があります。オーストラリアは鉱産資源に恵まれた国で，鉄鉱石，石炭，金，液化天然ガスで輸出の半分以上を占めています。国土が広大なわりに人口が少ないため輸出余力が大きく，産出した鉱産資源のほとんどを輸出に回しています。

データブック オブ･ザ･ワールド ▶ p.122-127, 276

② 輸出入相手国に特徴のある国

先進国との貿易でやりとりされる商品とは？

DB p.122-127

（貿）ほか

国名	輸出入額	金額による輸出･輸入相手国･地域の割合（%） 上段…輸出／下段…輸入				
オランダ	585 622	ドイツ 22.8	ベルギー 10.1	イギリス 8.0	フランス 7.9	アメリカ 4.8
	521 383	ドイツ 17.6	ベルギー 10.0	中国 8.9	アメリカ 7.7	イギリス 6.0
ロシア	449 585	中国 12.4	オランダ 9.6	ドイツ 7.6	ベラルーシ 5.0	トルコ 4.7
	238 494	中国 21.7	ドイツ 10.6	ベラルーシ 5.4	アメリカ 5.3	イタリア 4.4
アゼルバイジャン	19 459	イタリア 30.2	トルコ 9.4	イスラエル 6.7	チェコ 4.8	インド 4.2
	11 465	ロシア 16.4	トルコ 13.8	中国 10.4	ドイツ 5.7	アメリカ 4.6
カザフスタン	60 956	イタリア 19.2	中国 10.3	オランダ 10.1	ロシア 8.6	フランス 6.3
	32 534	ロシア 39.3	中国 16.0	ドイツ 4.9	イタリア 4.4	アメリカ 3.8

⬆1　**おもな国の貿易額**（百万ドル）・**貿易相手国**（%）（2018年）

世界の多くの国々では，アメリカや中国，ドイツが最大貿易相手国となっています。この三か国は，工業が発展していて，原料の鉱産資源の需要が高いため，世界各国から鉱産資源や部品を輸入し，それを加工して組み立て，工業製品を輸出しています。また，一般に貿易は近隣諸国との取り引きが多くなる傾向があります。

ロシアからオランダへ，そしてドイツへ

ロシアの最大輸出相手国は中国ですが，以前はオランダでした。ロシアは石油や石炭，天然ガスなどエネルギー資源に恵まれていて，ヨーロッパ各国に輸出していますが，まずは，ヨーロッパの玄関口，ライン川の河口にあたるオランダの**ユーロポート**にタンカーで輸送します。オランダはそれを石油製品に加工して近隣諸国に輸出します。その最大輸出相手国はドイツです。

西アジアのアゼルバイジャンの最大輸出相手国はイタリアで，輸出品目のほとんどは原油，天然ガスなどのエネルギー資源です。カザフスタンも同様に最大輸出相手国はイタリアで，どちらの国も最大輸出品目は原油となっています。両国ともロシアと距離的に近いのですが，ロシアも産油国ですから輸出相手国としては適していません。ドイツは，東部が旧ソ連時代からロシアとの間に**パイプライン**が結ばれていて，さらに，オランダからも石油を輸入しているため，輸出相手国にはなりにくい状況です。イギリスやフランスは石油メジャー企業を国内にかかえているのに対し，イタリアにはメジャーはありません。そのため，アゼルバイジャンとカザフスタンの輸出相手国としては，人口が多く石油需要が大きいイタリアに魅力があるということです。

DB p.122-127, 276

（貿）ほか

国　名	輸出入額	金額による輸出・輸入相手国・地域の割合(%)　上段…輸出／下段…輸入				
アルジェリア(1)(4)	35 081 45 627	イタリア 16.0 中国 18.1	フランス 12.6 フランス 9.3	スペイン 11.7 イタリア 8.2	アメリカ 9.9 ドイツ 7.0	ブラジル 6.0 スペイン 6.8
モロッコ(5)	29 328 51 252	スペイン 23.7 スペイン 16.9	フランス 22.9 フランス 11.9	イタリア 4.6 中国 9.0	アメリカ 3.9 アメリカ 6.9	ブラジル 3.0 ドイツ 6.0
チュニジア(1)(4)	14 433 20 681	フランス 30.6 イタリア 15.6	イタリア 16.5 フランス 15.1	ドイツ 11.6 中国 9.0	スペイン 3.8 ドイツ 8.0	アルジェリア 3.3 トルコ 4.5
リビア(3)(6)	10 200 13 000	イタリア 42.3 トルコ 10.6	フランス 15.5 中国 9.8	中国 9.4 イタリア 9.4	スペイン 9.2 韓国 9.2	ギリシャ 4.5 ドイツ 6.8
コンゴ民主共和国(2)(5)	5 526 5 648	中国 38.4 南アフリカ 19.5	ザンビア 24.8 ザンビア 17.3	サウジアラビア 8.3 中国 12.8	イタリア 6.9 ベルギー 6.7	ベルギー 4.4 フランス 4.1
ガーナ(3)	12 132 12 450	インド 21.5 中国 19.1	中国 11.9 アメリカ 8.0	南アフリカ 10.2 ベルギー 5.8	スイス 9.5 インド 5.7	オランダ 7.2 イギリス 5.1

(1)貿易額2017　(2)貿易額2016　(3)貿易額2015　(4)貿易相手国2017　(5)貿易相手国2016　(6)貿易相手国2015

⬆2　おもな国の貿易額(百万ドル)**・貿易相手国**(%)(2018年)

旧宗主国との貿易

アフリカのほとんどの国は，イギリスやフランス，イタリアなどの植民地支配を経験しています。そのため，現在も経済は旧宗主国との結びつきが強くなっています。旧フランス領のアルジェリア，モロッコ，チュニジアの貿易相手国はフランスが上位にあり，旧イタリア領のリビアも，旧ベルギー領のコンゴ民主共和国も，同様に，貿易相手国としてイタリアとベルギーがそれぞれ上位に名を連ねています。

フランスの植民地だったアルジェリアはフランスと，イタリアの植民地だったリビアはイタリアと，現在も貿易が盛んです。両国とも産油国で，OPEC(オペック)に加盟しています。いずれも国内需要が少なく輸出余力が大きいため，石油や天然ガスをフランスに輸出して外貨を獲得しています。

コンゴ民主共和国は**ダイヤモンド**の産出量が世界3位で，ほとんどをベルギーに輸出しています。ベルギーといえばダイヤモンド製品が有名で，ダイヤモンド加工業はアントウェルペンを中心に15世紀頃から発達していました。現在はコンゴ民主共和国からの輸入を含め，世界のダイヤモンド原石の8割以上がベルギーに集まっています(→p.120「ダイヤモンドの産出」)。

一方，イギリスと旧イギリス領との間には，こうした植民政策がらみの貿易関係がほとんどみられません。旧イギリス領であるガーナの輸出相手国にはイギリスの名前はでてきません。ヨーロッパではスイスが輸出相手国として上位にあります。カイエ，シュプリングル，バッハマンなどスイスには世界的に有名なチョコレート製造の老舗(しにせ)企業が多く，原料の**カカオ豆**のほとんどをガーナから輸入しています。

貿易

データブック オブ・ザ・ワールド ▶ p.129

③ 日本の貿易額

日本はほんとうに「貿易立国」なのか!?

1人当たり貿易額は，貿易額を人口で割ったもので，中国やインドのように人口大国では，当然，値が小さくなります。また一般的に，先進工業国では値が大きくなり，発展途上国では小さくなります。国内総生産(GDP)に対する輸出額の割合(輸出額÷GDP)を輸出依存度，輸入額の割合を輸入依存度，この二つの和を**貿易依存度**といいます。

1人当たり貿易額が大きい国

先進工業国では1人当たり貿易額が大きい傾向にありますが，単純ではありません。日本をはじめ，アメリカ，韓国，ドイツ，イギリス，イタリア，フランスなど人口が5000万人をこえると，1人当たり貿易額はそれほど大きくはなりません(**表1**)。ドイツはEUにおける工業製品の製造拠点として，部品を輸入し，それを組み立てた工業製品を輸出するというのが貿易の基本構造で，貿易額が高くなっています。しかし，ほかの国では，1人当たり貿易額が輸出でも輸入でもほとんどが1万ドルを下回っています。1人当たり貿易額が大きいのは，シンガポール，香港，ベルギー，オランダなど，比較的人口の少ない**先進工業国**です。国内市場が小さいため，生産した工業製品や鉱産資源の大部分を輸出に回しています。生活水準が高い国では，国内需要を国内生産だけでなく輸入で補う傾向が強くなり，1人当たり貿易額は輸出額，輸入額とも大きくなります。

貿易依存度の高い国，低い国

貿易依存度は，資源産出国や新興国で高くなります。資源産出国の多くは，国内で鉱産資源を利用する技術力がなく，また人口がそれほど多くないため，産出のほとんどを先進工業国に輸出しています。先進工業国にとっても資源の供給地との結びつきは重要で(例えば日本のオーストラリアからの鉄鉱石や石炭の輸入)，なかなか産業構造の転換は困難です。新興国は，従来は輸入に頼っていた製品を国内生産することで工業化をめざしてきましたが，近年は，労働力の安さを武器に外国企業を誘致し，国内で生産して輸出しています。つまり，**輸入代替型工業**から**輸出指向型工業**への転換をはかっています。そのために輸出依存度が

DB p.129❶

（貿）ほか

国名	1人当たり貿易額（ドル）		貿易依存度（%）(1)		国名	1人当たり貿易額（ドル）		貿易依存度（%）(1)	
	輸出	輸入	輸出	輸入		輸出	輸入	輸出	輸入
インド	240	379	11.9	18.8	オランダ	34 278	30 518	64.1	57.1
インドネシア(2)	638	593	16.6	15.5	スイス	27 912	24 163	33.8	29.3
韓国	12 224	10 038	38.6	31.7	スウェーデン	16 626	17 040	30.1	30.9
サウジアラビア(2)	6 696	4 063	32.2	19.5	スペイン(2)	6 848	7 525	24.3	26.7
シンガポール	71 221	63 972	113.3	101.7	デンマーク	18 725	17 621	30.6	28.8
タイ	3 663	3 621	50.2	49.6	ドイツ	18 969	15 621	39.1	32.2
（台湾）	14 251	12 148	57.0	48.6	ノルウェー	22 775	16 342	28.0	20.1
中国(2)	1 605	1 296	18.8	15.2	フィンランド	13 713	14 146	27.7	28.6
日本	5 780	5 859	14.9	15.1	フランス	8 608	9 958	20.9	24.2
パキスタン	118	300	7.6	19.2	ベルギー	40 388	38 957	87.3	84.2
フィリピン	651	1 120	20.9	36.1	ポルトガル	6 641	8 596	28.7	37.2
（香港）	71 500	81 153	146.3	166.1	ロシア	3 123	1 657	27.1	14.4
マレーシア	7 720	6 787	69.8	61.4	アメリカ	5 093	8 001	8.1	12.8
エジプト(2)	260	600	10.7	24.6	カナダ	12 177	12 420	26.3	26.8
ケニア(3)	116	288	8.2	20.4	メキシコ	3 446	3 551	36.8	37.9
チュニジア(2)	1 262	1 809	36.1	51.8	アルゼンチン(3)	1 327	1 278	10.4	10.0
ナイジェリア	319	220	15.7	10.8	コロンビア(3)	644	932	11.0	15.9
南アフリカ	1 638	1 626	25.5	25.3	チリ	4 146	4 122	25.3	25.1
モロッコ	810	1 416	24.8	43.3	ブラジル	1 137	894	12.8	10.1
イギリス	7 031	9 797	16.6	23.1	ベネズエラ(4)	1 238	1 335	10.8	11.7
イタリア	9 022	8 268	25.8	23.6	オーストラリア	10 379	9 164	18.0	15.9
オーストリア	20 249	21 014	38.9	40.4	ニュージーランド	8 353	9 220	19.4	21.4

(1) 国内総生産に対する輸出入額の割合　(2) 2017　(3) 2016　(4) 2015

⬆1　おもな国の1人当たり貿易額・貿易依存度（2018年）

高くなっています。

一方，シンガポールや香港も貿易依存度が高くなっています。人口が少ないため国内市場が小さく，国内市場は短期間で飽和状態になり，その結果，海外需要（外需）を求めて輸出指向が強くなります。しかし，人口が少ないために工業製品の生産には限界があります。そこで，交通の要衝という地理的有利を活かして，輸入した工業製品を別の第三国に輸出しています。このような貿易形態を**中継貿易**とよんでいます。

日本の貿易依存度は？

日本の輸出依存度は，1950年代半ばから1970年代前半にかけての高度経済成長期には，10%前後で推移していました。人口が多く，生活水準の向上で購買力が高くなり，国内需要（内需）が拡大したからです。その後，1973年の第一次オイルショックをきっかけに産業構造の転換が始まり，自動車や機械類の生産と輸出が伸び，輸出依存度は高くなりました。しかし，1985年のプラザ合意によって円高が進み，輸出依存度は低下します。現在の貿易依存度は，輸出入ともに15%前後ほどとそれほど高くありません。これまで日本は「貿易立国」であり，内需の不足を輸出によって補っているといわれてきましたが，実は，もともと内需に依存している国なのです。

データブック オブ・ザ・ワールド ▶ p.130

④ 世界の貿易ルール

二国間交渉から地域間交渉へ！

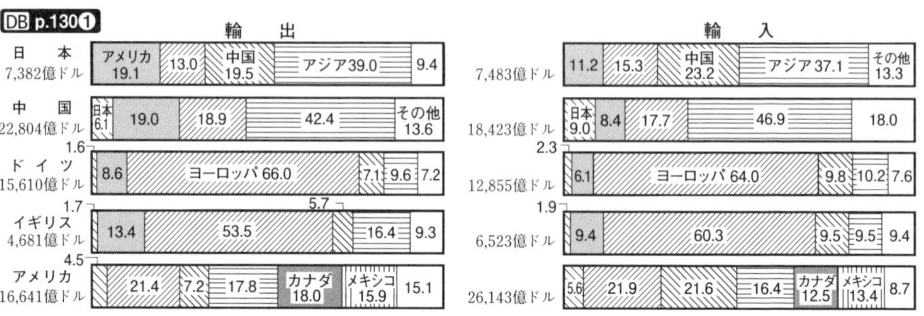

⬆1　おもな国の貿易相手地域構成（2018年）

世界のおもな二国間貿易

貿易額で日本より上位にあるのが，アメリカ，中国，ドイツです。アメリカと中国との貿易はアメリカの輸入超過（貿易赤字）が続いて，年々，増加の傾向にあり**貿易摩擦**がおこっています（**図1**）。ドイツはEU域内だけでなく，アメリカや中国への輸出も盛んに行っていますが，ドイツとアメリカの貿易もアメリカの輸入超過です。中国とドイツの貿易内容はあまり話題になりませんが，ドイツの最大貿易相手国をみると，現在はアメリカから中国に移っています。トランプ大統領の就任以来，アメリカの貿易政策は保護主義化しているため，ドイツと中国の関係はもっと強くなるかもしれません。中国との貿易収支はドイツの輸入超過になっています。ドイツの最大輸出品目は自動車で，生産台数の3分の1が中国に輸出されています。

日本が初めて経済連携協定（EPA）を結んだ国

世界の貿易ルールを決めているのは**世界貿易機関**（**WTO**）です。決定は「全会一致」が原則になっているため，特に先進国と発展途上国との間で利害関係が一致せず，議論がまとまらないことも少なくありません。そのため，「二国間交渉」が主流になってきました。例えば，関税の撤廃や削減を定めた**自由貿易協定**（**FTA**）や，FTAを包括して知的財産権の保護や投資ルールなどの整備，労働者の移動など幅広い分野での経済関係を強化する**経済連携協定**（**EPA**）などです。

日本が初めてEPAを結んだ国はシンガポールでした。2002年のことです。

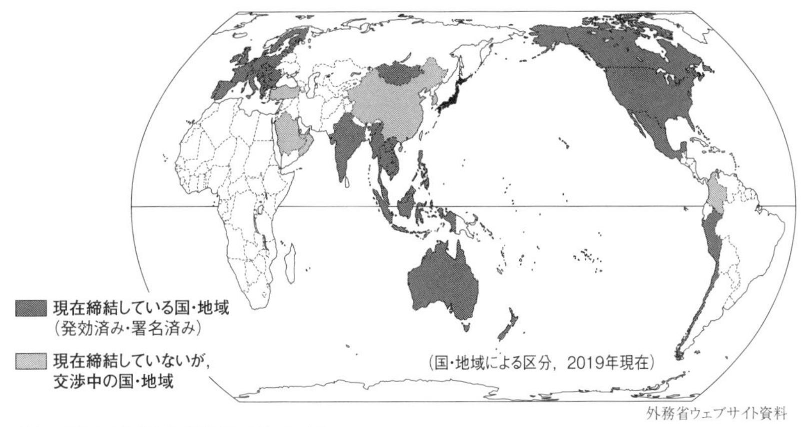

⬆2　日本がEPAを締結している国

EPAが締結されると関税が撤廃されるのですが，関税を撤廃するということは，外国から安価な製品，物資が入ってくるということです。つまり，それと同じ商品を生産している国内産業は大きな打撃を受け，国内産業が衰退する危険性があります。関税は，そうした国内産業を保護するために設定されているのです。日本が懸念しているのは農産物です。安い農産物が入ってくると，日本の農産物は売れなくなり，農業が衰退するおそれがありました。しかし，シンガポールは国土が狭いため(日本の淡路島程度)，農牧業は盛んではなく，農産物の輸出がほとんどありません。そのため，日本の農牧業への打撃は小さいとして，シンガポールとはすんなりとEPA交渉がまとまったのです。

地域間交渉の考え方

2004年にEPAを結んだメキシコとの間では，交渉が難航しています。メキシコは農産物の輸出が盛んな国だからです。しかし，日本の輸出の主力である自動車産業の利益の方が優先され，自動車や自動車用鋼板の関税撤廃などを盛り込むことでようやく交渉がまとまりました。以後，日本は多くの国とEPAを結んでいます。

世界にはFTA，EPAを合わせて300をこえる協定(Agreement)があります。二国間で取り交わされる協定が増えすぎた結果，たいへん非効率なものと考えられるようになりました。そこで，地域ごとにまとまって交渉する，地域間交渉が考えられるようになりました。その一つが日本も参加する**環太平洋パートナーシップ(TPP)協定**です。

データブック オブ・ザ・ワールド ▶ p.132-133

⑤ 日本の貿易港

日本を代表する港湾や空港はどこ？

DB p.132②

（国）

輸出港	金額	%	金額による輸出品目の割合(%)
名古屋	124 845	15.3	自動車 25.0 自動車部品 17.5 金属加工機械 4.4 内燃機関 4.2 電気計測機器 3.5
成田国際空港	114 588	14.1	科学光学機器 6.2 金(非貨幣用) 5.2 集積回路 4.4 電気回路用品 4.3 半導体製造装置 4.0
横浜	77 187	9.5	自動車 22.1 自動車部品 4.9 内燃機関 4.3 プラスチック 3.6 金属加工機械 3.2
東京	60 398	7.4	自動車部品 6.9 コンピュータ部品 5.5 内燃機関 5.3 プラスチック 4.5 電気回路用品 3.3
神戸	58 198	7.1	プラスチック 6.4 建設・鉱山用機械 6.1 内燃機関 3.1 自動車部品 3.0 織物類 3.0
関西国際空港	52 660	6.5	集積回路 15.0 科学光学機器 7.8 電気回路用品 6.7 個別半導体 6.3 通信機 3.6
大阪	42 427	5.2	集積回路 12.3 コンデンサー 6.8 プラスチック 4.9 個別半導体 4.0 科学光学機器 4.0
博多	27 665	3.4	集積回路 25.2 自動車 23.2 タイヤ・チューブ 5.2 半導体製造装置 4.7 二輪自動車 4.0
三河	26 395	3.2	自動車 94.7 船舶 1.1 鉄鋼 0.9 荷役機械 0.4 石油製品 0.4
清水	18 829	2.3	内燃機関 12.2 自動車部品 11.2 二輪自動車 6.7 科学光学機器 4.5 電気回路用品 3.6
合計（その他共）	**814 788**	**100.0**	

⬆1　**日本のおもな貿易港の輸出額・主要輸出品目**（2018年）（億円）

「港」と聞くと，どうしても海の港を想像してしまいます。しかし，**貿易港**には海港と空港があり，その運送手段にも船舶と航空機という違いがあるように，両者で扱われている物資，産品にも大きな違いがあります。

日本は島国なだけあって，数え切れないほどの海港があります。しかし，国際貿易に利用されているのはごく一部です。港湾は港湾法という法律によって格付けされており，苫小牧(とまこまい)港，新潟港，清水港，名古屋港，下関(しものせき)港など18港が国際拠点港湾に，さらに，上位の東京港，横浜港，川崎港，大阪港，神戸港の5港が国際戦略港湾に指定されています。

日本のおもな貿易港

日本の貿易港で，最大の貿易額（輸出入額の合計）を誇っているのは成田国際空港です（**表1**，**表2**）。**航空輸送**のため，輸出品目，輸入品目ともに，光学機器や集積回路，通信機といった小型軽量品の取り扱いが多くなります。いずれも高価格製品で，製品価格に対する輸送費の比率が小さくなることが要因の一つです。関西国際空港も同様で，取り扱い品目をみると似通っていることがわかります。

一方，海港の東京港や大阪港では，輸送手段は**船舶**です。船舶は移動速度が遅いかわりに，輸送費が安く，大量輸送に適しています。後背地に大消費地の東京や大阪がひかえており，膨大な需要を満たすには大量輸送が欠かせないのです。

DB p.133③

(国)

輸入港	金額	%	金額による輸入品目の割合(%)
成田国際空港	137 040	16.6	通信機 14.0　医薬品 11.6　集積回路 9.5　コンピュータ 7.6　科学光学機器 6.3
東京	116 565	14.1	衣類 8.7　コンピュータ 4.9　魚介類 4.6　肉類 4.3　音響・映像機器 3.3
名古屋	53 368	6.5	液化ガス 8.5　衣類 7.1　石油 6.7　アルミニウム 5.5　絶縁電線・ケーブル 4.6
大阪	49 713	6.0	衣類 15.1　肉類 6.7　家庭用電気機器 3.3　金属製品 3.0　鉄鋼 2.9
横浜	47 538	5.7	石油 9.1　液化ガス 5.2　アルミニウム 4.5　衣類 3.6　有機化合物 3.1
千葉	39 644	4.8	石油 56.9　液化ガス 16.7　自動車 8.3　鉄鋼 3.4　有機化合物 3.2
関西国際空港	39 478	4.8	医薬品 18.4　通信機 17.1　集積回路 6.0　科学光学機器 5.1　衣類 3.0
神戸	34 385	4.2	衣類 6.5　たばこ 6.4　有機化合物 4.0　無機化合物 3.8　医薬品 3.4
川崎	23 652	2.9	液化ガス 32.5　石油 27.9　肉類 15.0　魚介類 5.2　石炭 3.8
四日市	17 188	2.1	原油と粗油 54.1　液化ガス 17.7　石油製品 4.1　化学製品 4.0　電気機械 3.4
合計(その他共)	**827 033**	**100.0**	

(注)石油は原油と石油製品の合計，液化ガスは液化天然ガス・液化石油ガスなど

↑2　日本のおもな貿易港の輸入額・主要輸入品目(2018年)(億円)

大都市を後背地に発達する貿易港

日本の海港で，最大の輸出額を誇っているのは名古屋港です(**表1**)。後背地にトヨタ自動車があるため，自動車，自動車部品，内燃機関(ガソリンエンジン)の輸出が盛んです。いずれも**自動車産業**に関連した輸出品目で，輸入品目も，アルミニウムや絶縁電線・ケーブルなど，自動車関連の部品が多くなっています。

また，火力発電所があるため，液化ガスや石油などの燃料の輸入の割合も高くなっています。同様に，横浜港や博多港も，人口が多い大都市と自動車産業を背後にかかえています。名古屋港と横浜港や博多港が似通っているのは，貿易統計から読み取れます。

大都市では，さまざまな需要が多くなり，消費都市としての性格が強くなります。そのため，大都市を後背地にもつ貿易港では貿易額が赤字になる傾向があります。輸入品目をみると，肉類や魚介類，衣類などの食品，消費財の割合が大きくなっています。東京港や大阪港がこれにあたります。また，名古屋港や横浜港も同様です。名古屋港はすぐ後ろに人口約220万の名古屋市がひかえているため，例えば，衣類などの消費財品目が多くなっています。

ほかに，千葉港，川崎港，堺港などは，背後に石油化学工業が発達しているため，原燃料となる石油や液化ガスの割合が高くなっています。このように，各貿易港の取扱品目の内容や割合は，後背地にどのような産業が発達しているか，どのような性格をもった都市があるかによって大きく特徴づけられます。

データブック オブ・ザ・ワールド ▶ p.135

⑥ 日本の貿易相手国と輸入品

なぜ日本の「機械類」の輸入が増えているのか？

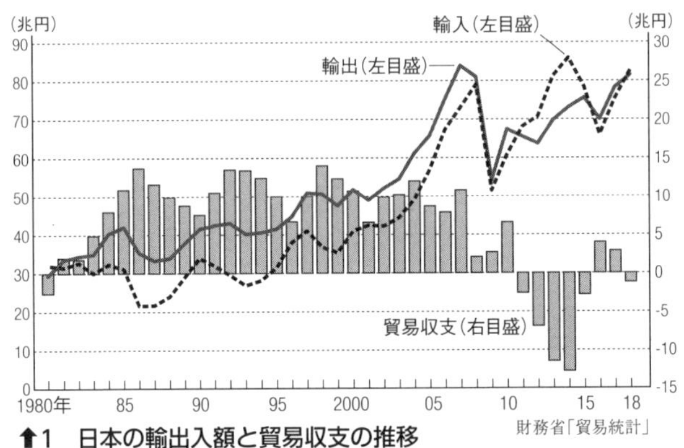

⬆1　日本の輸出入額と貿易収支の推移

1985年以降の日本の貿易統計をみると，輸出額，輸入額ともに右肩上がりに増加しています(**図1**)。**貿易収支**(輸出額と輸入額の差額)は黒字が続いていましたが，2008～2009年に大きく落ち込んでいます。**リーマンショック**に端を発する世界金融危機の影響を受けてのことです。その後，2011年から急速に減少しているのは，石油や液化天然ガス，石炭の需要が多くなり，輸入量が増加したからです。これは，東日本大震災による福島第一原発の事故によるもので，当時，電力需要の約25％を原子力発電に頼っていましたが，原発の分を火力発電が補う必要があったためです。

また，2009年から2013年にかけては，対ドル為替で円高が続いて年平均レートが1ドル100円を下回っていた時期で，特に2011～12年は1ドル80円を下回っていました。こうした円高が，火力発電用燃料の輸入をさらに後押しして，2011年には貿易収支は赤字に転落しています。しかし，少しずつ震災復興が進んで，2016年に再び貿易収支は黒字となりました。

日本のおもな貿易相手国

日本の貿易は原材料を輸入して工業製品に加工して輸出する，**加工貿易**が基本です。近年は，国際分業が進んで，機械類の輸入額が増えていますが，依然として加工貿易の性格があることに変わりはありません。そのため，輸入相手国には，

DB p.135③

(財)

品　目	輸入額	輸入相手国および金額による割合(%)				
牛肉	3 839	オーストラリア 49.2	アメリカ 43.1	ニュージーランド 2.9	カナダ 2.7	メキシコ 1.9
豚肉	4 868	アメリカ 28.3	カナダ 24.0	スペイン 12.1	デンマーク 11.6	メキシコ 9.7
小麦	1 811	アメリカ 48.3	カナダ 33.2	オーストラリア 16.7	ウクライナ 1.0	ロシア 0.6
とうもろこし(含飼料用)	3 722	アメリカ 91.9	ブラジル 4.6	南アフリカ 2.1	ロシア 0.5	アルゼンチン 0.3
大豆	1 701	アメリカ 69.1	ブラジル 15.8	カナダ 13.4	中国 1.6	インド 0.0
パルプ	1 702	アメリカ 35.7	カナダ 22.5	ブラジル 14.0	チリ 8.0	ロシア 4.1
羊毛	145	中国 60.7	オーストラリア 15.9	(台湾) 12.1	ニュージーランド 3.7	ウルグアイ 3.0
綿花	177	アメリカ 36.5	オーストラリア 14.0	ブラジル 11.6	ギリシャ 9.7	インド 9.6
鉄鉱石	10 296	オーストラリア 49.6	ブラジル 31.1	カナダ 6.6	南アフリカ 3.7	チリ 2.1
銅鉱	10 407	チリ 39.1	インドネシア 16.1	オーストラリア 14.0	ペルー 12.5	カナダ 7.6
石炭	28 121	オーストラリア 61.6	インドネシア 12.4	ロシア 9.4	アメリカ 7.0	カナダ 6.4
原油	89 063	サウジアラビア 38.7	アラブ首長国 25.6	カタール 7.9	クウェート 7.5	ロシア 4.9
石油製品	20 740	韓国 26.2	アラブ首長国 14.4	カタール 14.2	ロシア 6.5	アメリカ 6.2
液化天然ガス	47 389	オーストラリア 35.4	マレーシア 12.9	カタール 12.0	ロシア 7.6	アラブ首長国 6.3
有機化合物	19 379	中国 20.1	アメリカ 16.6	韓国 9.1	ドイツ 7.1	アイルランド 6.0
衣類と同付属品	33 067	中国 58.8	ベトナム 13.9	バングラデシュ 3.8	インドネシア 3.7	カンボジア 3.6
鉄鋼	10 188	韓国 33.2	中国 19.0	(台湾) 9.3	カザフスタン 6.9	南アフリカ 4.6
アルミニウムと同合金	8 202	オーストラリア 16.1	ロシア 16.1	中国 15.4	アラブ首長国 10.2	ニュージーランド 6.4
電算機類(含周辺機器)	20 290	中国 73.9	タイ 5.0	アメリカ 4.8	シンガポール 3.1	(台湾) 2.8
電算機類の部品	5 030	中国 68.3	(台湾) 6.3	韓国 4.7	タイ 3.3	フィリピン 3.3
自動車(1)	14 284	ドイツ 48.8	イギリス 11.1	アメリカ 7.0	イタリア 5.1	南アフリカ 4.5
合計(その他共)	**827 033**					

⬆2　日本のおもな輸入品の輸入額・輸入相手国(2018年)(億円)

(1)乗用車，バス・トラック等を含む

オーストラリア，サウジアラビア，アラブ首長国，インドネシアなど，燃料資源や工業原料を日本に供給する国が多くなっています(**表2**)。

機械類の輸入が増加したのは利益の最大化をめざすため，低賃金労働力を求めて製造部門を海外に移す企業移転が増えたからです。その結果，近年は，現地で生産された工業製品を輸入するようになっています。つまり，加工貿易国でありながら，機械類や部品類の輸入額も増加しています。中国，タイ，フィリピン，アメリカ，韓国などがおもな輸入相手国です。それを地域別貿易額でみると，アジアが増加傾向にあり，2000年には約4割だったのが，2017年には約5割に増加しています。中国からの輸入額の増大が要因です。

日本のおもな輸入品目

日本の輸入は，機械類を筆頭に，原油や液化天然ガスなどのエネルギー資源のほか，衣類，医薬品が多くなっています(**表2**)。品目別に輸入相手国をみてみると，牛肉や豚肉などの肉類や，小麦，大豆などはほとんどをアメリカとカナダから輸入しています。また，とうもろこしや大豆などはアメリカに加え，ブラジルからの輸入が多くなっています。製造業に欠かせない鉄鉱石や石炭，液化天然ガスなどの鉱産資源やアルミニウムはオーストラリアから，衣類は中国とベトナムなどの東南アジアからの割合が高くなっています。

データブック オブ・ザ・ワールド ▶ p.136

企業・投資・経済協力

① 世界の企業ランキング

自動車は先進国の基幹産業！

企業の規模をあらわすには，株価の時価総額，純利益，従業員数，売上高などいろんな尺度があります。右ページの「世界の企業ランキング」をみてみましょう。これはアメリカの『フォーチュン』誌が，年に一度発表している，世界の企業を売上高でランク付けしたものです。

石油関連企業が強い！

表1上の2018年の上位企業の業種をみると，**石油精製**関連の企業が上位にランクインしています。中国の中国石油化工集団公司（シノペック），中国石油天然気集団公司（ペトロチャイナ）や，オイルメジャーのオランダのロイヤルダッチシェル，アメリカのエクソンモービル，イギリスのBPなどです。オイルメジャーは第二次世界大戦後から1970年代まで世界の石油生産をほぼ独占していました（→p.104「世界の石油」）。

石油の需要は第二次世界大戦後に急激に増加しています。オイルメジャーはカルテルを結び，石油需要の予測と生産割当を行い，石油価格の安定化をはかりました。1973年には第一次オイルショックで，セブンシスターズの石油価格支配力が著しく低下しています。セブンシスターズとは，かつての石油メジャー7社の総称です。

『データブック』での掲載は上位50企業までですが，100企業までをみると，世界最大級の産油量を誇るロシアからは，ガスプロム，ルクオイル，ロスネフチなどがランクインしています。**表1**下の1989年のランキング表と比較すると，上位に登場する企業は全体的に売上高が増加しています。冷戦の終結，世界人口の増加によって市場が拡大したことが背景にあります。エレクトロニクス関連の企業は上位から消え，代わってウォルマート（小売）やアップル（コンピュータ・事務機器）のほか，50位までには中国系企業がランクインしてきています。

自動車は先進国の基幹産業

先進国の輸出品目をみると，ほとんどの国で**自動車**関連の企業が上位を占めています。日本もそうですが，いまや自動車は一国経済を支える基幹産業になって

DB p.136

Fortune Global 500 2019/プレジデント1990(原資料フォーチュン)

売上順位	社名 (本社所在地)	業種	売上高(百万ドル)	純利益(百万ドル)
1	Walmart (ベントンヴィル, アーカンソー州)	小売	514 405	6 670
2	Sinopec Group (中国石油化工集団公司) (北京, 中国)	石油精製	414 650	5 845
3	Royal Dutch Shell (ハーグ, オランダ)	石油精製	396 556	23 352
4	China National Petroleum (中国石油天然気集団公司, 北京)	石油精製	392 977	2 271
5	State Grid (国家電網公司) (北京, 中国)	電力配送	387 056	8 175
6	Saudi Aramco (ザフラーン, サウジアラビア)	石油・ガス	355 905	110 975
7	BP (ロンドン, イギリス)	石油精製	303 738	9 383
8	Exxon Mobil (アーヴィング, テキサス州)	石油精製	290 212	20 840
9	Volkswagen (ヴォルフスブルク, ドイツ)	自動車・自動車部品	278 342	14 323
10	トヨタ自動車 (豊田市, 愛知県)	自動車・自動車部品	272 612	16 982
11	Apple (クパチーノ, カリフォルニア州)	コンピュータ・事務機器	265 595	59 531
12	Berkshire Hathaway (オマハ, ネブラスカ州)	保険・持株会社	247 837	4 021
13	Amazon.com (シアトル, ワシントン州)	インターネットサービス・小売	232 887	10 073
14	UnitedHealth Group (ミネトンカ, ミネソタ州)	ヘルスケア・保険	226 247	11 986
15	Samsung Electronics (サムスン電子) (スウォン, 韓国)	電気・電子機器	221 579	39 895
1	General Motors (デトロイト, ミシガン州)	自動車・自動車部品	126 974	4 224
2	Ford Motor (ディアボーン, ミシガン州)	自動車・自動車部品	96 933	3 835
3	Exxon (ニューヨーク)	石油精製	86 656	3 510
4	Royal Dutch/Shell Group (ロンドン/ハーグ)	石油精製	85 528	6 483
5	International Business Machines (アーモンク, ニューヨーク州)	コンピュータ	63 438	3 758
6	トヨタ自動車 (豊田市, 愛知県)	自動車・自動車部品	60 444	2 631
7	General Electric (フェアフィールド, コネティカット州)	エレクトロニクス	55 264	3 939
8	Mobil (ニューヨーク)	石油精製	50 976	1 809
9	日立製作所 (東京)	エレクトロニクス	50 894	1 447
10	British Petroleum (ロンドン)	石油精製	49 484	3 499
11	IRI (イタリア産業復興機関) (ローマ)	金属	49 077	1 178
12	松下電器産業 (大阪)	エレクトロニクス	43 086	1 664
13	Daimler-Benz (シュツットガルト, ドイツ)	自動車・自動車部品	40 616	3 585
14	Philip Morris (ニューヨーク)	食品	39 069	2 946
15	Fiat (トリノ, イタリア)	自動車・自動車部品	36 741	2 411

⬆1 世界の企業ランキング(1～15位)(上:2018年, 下:1989年)

います(→p.132「自動車の生産」)。自動車産業は部品企業や販売企業を傘下にかかえているため，雇用対策に大きく貢献しています。

ガソリン自動車の元祖といえば，ドイツのベンツやダイムラーですが，自動車を一般車として世界に広めたのはフォードモーターです。アイルランド系アメリカ人のヘンリー・フォードが創設した自動車企業で，それまでは完全受注生産だったのを，大量生産することで価格を下げることに成功し，自動車の大衆化を実現しました。そのときの開発車がフォード・モデルTという車です。1989年のランキングで業種が自動車・自動車部品となっている企業はトップ15内に5社ありましたが，2018年では2社だけです。このように企業の栄枯盛衰は激しく，30年間に約7割の企業が入れ替わっていることがわかります。

データブック オブ・ザ・ワールド ▶ p.137

② 日本企業の海外進出

企業・投資・経済協力

日本企業の進出先はアジアが最大！

DB p.137❶

海外進出企業総覧2019

地域名	現地法人数	国・地域名	現地法人数	国・地域名	現地法人数	国・地域名	現地法人数
世界計	**31 574**	中国	6 846	マレーシア	1 009	オランダ	512
アジア	19 704	アメリカ	4 038	韓国	972	ブラジル	456
中近東	242	タイ	2 574	イギリス	972	フランス	437
アフリカ	202	シンガポール	1 474	インド	891	カナダ	357
ヨーロッパ	4 716	インドネシア	1 333	ドイツ	863	イタリア	265
アングロアメリカ	4 395	(香港)	1 307	フィリピン	622	スペイン	206
ラテンアメリカ	1 535	ベトナム	1 156	オーストラリア	610	ロシア	184
オセアニア	780	(台湾)	1 128	メキシコ	588	ベルギー	178

㈱日本企業の出資比率合計が10%以上の現地法人，及び海外支店・事務所の集計

⬆1　**日本の海外進出企業**（全産業，現地法人数）（2018年）

企業の存続は，大きな利益を得ること，そして生産費，つまりコストをどれだけ下げることができるかにかかっています。コストには人件費や材料費などの変動費だけでなく，土地代などの固定費，つまり維持費も含まれます。企業はそれぞれの業態に合わせて，最も有利な立地を熟慮していくのです。自動車や機械類を生産，提供する製造業は労働集約的傾向が強いため，賃金水準と土地代がより安く，原材料を安価に調達できる場所に立地していきます。さらに，日本では高齢化が進行し，市場の縮小，つまり，多くの分野で国内需要が縮小の傾向に向かっています。そのため，どの企業も，海外需要を取り込もうと知恵を絞っています。

日本企業の進出先はアジア！

日本企業の**海外現地法人数**は約3万社にのぼります（**表1**）。約6割がアジアで，以下，ヨーロッパ，アングロアメリカ，ラテンアメリカと続いています。アフリカは，人口は多いのですが経済水準が低いため，魅力のある市場にはなっていません。また，オセアニアでは，オーストラリアやニュージーランドの人口が少なく市場が小さいこと，また，人件費が高いため，企業進出の対象とはなりにくいのです。アジアのなかで最も多いのは，もちろん中国です。次いで，タイ，シンガポール，香港，インドネシア，台湾と続いています。中国への企業進出が多いのは，安価で豊富な労働力があるため人件費が抑えられること，また，中国国内での原材料の調達が容易であること，さらに，購買層が年々増加していることなど，メリットがたくさんあるからです。

DB p.137❷

海外進出企業総覧2019ほか

地域・業種		1990	2000	2010		2018	
		従業者数	従業者数	従業者数	派遣者数	従業者数	派遣者数
合計		**1 892 601**	**3 237 248**	**3 759 479**	**37 778**	**4 634 274**	**37 998**
国別	中国	62 788	566 728	1 220 771	10 852	991 276	9 181
	タイ	159 141	344 918	466 879	4 515	568 209	5 451
	アメリカ	477 083	651 094	383 105	6 854	509 030	6 107
	ベトナム	400	226 431	202 639	950	369 705	1 808
	インドネシア	80 112	253 474	234 523	1 409	323 754	2 293
業種別	製造業	922 250	2 573 170	2 926 119	19 468	3 361 161	17 866
	食料品	28 463	107 747	126 641	655	151 025	563
	繊維・衣服	55 559	198 062	116 581	624	95 370	477
	化学	52 429	129 373	151 842	2 163	207 547	2 122
	鉄鋼	39 994	41 584	64 735	474	67 737	401
	機械	53 956	135 742	216 437	2 177	334 758	2 151
	電気機器	307 039	845 130	1 047 718	5 320	909 833	3 229
	輸送機器	149 976	543 352	689 119	3 876	992 441	5 371
	精密機器	21 997	69 512	111 329	503	108 008	371
	商業	136 034	308 163	536 163	12 539	744 293	13 380
	金融・保険	…	57 201	77 184	1 540	167 439	1 695
	サービス	29 068	110 781	149 888	2 788	234 348	3 179

⬆2 日本の海外現地法人の従業者数・日本からの派遣者数(全産業)(人)

しかし，近年の中国は，経済発展によって賃金が高くなり，利潤率が下がっているため，ベトナムやタイ，インドネシア，カンボジア，ミャンマーなどへの企業の再移転が増えています(**表2**)。ベトナムへは小売・サービス業などの非製造業，フィリピンへは自動車産業などの製造業の転出が多くなっています。また，タイへの進出は，賃金の安さだけでなく東南アジアの中継地としての利便性の高さも理由にあり，アジアのなかでは中国に次いで多くなっています。

東南アジアでは，国どうしの物流の連携をはかるために，タイ，ミャンマー，カンボジアを結ぶ高速道路の建設が進められています。また，ASEAN諸国は連携をさらに強めるために2015年に**ASEAN経済共同体(AEC)**を発足させました。関税を撤廃し，サービスや投資の自由化などをはかることを目的にしています。

進出している業種は？

海外に進出している日系企業の支社も含めた拠点数は約7万5000で，中国がその半数を占めています。次いで，アメリカ，インド，タイと続いています。業種を製造業にしぼってみると，従業者数が最も多いのが自動車や自動二輪車などの輸送機器です(**表2**)。近年，アジア各国の経済成長によって自動車購買層が拡大したことが背景にあります。

データブック オブ・ザ・ワールド▶p.138

企業・投資・経済協力

③ 対外・対内直接投資

対外・対内とも直接投資額はアメリカが最大⁉

直接投資とは，企業や個人が事業活動をするために投資することで，**間接投資**とは，機関投資家が利子や配当を得るために投資することをいいます。機関投資家とは，個人が投資した証券を運用する企業のことで，保険会社や信託銀行などがあります。

対外直接投資とは，企業や個人が海外の企業に対し直接投資を行うことで，海外企業の株式を取得して経営に参加したり，用地を買収して工場を建設して生産拠点にしたりして事業活動を展開することです。対外直接投資を行う企業は，国境をこえて世界規模で事業活動を展開するため，**多国籍企業**とよばれています。莫大な資本力を背景に複数の国に生産から販売までの拠点を置いて活動していることから，世界企業，国際企業とよばれることもあります。

反対に，対内直接投資とは，外国企業や外国人などがその国に直接投資を行うこと，例えば，外国企業や個人が日本に直接投資をするのは，対日直接投資といいます。

多国籍企業が多いアメリカ

2017年まで対外直接投資額が最も多いのはアメリカという状態が続いてきました(**表1**)。つまり，多国籍企業が一番多いのがアメリカで，オイルメジャーを皮切りに1950年代後半から続々生まれています。それがあまりに激しくなったため，「アメリカ企業＝多国籍企業」というイメージでとらえられるようになりました。続いて，1960年代後半からはヨーロッパ企業も多国籍化していきます。また，70年代に入ると日本やドイツも加わり，その結果，世界各国で企業買収が進みました。さらに，先行のアメリカやヨーロッパ諸国の企業が，日本やドイツの企業に買収されるという案件がみられるようになりました。

日本企業の多国籍化は，特に自動車メーカーにとっては，アメリカに市場を拡大するための絶対条件でした。近年は，中国やインドなど新興の人口大国のほか，東南アジア諸国での現地生産も盛んになっています。これからの日本は人口減少が続くと予想されているため，**国内総生産**(GDP)を基礎とした経済成長ではなく，海外からの収入を含めた**国民総所得**(GNI)を高めようとしています。それに

DB p.138❶ ジェトロ世界貿易投資報告2019

国・地域名	2017	2018	構成比
日本	160 449	143 161	14.1
中国	158 290	129 830	12.8
フランス	41 257	102 421	10.1
(香港)	86 704	85 162	8.4
ドイツ	91 799	77 076	7.6
オランダ	28 026	58 983	5.8
カナダ	79 824	50 455	5.0
イギリス	117 544	49 880	4.9
韓国	34 069	38 917	3.8
シンガポール	43 696	37 143	3.7
ロシア	34 153	36 445	3.6
スペイン	39 964	31 620	3.1
スイス	−34 916	26 928	…
イタリア	25 673	20 576	2.0
スウェーデン	22 764	20 028	2.0
(台湾)	11 552	18 024	1.8
タイ	17 064	17 714	1.7
アメリカ	300 378	−63 550	…
先進国	**925 332**	**558 444**	**55.1**
途上国	**500 107**	**455 728**	**44.9**
世界計	**1 425 439**	**1 014 172**	**100.0**

⬆1 **おもな国の対外直接投資**(百万ドル)

DB p.138❷ ジェトロ世界貿易投資報告2019

国・地域名	2017	2018	構成比
アメリカ	277 258	251 814	19.4
中国	134 063	139 043	10.7
(香港)	110 685	115 662	8.9
シンガポール	75 723	77 646	6.0
オランダ	58 189	69 659	5.4
イギリス	101 238	64 487	5.0
ブラジル	67 583	61 223	4.7
オーストラリア	42 294	60 438	4.7
スペイン	20 918	43 591	3.4
インド	39 904	42 286	3.3
カナダ	24 832	39 625	3.1
フランス	29 802	37 294	2.9
メキシコ	32 091	31 604	2.4
ドイツ	36 931	25 706	2.0
イタリア	21 969	24 276	1.9
インドネシア	20 579	21 980	1.7
イスラエル	18 169	21 803	1.7
ベトナム	14 100	15 500	1.2
先進国	**759 256**	**556 892**	**42.9**
途上国	**738 115**	**740 261**	**57.1**
世界計	**1 497 371**	**1 297 153**	**100.0**

⬆2 **おもな国の対内直接投資**(百万ドル)

は海外進出が欠かせなく，2000年と比較すると，対外直接投資額は5倍近くも増加しています。

巨大な国内市場を背景に対内直接投資の多いアメリカ

対内直接投資額が最も多いのは，やはりアメリカです(**表2**)。先進国の多くの企業がアメリカで事業活動を展開しています。アメリカは3億人をこえる人口大国で，経済水準が高く，鉱産資源が豊富です。また国土面積が広く，巨大な国内市場をもっています。さらに，輸送の面でも，国土の東部，南部，西部が外洋に面しているという地理的有利性ももち合わせています。

先進国にとって，中国へ直接投資をする魅力はその労働力の安さでした。それが2000年代に入ると驚異的な経済成長をみせ，2010年以降は横ばい状態が続いているとはいえ，経済成長によって賃金水準が上昇し，外国企業にとって中国での経済活動にメリットがなくなってきています。その結果，外国企業の中国からの再移転，転出が多くなっています。

日本の対内直接投資額は99億ドル(2018年)と少なく，アメリカの20分の1もありません。そのため，外国企業が事業活動をしやすい環境づくりを急いでいて，例えば，「日本再興戦略」(JAPAN is BACK)など，海外資本や技術の誘致計画を進めようとしています。

④ 世界の経済協力

企業・投資・経済協力

日本の経済協力支出額はトップクラス

DB p.139❶

OECD資料 2019

供与国	2017	ODA		民間資金・NGO等	供与国	2017	ODA		民間資金・NGO等
		総額	対GNI %				総額	対GNI %	
アメリカ	172 871	34 732	0.18	138 107	ベルギー	7 728	2 196	0.45	5 871
ドイツ	49 517	25 005	0.67	24 863	スウェーデン	7 041	5 563	1.02	2 130
日本	37 699	11 463	0.23	27 608	デンマーク	5 980	2 448	0.74	2 836
オランダ	35 700	4 958	0.60	32 214	カナダ	4 348	4 305	0.26	－461
フランス	23 120	11 331	0.43	11 807	ノルウェー	4 001	4 125	0.99	…
イギリス	17 735	18 103	0.70	…	フィンランド	3 704	1 084	0.42	2 551
スイス	16 813	3 138	0.46	13 133	スペイン	2 599	2 560	0.19	…
イタリア	14 791	5 858	0.30	7 454	ポルトガル	2 149	381	0.18	1 836
韓国	10 882	2 201	0.14	7 717	オーストリア	2 105	1 251	0.30	880

⬆1　**経済協力支出額**（百万ドル）（支出純額ベース）

㈲ODA＝政府開発援助　　支出純額＝支出総額－回収額

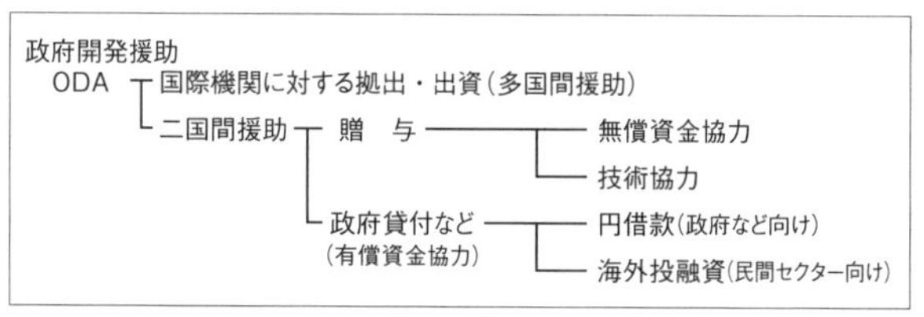

⬅2　**ODAの仕組み**

経済協力開発機構（OECD）の下部機関に開発援助委員会（DAC：Development Assistance Committee）があります。OECD加盟36か国と欧州連合（EU）によって構成され，発展途上国への開発援助を進めることを目的に組織されています。経済協力とは，先進国が発展途上国に行う経済援助のことをさします。OECDは，第二次世界大戦直後の1948年に，荒廃したヨーロッパ諸国の復興のためにつくられた欧州経済協力機構（OEEC）を基盤に1961年に生まれています。1960年は「**アフリカの年**」とよばれ，アフリカ諸国が次々と独立を果たしますが，先進諸国との経済格差は広がるばかりで，発展途上国に対する経済協力の重要性がさけばれるようになりました。

政府開発援助（ODA）を通した経済協力

政府主導で行われる経済協力に，**政府開発援助**（**ODA**）があり（**図2**），二国間で行われる二国間援助と国際機関を通じた多国間援助があります。二国間援助には，贈与（無償で提供される協力）と政府貸付の2種類があり，さらに贈与には，無償資金協力と技術協力があります。**無償資金協力**は，発展途上国に返済義務を課す

DB p.139②

World Development Indicators

受取国	受取額	OECD開発援助委員会(DAC)加盟国からの供与							対外債務残高	DSR%
		DAC計	1位国名	供与額	2位国名	供与額	3位国名	供与額		
シリア	10 361	2 920	ドイツ	824	アメリカ	637	イギリス	475	4 605	…
エチオピア	4 118	2 419	アメリカ	877	イギリス	451	欧州連合	333	26 657	20.8
アフガニスタン	3 804	3 245	アメリカ	1 376	ドイツ	503	欧州連合	400	2 717	4.9
バングラデシュ	3 740	2 366	日本	461	アメリカ	244	イギリス	201	47 158	5.5
ナイジェリア	3 359	2 019	アメリカ	532	イギリス	431	欧州連合	156	39 770	6.8
イエメン	3 234	1 433	欧州連合	299	イギリス	171	ドイツ	130	7 193	…
トルコ	3 142	3 058	欧州連合	2 655	ドイツ	241	イギリス	129	456 174	40.2
インド	3 094	3 031	日本	1 008	欧州連合	301	ドイツ	223	511 484	10.1
ヨルダン	2 921	2 088	アメリカ	875	フランス	285	欧州連合	246	30 151	12.4
イラク	2 907	2 466	日本	619	アメリカ	415	ドイツ	365	…	…
タンザニア	2 584	1 554	アメリカ	500	イギリス	251	日本	193	18 397	8.4
ケニア	2 475	1 662	アメリカ	807	イギリス	181	欧州連合	147	26 830	14.6
ベトナム	2 376	1 611	日本	1 166	ドイツ	182	アメリカ	104	104 091	5.9
パキスタン	2 283	1 408	イギリス	624	アメリカ	609	日本	193	86 070	23.2
コンゴ民主	2 280	1 364	アメリカ	338	欧州連合	207	イギリス	175	5 126	3.4

(注)DAC計は返済額が減算されるため，供与国の計より小さくなる場合がある。
DSR：Debt Service Ratio 国家の対外債務返済能力を示す指標で，公的対外債務の年間返済額を総輸出額で割った比率。

⬆3 **発展途上国への援助資金の流れ**(百万ドル)(2017年)

ことなく資金を贈与することです。所得水準の低い国を対象にしていて，おもに社会資本の整備や衛生環境の改善などに使われています。**技術協力**は，発展途上国の経済成長に必要な人材育成を目的として，技術や技能を指導することです。所得水準が比較的高いために，無償資金協力の対象にならない国や地域に対して行われています。

また，政府貸付は，将来，返済されることを条件にした有償資金協力で，日本の場合でいえば**円借款**(えんしゃっかん)がそれにあたります。日本は民間資金が多いため，全体としての経済協力支出額は上位を占めています。その一方，国民総所得(GNI)に対する割合で見ると，OECDの開発援助委員会(DAC)加盟国29か国中18位(2017年)とかなり低くなっています(**表1**)。

経済協力の受け取り国

経済協力のおもな受け取り国として，南アジアやサブサハラアフリカ(サブは以南という意味で，サハラ砂漠より南のアフリカのこと)があります。1日を1.9ドル以下で暮らしている人の割合(国連統計による国際貧困ライン統計。日本円換算でおよそ200円)が突出して高く，5歳までに死亡する子供の割合(出生1000人当たり)も非常に高くなっています。**表3**にあるように援助資金は，シリア，エチオピア，アフガニスタン，バングラデシュなどで多く，アメリカやイギリス，ドイツ，欧州連合(EU)を中心に供与が行われています。日本は，バングラデシュ，インド，イラク，ベトナムなどへの供与が多くなっています。

データブック オブ・ザ・ワールド ▶ p.141

経済・生活・文化

① 日本人の海外旅行者数

海外旅行の基本は「安・近・短」

DB p.141④ 観光白書2019

訪問先(千人)	2015	2017
中国	2 498	2 680
韓国	1 838	2 311
(台湾)	1 586	1 899
(ハワイ)	1 482	1 588
タイ	1 349	1 544
アメリカ(1)	1 309	1 336
シンガポール	789	846
(香港)	633	813
ベトナム	671	798
(グアム)	773	621
ドイツ	647	585
フィリピン	496	584
インドネシア	550	573
フランス	682	484
スペイン	607	442
オーストラリア	336	435

(1)ハワイ, グアム, 北マリアナ諸島を除く

⬆1 日本人の海外旅行者数

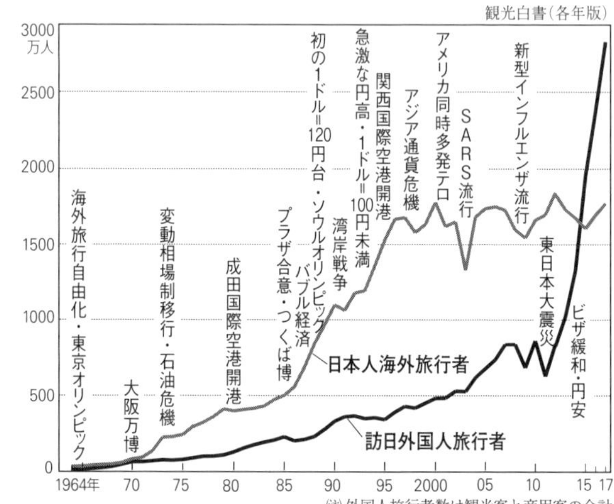

⬆2 日本人の海外旅行者と訪日外国人旅行者の推移

海外旅行者数の増減は，自国通貨が外国通貨に対して価値が高いか安いかという，**為替変動**(かわせ)に大きく左右されます。為替変動は，その国の経済水準が上昇したり，他国の経済成長によって相対的に低くなったりすることでおこります。日本は1985年の**プラザ合意**によって，1米ドル235円だった為替が1年間で1米ドル150円にまで切り上げられました。つまり，米ドルに対する価値がそれまでよりは高くなったわけで，1米ドル分の買い物をするために235円必要だったのが150円ですむようになります。外国のものを安く買うことができるため，輸入が伸びます。また，少ない円で多いドルと交換できるため海外旅行がしやすくなります。

1973年の第一次オイルショックによって高度経済成長が終わりましたが，安定成長期に入ってからも海外旅行者数は順調に増加していました(**図2**)。1980年代には横ばい状態で推移していましたが，プラザ合意によって円高が進行すると，1980年代後半から一気に増加します。1985年には494万人だったのが，1990年には1100万人と初めて1000万人をこえています。日本中がバブル景気に沸(わ)いていた時代です。

その後，1997年には消費税が3%から5%に増税され，2001年にはアメリカで同時多発テロがおき，2003年にはSARS（重症急性呼吸器症候群）が流行，イラク戦争がはじまって，一時的に海外旅行者数は減少します。しかし，ユネスコの世界遺産ブームもあって，少しずつ増加していきます。

海外旅行の基本は「安・近・短」

世界の国々と比較して，日本は祝日が非常に多い国です。しかし，有給休暇取得率が低く，まとまった休暇をとることは難しくなっています。そのため，海外旅行も，「安・近・短」つまり，費用が安く，日本から近く，滞在時間が短い，というのが基本条件です。渡航先は，中国や韓国，台湾，香港などの東アジアや，グアムやハワイなどが圧倒的に多く，次いでタイ，シンガポール，ベトナム，フィリピン，インドネシア，マレーシアなどの東南アジア諸国が多くなっています(**表1**)。いずれも，3時間から7時間程度で行くことができます。10時間以上かかるアメリカ本土や，フランス，ドイツ，スペインなどのヨーロッパ諸国への旅行者は，やや少なくなります。

DB p.141③ 法務省出入国管理統計

2018	千人	%	観光
総計	**27 055**	**100.0**	**24 635**
韓国	7 293	27.0	6 836
中国	5 838	21.6	5 378
(台湾)	4 393	16.2	4 238
(香港)(1)	2 088	7.7	2 047
アメリカ	1 424	5.3	1 052
タイ	1 095	4.0	1 035
オーストラリア	525	1.9	474
マレーシア	448	1.7	412
シンガポール	429	1.6	389
フィリピン	412	1.5	333
インドネシア	353	1.3	315
カナダ	308	1.1	266
イギリス	299	1.1	234
フランス	277	1.0	223
ドイツ	195	0.7	133

(1) 中国国籍のみ

⬆3 日本の短期滞在入国外国人数(国籍別)

訪日外国人旅行者のほとんどが東アジアから

日本を訪れる外国人旅行者数は，急増しています(**図2**)。2007年頃から増加し，2013年には1000万人を突破し，2017年には2800万人をこえています。この5年間に3倍近くに増加しました。**表3**の短期滞在の観光客をみると最も多いのが韓国で，中国，台湾，香港，アメリカ，タイと続いています。中国が増加しているのは，個人**観光ビザ**の発給要件が緩和されたこと，地方都市に直接乗り入れる航空便が増加したことなどが要因です。

また，近年は，タイやマレーシア，フィリピン，インドネシアなど，東南アジアからの旅行者が多くなっています。その理由としては，経済成長によって生活水準が向上したこと，2013年にインドネシア，フィリピン，ベトナムに対して日本のビザ発給が緩和されたこと，また，今後の旅行者増加を見込んで世界の航空会社がこぞって新規就航路線を開設したことがあげられます。外国人旅行者の約6割はリピーターとなっていて，名所旧跡の周遊型に加え，和食や温泉など，日本文化の体験型の観光に人気が集まっています。

データブック オブ・ザ・ワールド ▶ p.141

経済・生活・文化

② 観光客数と観光収入

観光業が主要な産業になっている国はどこ？

現在は，格安航空券とインターネットの登場で，個人でも簡単に海外旅行ができるようになりました。さらに，旅行各社の顧客獲得競争によってパッケージツアーも過当競争気味で，比較的安価に海外旅行ができるようになっています。安価になったといっても，海外旅行は生活水準の高い国の人々が中心であり，低い国の人々には難しいのが現状です。近年，発展途上国では観光収入による経済効果をねらって，観光客の誘致に力を入れています。

観光客数(入国者数)と観光収入

世界の海外旅行者数は，年間，延べ13億人をこえています。なかでも，フランスやスペイン，イタリア，ドイツ，イギリスなどのヨーロッパ諸国で多くなっています(**表1**)。いずれもEU加盟国で，**シェンゲン協定**によって，国境をこえるヒト・モノ・カネ・サービスの移動が自由化されているため，隣りの都道府県に行くような感覚で海外旅行ができるようになっています。ヨーロッパ，特に西ヨーロッパでは，海外旅行は長期休暇を利用して，「太陽の恵み」を求めて温暖な地中海域への旅行に人気があります。スペイン，イタリア，ギリシャ，北アフリカ，バルカン諸国は，ドイツやイギリスよりも1人当たり国民総所得(GNI)が低いこともあり，割安で旅行ができることも拍車をかけています。

バカンスという言葉には，フランス語で「空(から)っぽ」，「何もしない」という意味があり，もともとは貴族階級の慣習でした。それが20世紀に入って労働者階級にもとり入れられ，社会制度として定着しました。また，夏季には時刻を1時間早める**サマータイム**も導入しています。朝の時刻を早めることで日没までの活動時間を長くし，その分，余暇活動を充実させるということで導入されてきました(EUでは2021年に廃止予定)。

ほかに観光客数が多い国として，中国やメキシコ，タイ，トルコ，マレーシアなど，比較的経済水準の低い国が上位を占めています。いずれも観光資源を活かした観光立国をめざしていて，国内総生産(GDP)に占める観光収入の割合が高くなっています。発展途上国ほど観光業は重要な産業になっています。トルコは，ロシアからの観光客が多かったのですが，2015年にロシアとの関係が悪化し，

DB p.141⑤ World Development Indicatorsほか

2017	客数（千人）	%	収入（百万ドル）	%(1)
世界計	**1 341 457**	**100.0**	**1 525 677**	**6.7**
フランス	86 861	6.5	69 894	8.4
スペイン	81 786	6.1	68 437	15.1
アメリカ	76 941	5.7	251 361	10.7
中国	60 740	4.5	32 617	1.3
イタリア	58 253	4.3	44 548	7.3
メキシコ	39 291	2.9	22 467	5.1
イギリス	37 651	2.8	51 474	6.5
トルコ	37 601	2.8	31 870	15.2
ドイツ	37 452	2.8	56 173	3.2
タイ	35 592	2.7	62 158	20.0
オーストリア	29 460	2.2	22 408	10.0
日本	28 691	2.1	36 979	4.2
（香港）	27 884	2.1	38 039	5.9
ギリシャ	27 194	2.0	18 820	26.8
マレーシア	25 948	1.9	18 352	8.2

(1)商品および運輸・旅行などのサービス輸出に対する観光収入の割合

⬆1　観光客数と観光収入

DB p.141⑥ World Development Indicators

2017	海外旅行者数（千人）	%	観光支出（百万ドル）
世界計	**1 566 927**	**100.0**	**1 449 151**
中国	143 035	9.1	257 733
ドイツ	92 402	5.9	97 597
（香港）	91 304	5.8	25 388
アメリカ	87 703	5.6	173 919
イギリス	74 189	4.7	71 671
ポーランド	46 700	3.0	9 567
ロシア	39 629	2.5	35 585
カナダ	33 060	2.1	31 816
イタリア	31 805	2.0	27 883
マレーシア	(1)30 761	(1)3.4	10 699
フランス	29 055	1.9	50 329
韓国	26 496	1.7	33 354
ウクライナ	26 437	1.7	7 543
インド	23 943	1.5	21 856
日本	17 889	1.1	18 177

(1) 2004

⬆2　海外旅行者数と観光支出

トルコへの渡航が制限されたこともあってロシア人観光客が激減しています。日本と中国や韓国の場合もそうですが，旅行者数は国同士の政治・経済の関係に大きく影響されます。

海外旅行者数（出国者数）と観光支出

海外旅行者数が最も多いのは中国です（**表2**）。毎年，最高記録を更新していて，30年間に25倍まで増加しています。急速な経済成長によって個人消費が増加したことが背景にあり，今後も増加傾向が続くとみられています。香港は，750万を少し下回る程度の人口ですが，中国本土はもちろん，近くのマカオや台湾など，中国語圏への旅行者が多くなっています。

先述しましたが，ドイツやイギリスなど，ヨーロッパ諸国のなかで経済水準の高い国の旅行者は温暖な南ヨーロッパをめざす傾向があり，地中海や北アフリカへの旅行者数が増加しています。二か国とも，入国者数より出国者数の方が多く，観光収支は赤字です。ほかにEU加盟国以外では，アメリカの海外旅行者数が多くなっています。生活水準が高いため，海外旅行者が多いのも当然ですが，アメリカ自身が，西海岸やマイアミ，ニューヨーク，ロッキー山脈，ハワイなど，観光地に恵まれているため，国内旅行の方が人気があって，外国旅行といっても隣接するカナダやメキシコがほとんどを占めています。そんなアメリカですので，パスポートの保有率は40%程度です。日本も同様に保有者割合が低く，4人に1人しかパスポートをもっていません。

データブック オブ・ザ・ワールド ▶ p.143

③ おもな国の医療支出

日本の医師不足はほんとうか !?

経済・生活・文化

DB p.143❶

World Development Indicators

国名	医療費支出の対GDP比 %	うち公的支出	1人当たり医療費(ドル)	1000人当たり医師数(1)	1000人当たり病床数(2)
日本	10.9	83.6	4 233	2.4	13.4
韓国	7.3	59.2	2 044	2.3	11.5
中国	5.0	58.0	398	1.8	4.2
インドネシア	3.1	44.7	112	0.2	1.2
マレーシア	3.8	50.5	362	1.5	1.9
インド	3.7	25.4	63	0.8	0.7
イラン	8.1	54.5	415	1.5	1.5
トルコ	4.3	78.4	469	1.7	2.7
エジプト	4.6	29.3	131	0.8	1.6
イギリス	9.8	80.2	3 958	2.8	2.8
スウェーデン	10.9	83.5	5 711	4.2	2.6
スイス	12.2	62.8	9 836	4.2	4.7
ドイツ	11.1	84.7	4 714	4.2	8.3
フランス	11.5	82.9	4 263	3.2	6.5
イタリア	8.9	74.5	2 739	4.0	3.4
ポーランド	6.5	69.7	809	2.3	6.5
ウクライナ	6.7	42.4	141	3.0	8.8
ロシア	5.3	57.0	469	4.0	8.2
アメリカ	17.1	81.8	9 870	2.6	2.9
カナダ	10.5	73.4	4 458	2.5	2.7
メキシコ	5.5	52.1	462	2.2	1.5
ブラジル	11.8	33.2	1 016	1.9	2.2
アルゼンチン	7.5	74.4	955	3.9	5.0
オーストラリア	9.3	68.3	5 002	3.5	3.8
ニュージーランド	9.2	78.7	3 745	3.1	2.8

(1)2012～16年のうち最新の数値　(2)2011～15年のうち最新の数値

⬆1　おもな国の医療支出・医師数・病床数(2016年)

World Development Indicators

女性			男性		
順	国・地域名	平均寿命	順	国・地域名	平均寿命
1	(香港)	87.3	1	(香港)	81.3
2	日本	87.1	2	日本	81.0
3	スペイン	85.7	3	ノルウェー	80.9
4	フランス	85.5	3	リヒテンシュタイン	80.9
5	韓国	85.2	4	スイス	80.8

⬆2　世界平均寿命ランキング(2016年)

世界の**平均寿命**のランキングでは，長らく日本がトップを独占していました。2016年は男女ともに香港が1位です(**表2**)。といっても上位国にそれほど大きな差があるわけではなく，全体的に世界の平均寿命は高くなっています。ある年齢の人があと何年生きられるかという期待値を平均余命といいますが，当然，年齢によって違っていて，特に，0歳の人の平均余命を平均寿命といっています。

日本の医療現場で何がおきている？

日本の医療現場は非常に過酷だといわれています。日本は世界でもトップクラスの長寿国で，医療技術の発達，医薬品の普及，衛生環境や栄養状態の向上によって，年々，平均寿命がのびています。一方，人口1000人当たりの医師数をみると(**表1**)，アメリカ2.6人，ドイツ4.2人，フランス3.2人，イギリス2.8人，スイス4.2人に対して，日本の2.4人は先進国のなかでは非常に低い水準にあります。さらに，「1000人当たり医師数」と「1000人当たり病床数」から「1000病床当たり医師数」を割り出してみると，日本はわずかに0.18人で，イギリス1.00，アメリカ0.90，スイス0.89，ドイツの0.51，フランスの0.49に比べて，圧倒的に少ないことがわかります。OECD加盟国の1000人当たり医師数の平均2.8人と比べても低く，実数にして，日本は医師が約12万人不足していると考えられます(→p.186「都道府県別にみる年齢別人口構成と医療環境」)。

一方，**医療費**支出の対GDP比は，およそ10%で，OECD加盟国のなかでは高くなっています。近年の高齢者数の増加が原因で，医療費が増加している結果です。また，以前はOECDの最新基準を採用していなかったのが，最新基準を適用すると高い値を示すようになっています。そのうち，日本は8割以上が公的支出，つまり，日本政府が負担していて，ドイツやフランス，スイスなどと比較すると割合が高くなっています。公的支出の割合が低い国ほど，1人当たり医療費が高くなります。

アメリカの医療費が高い理由

日本は国民皆保険制度があって，国民全員が国民健康保険などなんらかの公的医療保険に加入しています。国民の医療費は国民みんなで負担しようという制度です。そのため，病院で支払う医療費は2割あるいは3割負担ですませることができます。アメリカには，そうした国民皆保険制度がなく，低所得者や高齢者向けの保険はあっても，ほとんどの人は公的保険に加入していません。そのため，民間の医療保険に加入するのですが，この保険料が高いため支払えない人がたくさんいます。

無保険生活者は2010年代初めには15%にのぼっていました。それが，「オバマケア」とよばれる医療保険制度改革によって国民に医療保険への加入を義務づけ，低所得者向け公的保険の加入対象者を拡大しようとしたのです。その結果，2016年には8%台にまで回復しています。しかし，従業員に福利厚生として医療保険をかけている企業が多く，「国民皆保険制度によって保険料の負担が増えるのに，個人で加入する保険よりも質が下がる」として，オバマケアには反対の声が大きかったといわれています。

アメリカでは医療ビジネスが進んでいて，医療費の基準を市場原理にゆだねてきたため，医療費が非常に高くなってしまいました。これが公的支出の割合が低い原因となっています(2016年は高かったが，2015年は48.3，2017年は50.2と基本的に低い水準にあります)。このように医療費が高すぎるために，オバマケアも「焼け石に水」といった状態です。その後，トランプ前政権はオバマケアを廃止しようとしましたが，与党の共和党内からも反対の声があって廃止法案は否決されています。

データブック オブ・ザ・ワールド ▶ p.144

④ 日本の小売業

販売額をのばすコンビニエンスストア！

DB p.144②

平成26年 商業統計

2014	事業所数	従業者数(千人)	年間商品販売額(億円)	売場面積(万㎡)	年間商品販売額の構成比（%） 商業集積地区 駅周辺型	市街地型	住宅地背景型	ロードサイド型	その他	オフィス街地区	住宅地区	工業地区	その他地区
小売業計	**775 196**	**5 811**	**1 221 767**	**13 485**	**14.6**	**7.3**	**7.8**	**6.4**	**0.7**	**12.1**	**22.2**	**14.7**	**14.3**
百貨店	195	67	49 226	476	**58.4**	30.3	2.8	1.6	0.3	6.4	…	0.1	…
総合スーパー	1 413	266	60 138	1 255	22.7	11.3	14.6	**27.4**	1.7	4.7	6.4	6.6	4.7
専門スーパー	32 074	1 092	223 685	4 204	10.9	4.4	10.0	7.9	0.8	8.3	**29.6**	15.6	12.6
コンビニエンスストア	35 096	538	64 805	434	11.7	3.7	6.5	1.8	0.5	13.8	**30.4**	10.6	21.0
広義ドラッグストア	14 554	187	43 003	712	14.1	4.9	8.7	5.1	0.5	9.1	**35.9**	11.7	9.9
その他スーパー	45 154	331	45 375	708	19.2	6.6	9.5	7.8	1.2	7.4	**24.6**	10.6	13.2
専門店(1)	**430 158**	**2 087**	**431 576**	**2 965**	11.2	6.6	7.3	4.6	0.7	14.6	**22.1**	15.7	17.3
家電大型専門店	2 382	81	44 585	650	**22.2**	10.4	5.7	8.6	0.4	11.9	15.1	19.5	6.3
中心店(2)	190 773	976	192 998	2 057	13.3	6.9	7.2	6.0	0.8	10.8	**19.5**	17.6	17.9
その他	23 397	185	66 376	…	7.6	5.2	4.6	1.2	0.2	**26.4**	…	20.5	…

(1)衣・食・住いずれかの専門の商品の割合が90%以上　(2)衣・食・住いずれかの専門の商品の割合が50%以上

⬆1　日本の小売業の業態別事業所数・従業者数・年間商品販売額・売場面積

卸売業者は複数の小売業者に商品を販売するため，小売業よりも**商圏**が広くなり，年間販売額は卸売業の方が大きくなります。しかし，店舗数と就業者数は小売業の方が多くなります。小売業は，店舗数が減少傾向にありますが，売り場面積は増加傾向にあり，店舗の大型化が進んでいます。

小売業のうち，最終消費者がおもに購入する業態として，スーパーマーケット(スーパー)，百貨店，コンビニエンスストア(コンビニ)があります。最も販売額が大きいのはスーパーです。2000年くらいまでは増加傾向にありましたが，それ以降は横ばい状態で推移していて，次いで，コンビニ，百貨店と続いています(**表1**)。百貨店は，バブル期の消費者の高級指向を背景に販売額をのばしましたが，バブル崩壊とともに販売額は減少を続け，2008年頃からはコンビニを下回っています(**図2**)。

モータリゼーションの進展とロードサイド店の増加

小売業の店舗は大型化の傾向があり，特に，スーパーでその傾向が強くなっています。**スーパー**とは，「マーケット(市場)をこえる(スーパー)規模」という意味で，特定の品物を専門的に扱うのではなく，商品の種類を数多く取りそろえることで，集客数を増やすことを目的にしています。伝統的な既存の商店街で買い物をする場合は，八百屋，肉屋，米屋など，店舗をいくつも回って購入しなければ

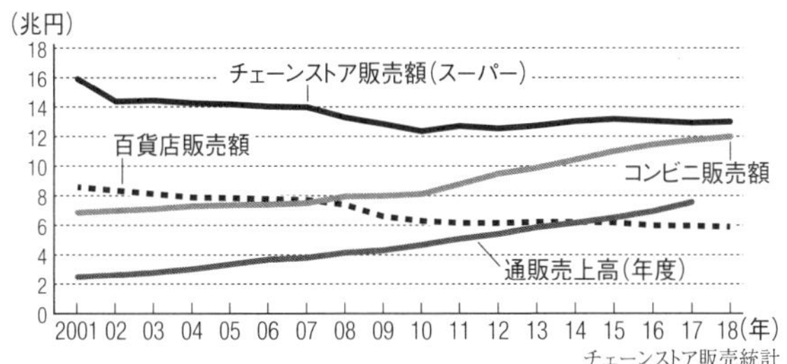

⬆2　スーパー・コンビニ・百貨店・通販の販売額推移

DB p.144⑤

年	店舗数	商品販売額（億円）	終日営業店舗数
1985	29 236	33 829	2 934
1988	34 550	50 125	5 931
1991	41 847	69 849	9 627
1994	48 405	83 353	13 173
1997	36 631	52 234	20 535
1999	39 628	61 349	25 920
2004	42 738	69 222	34 453
2007	43 684	70 069	36 808
2014	**35 096**	**64 805**	**30 244**

日本標準産業分類の改訂により，2014年は2007年以前とは接続しない。

➡3　コンビニエンスストアの店舗数

なりませんが，スーパーに行けばなんでもそろっています。こうした購入形態を**ワンストップショッピング**といいます。

スーパーの登場は既存の商店街の客足を奪い，古くからの商店街の衰退をまねいています。スーパーは売り場面積を増やすために，地価の安い郊外の幹線道路沿いに大型店舗を構えています。**モータリゼーション**の進展によって，買い物に自動車を使うのが当たり前になった時代に適応したのです。

生活スタイルの変化とコンビニの売上増加

1990年以降の商店数，年間販売額の推移を追うと，百貨店や専門性の高い中小零細店の衰退が目立ちます。代わって販売額をのばしたのが**コンビニ**でした(**図2**，**表3**)。2000年の大規模小売店舗法の廃止によって規制緩和が進んだことが大きな要因ですが，単身世帯の増加や女性の社会進出など，生活様式の変化に対し，コンビニは24時間営業で消費者の要求に応えました。

近年のコンビニは，特定の地域に集中して店舗を出店する**ドミナント戦略**を採用しています。コンビニは，商品を日常生活用品にしぼって取り扱っていることもあり，消費者と近い住宅地などの距離帯に立地していることが好ましいわけです。そのため，販売が見込める商圏内に集中して出店することで競合他社を抑え，市場シェアの向上をはかっています。

また，食品は鮮度・品質を保つため，配送時間をできるだけ短くしなければなりませんが，ドミナント戦略によってこれにも対応しています。さらに，本社からの定期的な情報交換もしやすいという利点があります。こうしてコンビニは店舗数と販売額を増やしてきました。

データブック オブ・ザ・ワールド ▶ p.145

⑤ 難民の発生国と受け入れ国

難民と国内避難民はどう違う？

DB p.145④

UNHCR資料

発生国	難民数	%	発生国	国内避難民数(1)	%	受入国	難民数	%
シリア	5 500 586	33.3	コロンビア	7 410 816	20.2	トルコ	2 869 421	17.4
アフガニスタン	2 488 701	15.1	シリア	6 325 978	17.3	パキスタン	1 352 560	8.2
南スーダン	1 436 651	8.7	イラク	3 604 285	9.8	レバノン	1 012 969	6.1
ソマリア	1 012 326	6.1	コンゴ民主	2 232 900	6.1	イラン	979 435	5.9
スーダン	646 053	3.9	スーダン	2 225 557	6.1	ウガンダ	940 835	5.7
コンゴ民主	537 265	3.2	ナイジェリア	2 075 424	5.7	エチオピア	791 631	4.8
中央アフリカ	490 892	3.0	イエメン	2 025 060	5.5	ヨルダン	685 197	4.1
エリトリア	431 782	2.6	南スーダン	1 853 924	5.1	ドイツ	669 482	4.0
ブルンジ	408 085	2.5	アフガニスタン	1 797 551	4.9	コンゴ民主	451 956	2.7
ベトナム	329 350	2.0	ソマリア	1 562 554	4.3	ケニア	451 099	2.7
イラク	308 019	1.9	ウクライナ	1 000 000	2.7	スーダン	421 466	2.5
ルワンダ	286 074	1.7	アゼルバイジャン	613 129	1.7	チャド	391 251	2.4
ウクライナ	238 808	1.4	パキスタン	448 956	1.2	カメルーン	348 672	2.1
中国	207 772	1.3	中央アフリカ	411 785	1.1	中国	317 255	1.9
世界計	**16 533 748**	**100.0**	**世界計**	**36 627 127**	**100.0**	**世界計**	**16 533 748**	**100.0**

(1)国境をこえなかった避難民のことで，UNHCRによって保護・援助されている避難民数

↑1 難民の発生国と受入国(2016年)(人)

難民とは，政治的対立による迫害や，武力紛争，また，強制立ち退きや，飢餓や自然災害によって暮らしていけなくなり，生命の安全を求めて国境をこえて移動する人々のことをいいます。2016年現在，世界には1600万人をこえる難民がいます(**表1**)。一方，同じ理由で移動するのですが，国境をこえない避難民を**国内避難民**とよんでいます。難民との違いは，国外へ脱出するか，国内の別の場所に避難するかの違いだけです。国内避難民の統計をとることは内政干渉もあって難しく，世界で3600万人をこえると推定されています。

世界最大の難民発生国シリア

2011年以来，シリア紛争は現在も続いていて国を逃れる難民があとを絶ちません。シリアは1946年にフランスから独立し，アラビア語を公用語に，イスラームを国教にしています。現在の大統領バッシャール・アサドの父親，ハーフィズ・アサドが軍事クーデターで大統領になったのは1971年のことです。以来，50年近くアサド家による独裁政治が続いています。同様に，エジプトやリビア，チュニジアでも，ムバラク，カダフィ，ベン・アリーの独裁政治が続いていましたが，「**アラブの春**」とよばれた民主化要求運動によって，いずれの独裁政権も崩壊しました。シリアでも反政府運動がおこり，それに対し，アサド政権は憲法改正を行

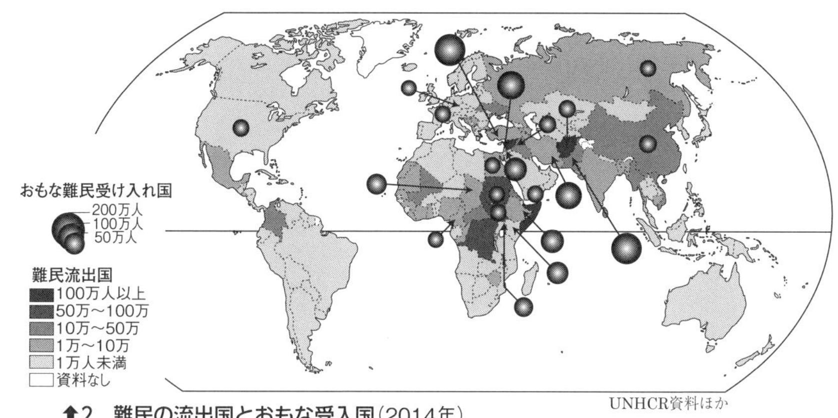

⬆2 難民の流出国とおもな受入国(2014年)

うなど民衆の声に応えようとしましたが，反政府運動は全国規模で広がり，その混乱のなかでシリア各地にたくさんの武装組織が生まれました。こうして反政府運動は武力化し内戦に広がっていきました。

アメリカやEUは反政府組織を支援し，シリア国外に避難していた反政府組織のイスラーム原理主義者たちもそれに呼応します。一方，欧米諸国の影響力が強まることを嫌ったロシアや中国，イランがアサド政権を支援したことで，内戦はシリア全土に拡大，長期化しました。その結果，難民は500万人をこえ，国内避難民が600万人をこえるまでにのぼっています。シリアの人口は約1700万人ですから，両者合わせると人口の7割近くにのぼるという驚くべき数字です。トルコ，レバノン，ヨルダンが**シリア難民**を受入れていますが，いずれも十分に受け入れる経済力がなく，難民生活は厳しくなってきています。

世界最大の国内避難民発生国コロンビア

世界で最も多くの国内避難民をかかえているのはコロンビアです。コロンビアでは，1960年代半ばから左翼ゲリラによる反政府活動が激しくなりました。大土地所有者や資本家による腐敗政治を打破しようとしたもので，1964年には反政府勢力のコロンビア革命軍が発足して内戦が激化し，以後，2017年までの約50年間に国内避難民は700万人をこえています。人口の7人に1人という割合です。その後，2016年に始まった政府とコロンビア革命軍との和平交渉で，2017年にコロンビア内戦は終結しています。しかし，避難民の状況は変わらず，医療や教育など公的サービスのない不安定な生活を余儀なくされています。さらに，2018年以降は，経済危機のベネズエラからの難民，移民が急増しています。

データブック オブ・ザ・ワールド ▶ p.146

① 日本の公害苦情件数

公害苦情，最も多いのは騒音！

DB p.146④

平成29年度 公害苦情調査結果報告書

年度	典型7公害							廃棄物投棄・その他	合　計
	大気汚染	水質汚濁	土壌汚染	地盤沈下	騒　音	振　動	悪　臭		
1970	12 911	8 913	67	11	22 568		14 997	3 966	**63 433**
1990	9 496	7 739	233	37	18 287	2 144	11 423	24 935	**74 294**
2000	26 013	8 272	308	31	13 505	1 640	14 013	20 099	**83 881**
2010	17 612	7 574	222	23	15 678	1 675	12 061	25 250	**80 095**
2017	14 450	6 161	166	23	15 743	1 831	9 063	20 678	**68 115**
（%）	21.2	9.0	0.2	0.0	23.1	2.7	13.3	30.4	**100.0**

⬆1　種類別公害苦情件数（件）

公害とは，大気や水質など環境が汚染，破壊されることで，限られた地域で発生し，被害者と加害者がはっきりしているのも一つの特徴です。日本で最初に公害が叫ばれたのは19世紀末期の足尾銅山鉱毒事件でした。古河鉱業の足尾銅山からの鉱毒の垂れ流し被害が渡良瀬（わたらせ）川流域におよんで，1970年代まで被害が続いていました。

高度経済成長期には全国で次々と発生し，水俣（みなまた）病，四日市ぜんそく，新潟水俣病，イタイイタイ病は**四大公害**とよばれて大きな社会問題になりました。それに対し，1967年には公害対策基本法が制定され，1971年には環境庁が発足（2001年に環境省に再編），1993年に制定された環境基本法によって，大気汚染，水質汚濁，土壌汚染，騒音，振動，地盤沈下，悪臭が**典型7公害**に指定されています。

騒音と大気汚染で6割以上

表1の種類別公害苦情件数の推移を1970年以降でみると，一番多いのが大気汚染で，1990年代後半に急増し，2000年には全体の3分の1を占めるまでになっています。その後，大気汚染の苦情件数は減少し，現在では騒音が最も多く，2017年には約1万6000件で，全体の5分の1をこえています。

騒音の苦情件数が多い上位5都道府県は，東京都，大阪府，神奈川県，愛知県，千葉県です（**表2**）。いずれも大都市をかかえ，人口密度でも上位にあります。騒音には交通騒音や建設騒音などがあります。大都市は人口密度が高いため，家屋の間隔が狭く，また集合住宅が多いことから，生活騒音の苦情が多くなります。また，悪臭や振動の苦情件数が多いのも大都市の特徴です。

DB p.146⑤

平成29年度 公害苦情調査結果報告書

2017年度	大気汚染		水質汚濁		騒音		悪臭		廃棄物投棄		計(その他共)	
	件	%	件	%	件	%	件	%	件	%	件	%
全国	**14 450**	**21.2**	**6 161**	**9.0**	**15 743**	**23.1**	**9 063**	**13.3**	**9 076**	**13.3**	**68 115**	**100.0**
東京	1 102	17.2	56	0.9	2 948	46.0	909	14.2	59	0.9	6 402	100.0
愛知	1 528	27.4	398	7.1	1 498	26.9	812	14.6	249	4.5	5 574	100.0
千葉	935	20.5	161	3.5	1 046	22.9	547	12.0	967	21.2	4 572	100.0
大阪	951	22.0	309	7.1	1 816	42.0	632	14.6	194	4.5	4 326	100.0
茨城	690	18.9	113	3.1	362	9.9	327	9.0	1 210	33.1	3 652	100.0
埼玉	1 018	29.7	206	6.0	969	28.2	503	14.7	331	9.6	3 431	100.0
福岡	677	22.9	305	10.3	507	17.1	346	11.7	740	25.0	2 961	100.0
神奈川	887	32.3	162	5.9	1 144	41.7	359	13.1	3	0.1	2 746	100.0
兵庫	486	21.5	261	11.5	507	22.4	238	10.5	230	10.2	2 261	100.0
静岡	415	18.8	232	10.5	473	21.5	499	22.7	73	3.3	2 202	100.0
長野	425	22.5	227	12.0	171	9.0	191	10.1	337	17.8	1 891	100.0
京都	309	18.6	142	8.6	375	22.6	173	10.4	287	17.3	1 658	100.0
岐阜	259	17.3	190	12.7	197	13.2	175	12.4	332	22.2	1 493	100.0
栃木	293	20.1	85	5.8	169	11.6	152	10.4	249	17.1	1 458	100.0
北海道	225	15.5	37	2.5	348	23.9	172	11.8	540	37.1	1 454	100.0

⬆2 おもな都道府県の種類別公害苦情件数

一方，大気汚染の苦情件数の上位を占めているのは，埼玉県，愛知県，大阪府，千葉県，東京都で，大気汚染のほとんどは，製造業や建設業のほか，運送業で発生しています。

典型7公害以外の苦情件数

典型7公害は高度経済成長期に顕在化しました。大気汚染には四日市ぜんそくや光化学スモッグ，水質汚染には水俣病やイタイイタイ病などがあり，土壌汚染は工場跡地や産業廃棄物，地盤沈下は地下水の揚水過剰，振動は建設工事や鉄道，悪臭は産業廃棄物や河川汚染などが原因になっています。

近年は，公害も多様化しています。1970年には，典型7公害以外の苦情件数は4000件程度でした。しかし，その後は増加を続け，1993年には3万6000件をこえて過去最大を記録しています。現在は2万件をこえる程度まで減少していますが，それでも，苦情件数全体の3割にのぼっています。典型7公害以外の苦情には，廃棄物投棄，高層建築物等による日照不足·通風妨害，夜間照明などがあります。特に，廃棄物投棄の苦情件数が最も多く，全体の半数を占めています。

廃棄物投棄の苦情は，生活系，農業系，建設系，産業系に区分されます。最も多いのが生活系で，8割を占めています。おもに家庭から出される燃焼物，燃焼不適物，粗大ゴミなどの一般廃棄物が，適切な処理がされずに出されたり，不法投棄されるのが原因です。そのほか，農業系にはビニールハウスなどのプラスチック廃材や家畜の糞尿，建設系には解体での廃材などがあります。

データブック オブ・ザ・ワールド ▶ p.147

② 大陸別森林面積の推移

世界の森林面積の減少は止まらない！

DB p.147❶

(F)ほか

大陸	1980		1990		2000		2017		土地面積に対する割合
アジア	558.9	13.6%	552.3	13.4%	565.9	14.0%	594.9	14.9%	19.1%
アフリカ	712.0	17.4	705.7	17.1	670.4	16.5	618.4	15.5	20.9
ヨーロッパ	155.7	3.8	160.6	3.9	1 002.3	24.7	1 016.2	25.5	45.9
北アメリカ	709.7	17.3	752.5	18.2	748.6	18.5	750.8	18.8	35.4
南アメリカ	873.9	21.3	930.8	22.5	890.8	22.0	838.0	21.0	48.0
オセアニア	157.1	3.8	176.8	4.3	177.6	4.4	174.1	4.4	20.5
ソ連	933.0	22.8	849.4	20.6	…	…	…	…	…
世界	**4 100.3**	**100.0**	**4 128.3**	**100.0**	**4 055.6**	**100.0**	**3 992.5**	**100.0**	**30.7**

㊟ 2000年以降のアジア・ヨーロッパには旧ソ連の地域をそれぞれ含む

⬆1 **大陸別森林面積の推移**（百万ha）（%は世界の森林面積に占める割合）

植物や微生物などが，空気中から取り込んだ二酸化炭素を留めておくことを**炭素固定**といいます。植物は光合成することで炭素固定をしています。この作用を利用して，大気中の二酸化炭素濃度を削減する取り組みが進められています。その方法はいうまでもなく，植林です。欧米諸国だけでなく近年はアジアでも積極的に植林が進められていて，森林面積は少しずつ回復しています。

森林減少が最も激しいのはアフリカ大陸

大陸別森林面積の推移をみると，森林面積が最も減少しているのはアフリカです（**表1**）。1980年には7.12億haあったのが，2017年には6.18億haまで減少しています。35年で10%以上が消滅したことになります。アフリカ大陸は乾燥帯の割合が半分近くを占めていて，土地面積に対する森林の割合が非常に低くなっています。

第二次世界大戦後のアフリカは最も人口増加が激しい地域でした。人口が増加すると食料とエネルギーの需要が高まります。そのため，以前は自然の回復サイクルをこえないように家畜を放牧し，**焼畑**で休閑地をつくっていました。家畜の糞尿は肥料になり地力が高まります。また，家畜は雑草を食べるため，除草の役割も果たしていました。

しかし，第二次世界大戦後の人口増加によって，過剰に耕作や放牧が行われるようになり，まだ若芽が出たばかりの幼い樹木も家畜の餌になってしまい，樹木が育たなくなりました。さらに，過剰な焼畑が続いたために地力の回復が遅れ，

⬆2 汽水域に生息するマングローブ(モザンビーク)

DB p.147③

The World's mangroves 1980-2005

	1980	1990	2000	2005	年増減率 2000~05 (%)
アジア	7 769	6 741	6 163	5 858	-1.0
インドネシア	4 200	3 500	3 150	2 900	-1.6
バングラデシュ	428	460	476	476	0.0
マレーシア	674	642	590	565	-0.8
アフリカ	3 670	3 428	3 218	3 160	-0.4
ナイジェリア	999	998	997	997	0.0
モザンビーク	403	396	392	390	-0.1
マダガスカル	330	330	315	300	-1.0
北アメリカ	2 951	2 592	2 352	2 263	-0.8
南アメリカ	2 222	2 073	1 996	1 978	-0.2
オセアニア	2 181	2 090	2 012	1 972	-0.4
パプアニューギニア	545	472	410	380	-1.5
世界計	**18 794**	**16 925**	**15 740**	**15 231**	**-0.7**

⬆3 マングローブ面積の推移(千ha)

薪炭材を採取するために過剰な森林伐採が行なわれました。近年は，それが産業化して，先進国向けの木材の伐採が激しくなり，**森林破壊**が進んでいます。カメルーンやガボン，中央アフリカ，コンゴ民主などでは，木材が輸出品目の上位を占めています。

マングローブの減少とその影響

マングローブは汽水域(海水と淡水が混ざり合う海域)に生息しています。熱帯に多く，天然マングローブの生息最北端は鹿児島県の種子島(たねがしま)です。**写真2**のように，河口付近の塩性湿地(ぬかるんで不安定)に強く根を張り，地上にのぞかせた根の立ち姿が特徴的です。根元にはカニなどが生息し，それを捕食する鳥が集まり，マングローブ特有の**生態系**ができあがっています。また，人間生活にとっても非常に有用で，津波や高潮などから漁場や人命を守ってくれる防潮機能も果たしています。さらに，薪炭材としても利用できます。

しかし，近年は，その薪炭材の過剰な伐採や，えびの養殖池を造成するなど，開発によって多くのマングローブが消失しています(**表3**)。その結果，魚介類や鳥類の生態系の破壊はもちろん，津波や高潮の被害も大きくなっています。マングローブの減少率が一番高いのはアジアで，特に，インドネシアやベトナム，マレーシア，ミャンマーでは大きく減少しています。

データブック オブ・ザ・ワールド ▶ p.148

③ 世界の二酸化炭素排出量

二酸化炭素排出量の増加はどこまで続く！

DB p.148❶

IEA資料

国	二酸化炭素排出量(百万トン)					1人当たり二酸化炭素排出量(トン)
	固体燃料	液体燃料	気体燃料	合計(その他共)	%	
アジア計	**10 658.9**	**4 260.5**	**2 420.6**	**17 426.7**	**53.9**	**3.93**
中国	7 357.9	1 298.0	370.4	9 056.8	28.0	6.57
インド	1 468.1	544.3	63.0	2 076.8	6.4	1.57
日本	441.0	412.4	260.9	1 147.1	3.5	9.04
韓国	303.3	169.0	99.0	589.2	1.8	11.50
イラン	4.6	193.3	365.5	563.4	1.7	7.02
サウジアラビア	…	365.6	161.7	527.2	1.6	16.34
アフリカ計	**376.6**	**551.9**	**228.7**	**1 157.6**	**3.6**	**0.95**
南アフリカ	337.0	73.4	4.0	414.4	1.3	7.41
エジプト	1.5	121.8	81.5	204.8	0.6	2.14
アルジェリア	…	55.5	72.2	127.6	0.4	3.14
ナイジェリア	0.1	55.6	30.3	86.0	0.3	0.46
ヨーロッパ計	**1 443.4**	**1 745.1**	**1 757.1**	**5 048.6**	**15.6**	**6.78**
ロシア	324.3	309.7	773.5	1 438.6	4.5	9.97
ドイツ	301.0	243.3	167.0	731.6	2.3	8.88
イギリス	45.7	158.2	161.1	371.1	1.1	5.65
イタリア(1)	42.7	143.5	134.2	325.7	1.0	5.37
ポーランド	194.0	67.3	28.1	293.1	0.9	7.63
フランス(2)	27.6	172.4	86.3	292.9	0.9	4.38
北アメリカ計	**1 485.8**	**2 633.1**	**1 836.4**	**5976.6**	**18.5**	**10.49**
アメリカ	1 356.1	1 992.4	1 464.5	4 833.1	15.0	14.95
カナダ	71.3	266.1	202.3	540.8	1.7	14.91
メキシコ	47.7	251.5	146.2	445.5	1.4	3.64
南アメリカ計	**116.2**	**637.1**	**273.8**	**1 027.0**	**3.2**	**2.45**
ブラジル	61.4	289.5	65.8	416.7	1.3	2.01
アルゼンチン	4.3	86.7	99.6	190.6	0.6	4.35
オセアニア計	**184.5**	**164.2**	**88.6**	**437.8**	**1.4**	**10.92**
オーストラリア	177.7	132.8	81.3	392.4	1.2	16.00
ニュージーランド	4.7	18.8	7.0	30.5	0.1	6.45
世界計	**14 265.3**	**11 231.8**	**6 605.1**	**32 314.2**	**100.0**	**4.35**

㈲世界計は計算上の合計とは一致しない　(1)サンマリノを含む　(2)モナコを含む

⬆1　おもな国の二酸化炭素排出量(2016年, CO_2換算)

附属書B国：京都議定書の附属書Bに記載された，排出削減を数値目標に掲げて約束している国。

⬆2　世界の二酸化炭素排出量の推移

産業革命以来，20世紀前半までのエネルギーの中心は石炭でした。そのため排出される二酸化炭素も，ほとんどが石炭(固体燃料)によるものでした。その後，**エネルギー革命**によってエネルギーの中心は石油(液体燃料)に移り，二酸化炭素の排出も石油からのものが圧倒的に多くなっています。天然ガス(気体燃料)は液状化の段階で酸化物が取り除かれますが，二酸化炭素が発生することに変わりはありません。

二酸化炭素排出量が最も多い国は中国です。以下，アメリカ，インド，ロシア，日本と続いています。中国やインドは1人当たりの二酸化炭素排出量は小さいですが，人口が多いため，全体として排出量が多くなっているのです。また，中国やインド，オーストラリア，南アフリカ共和国，ポーランドなどは，国内に大炭田があることから，石炭などの固体燃料がエネルギーの主力になっています。

1人当たり二酸化炭素排出量が多い国

表1中で1人当たり二酸化炭素排出量が最も多い国はサウジアラビアで，ほかにオーストラリア，アメリカ，カナダ，韓国，ロシア，日本が上位に名を連ねています。アメリカやカナダ，ロシアは，国土が高緯度にあって寒冷な気候の地域が多いため，暖房設備の使用による排出量が多くなっています。また，アメリカやカナダ，オーストラリアでは，国土が広大なため，国内移動には航空機など大量の燃料が使われていることも要因の一つとしてあげられます。

サウジアラビアは，エネルギー多消費型社会の典型です。世界最大級の石油産出国で，人口は3400万人ほどなのに，産油量の3割も自国で消費しています。カタール，クウェート，アラブ首長国でも同じことがいえます。韓国で排出量が多くなっているのは，製造業中心の産業構造，つまり，鉄鋼業や造船業などエネルギー多消費型産業が盛んなことが要因としてあげられます。

地球温暖化防止をめざすパリ協定

2015年に，国連気候変動枠組条約第21回締約国会議(**COP21**)がパリで開かれました。締約国のすべてが参加した初めての会議でした。1997年に開かれた第3回会議で採択された京都議定書が2020年に失効するため，新たな枠組みを設定するために開かれた会議で，京都議定書では規制のなかった，途上国に対しても，地球温暖化防止への取り組みが確認されました。

本会議で採択された**パリ協定**では，世界の平均気温上昇を産業革命以前と比較して2℃未満に抑えるだけでなく，1.5℃未満の実現をめざすことに同意しています。長期目標としては，21世紀後半に**温室効果ガス**の排出量と除去量を均衡にすること，さらに，それをめざして締約各国は温室効果ガスの削減目標を作成し，対策を講じることが義務化されました。しかし，目標達成の義務化が設定されていません。日本はアメリカに比べれば二酸化炭素排出量は2割程度となっており，2013年比較で2030年までに温室効果ガスの排出量を26%に削減することを目標にしています。

データブック オブ・ザ・ワールド ▶ p.49, 150-151

① なるほど都道府県データ(1)

都道府県別にみる年齢別人口構成と医療環境

合計特殊出生率と老年人口率

日本の**合計特殊出生率**の全国平均は1.43です。2005年に1.26を記録して底打ちして以来，少しずつ回復しています。しかし，母数となる15～49歳の女性の数が減少しているため，出生数は減少しています。2017年の出生数は94万6060人でした。

合計特殊出生率を都道府県別にみると，三大都市圏と東北地方で低く，中国地方や四国地方，九州地方では高い傾向にあります(**表1**)。特に，沖縄県で高くなっていて，全国最大となっています。

日本が高度経済成長期だった1955～73年には，**太平洋ベルト地帯**の大都市に多くの若者が流入しました。実家の農家を継がずに離農し大都市に働きに出る若者がたくさんいたのです。そして日本経済の成長を支えたのですが，そのために農業人口が減少していきます。逆に，大都市は過密化，農村では過疎化が進みました。農村部では，親になる世代が減り，そして出生率が低下したのです。

一方，沖縄県がアメリカの統治時代を経て日本に返還されたのは1972年のことでした。アメリカに占領されていたため，若者の県外流出がなかったのです。現在においても沖縄県は大都市圏に対して，物理的，時間的，経済的な距離が大きく，地理的位置からいっても，県外への移動はハードルが高くなっています。都市圏のなかで，合計特殊出生率が高いのは滋賀県です。県庁所在地の大津市は京都市に近く，大津市をはじめ，東は草津市，栗東(りっとう)市，守山市あたりまでが京都や大阪で働く若年層の住宅衛星都市(ベッドタウン)になっています。それが合計特殊出生率を高くしているのです。

日本の医療環境は東西で異なる？

少子高齢化が急速に進んだことから，医師不足が問題になっています。厚生労働省の試算によると，2036年には，全国で約2万4000人の医師が不足するとみられています。特に，深刻化すると考えられているのは，愛知県，埼玉県，新潟県，北海道，茨城県，千葉県，群馬県，静岡県，栃木県，東京都の10都道県で，東日本に集中していることがわかります。

この傾向には歯止めがなく，新潟県，埼玉県，茨城県，静岡県，千葉県の5県では，現在すでに医師不足が問題になっていて，将来的にも解消が難しいとされています。

医師不足の実態は診療科別に把握しなければなりませんが，おおむね，**表1**における1万人当たり医師数の統計をみても，西日本で高く，東日本で低くなっています。近畿地方以西で全国平均を下回っているのは宮崎県と沖縄県だけで，ほかは平均して高い傾向にあります。これは，人口当たりの指標にすれば，どうしても人口が少ない方が数値が高くなってしまうからです。

日本は**人口減少社会**に移行していて，今後も，人口の減少によって人口希薄地域が増加していきます。こうした地域にはますます医師がいなくなってしまいます。実際に，都道府県によって医師の偏在化が進んでいて，東北地方を中心に医師不足が目前の問題になっています。

また，65歳以上の人口割合と1人当たり医療費との間に相関関係があることがわかります(**表1**)。65歳以上の人口割合が高い都道府県ほど，1人当たり医療費が高くなっています。年齢を重ねた分，身体が病んで医療費がかかるというわけです。それに対し，**少子高齢化**によって社会保険料の負担が増加しており，平成の30年間に社会保険料負担率は約20%から約25%に上昇しています。なお，上昇5%のうち4%はここ10年間の上昇で，こうした傾向は今後さらに激しくなると考えられます。

DB p.49,150-151

都道府県	合計特殊出生率 2017	65歳以上人口割合(%) 2019	1万人当たり医師数(人) 2016	1人当たり医療費(千円) 2017
全国	**1.43**	**28.1**	**25.4**	**339.9**
北海道	1.29	31.1	24.9	401.4
青森	1.43	32.1	20.5	348.0
岩手	1.47	32.4	20.7	331.2
宮城	1.31	27.4	24.6	318.0
秋田	1.35	**35.9**	23.2	371.0
山形	1.45	**32.7**	23.3	347.8
福島	1.57	30.3	20.2	333.6
茨城	1.48	28.8	19.0	312.1
栃木	1.45	28.2	23.0	311.3
群馬	1.47	29.6	23.7	320.6
埼玉	1.36	26.4	16.9	299.6
千葉	1.34	27.2	20.0	298.2
東京	1.21	23.4	**33.8**	312.8
神奈川	1.34	25.3	21.7	301.2
新潟	1.41	31.7	20.5	314.4
富山	1.55	31.9	25.7	340.1
石川	1.54	29.1	29.8	350.1
福井	1.62	29.8	25.6	341.2
山梨	1.50	30.1	24.0	338.4
長野	1.56	31.3	23.5	326.3
岐阜	1.51	29.9	21.6	332.9
静岡	1.52	29.6	20.8	316.8
愛知	1.54	25.2	22.4	306.2
三重	1.49	29.5	22.7	330.9
滋賀	1.54	25.8	23.4	307.7
京都	1.31	29.0	**34.7**	354.0
大阪	1.35	27.1	28.9	371.3
兵庫	1.47	28.1	25.4	360.0
奈良	1.33	30.5	24.9	352.0
和歌山	1.52	32.1	29.3	384.5
鳥取	1.66	31.2	**31.6**	354.3
島根	**1.72**	**33.8**	28.6	382.1
岡山	1.54	29.8	31.4	367.5
広島	1.56	29.0	26.8	365.9
山口	1.57	**33.8**	25.9	**405.8**
徳島	1.51	32.4	**32.9**	**408.6**
香川	1.65	30.8	28.5	386.2
愛媛	1.54	32.1	26.9	381.4
高知	1.56	**34.4**	31.2	**449.2**
福岡	1.51	27.2	**31.6**	382.7
佐賀	1.64	29.4	28.5	404.4
長崎	**1.70**	31.6	30.5	**419.9**
熊本	1.67	30.4	29.3	397.6
大分	1.62	32.2	27.7	402.9
宮崎	**1.73**	31.3	24.7	367.9
鹿児島	**1.69**	31.0	26.9	**413.9**
沖縄	**1.94**	21.5	24.8	320.1

⬆1　**都道府県別統計**　(太字は第5位まで)

データブック オブ・ザ・ワールド ▶ p.49, 150

② なるほど都道府県データ(2)

都道府県別にみる人の移動

昼夜間人口比率

昼夜間人口比率とは，昼間人口を夜間人口で割った数字で，夜間人口は常住人口ともいいます。この比率が100をこえるのは昼間人口が夜間人口よりも多いからです。例えば，全国47都道府県のなかでこの比率が一番高いのは東京で，117.8と，100をこえています(**表1**)。昼間はたくさんの労働者や学生が他県から流入しているため，夜間人口より昼間人口が多くなるのです。東京都の人口は約1300万人ですから，昼間人口は1500万～1600万人を数えます。

東京大都市圏を形成している，ほかの県をみると，神奈川県が91.2，千葉県が89.7，埼玉県が88.9と3県とも100を大きく下回っています。昼間は多くの労働者や学生たちが東京あるいはその周辺に移動するため人口は減りますが，夜間は，仕事や授業が終わって家に帰るため，人口が増えます。そのため，昼夜間人口比率は100を下回るのです。

同じことは，大阪府や愛知県，京都府，宮城県にもいえます。昼夜間人口比率が100をこえるのは，これらの4府県がその地域の中心府県となっているからです。反対に，大阪府では周辺の兵庫県，奈良県，和歌山県で，愛知県では岐阜県や三重県で，京都府では滋賀県や奈良県で，宮城県では岩手県や山形県などでそれぞれ昼夜間人口比率が100を割っています。

これは中心都府県と周辺県との間で**職住分離**が進んでいる結果で，そのため，朝夕の通勤・帰宅ラッシュが激しく，大都市圏に住む人は満員電車に揺られる通勤・通学を余儀なくされています。ちなみに，JR山手線の1日の乗降客数で一番多いのが新宿駅で約150万人，次いで池袋駅110万人，東京駅86万人，渋谷駅74万人，品川駅72万人と続きます。

一方，中心となる都府県を離れるほど関係性が希薄になります。通勤・通学に時間がかかりすぎるためです。そのため，東京都の場合，東京から大きく距離が離れた，茨城県，栃木県，群馬県，山梨県では，それぞれ県内で日常生活が完結しているため，昼夜間人口比率は100に近い値になるのです。

産業別人口構成と県民所得

各都道府県の**産業別人口構成**をみてみましょう。第3次産業の割合が一番高いのは東京都で，それに沖縄県，神奈川県，千葉県，北海道，福岡県，大阪府，京都府，埼玉県と続いています。東京都は日本経済の中心地で，農林水産業や建設業，製造業などより，サービス業が集積する傾向があります。また，大阪府を中心に京都府や兵庫県，奈良県でも高く，さらに，福岡県周辺でも長崎県や熊本県で高いことから，大都市圏では第3次産業の割合が高い傾向にあります。

沖縄県と北海道は自然の観光資源を活用した観光業が発達しています。沖縄県では海洋リゾート地として温暖な気候を求めて，国内外問わず多くの観光客が訪れ，北海道は冬場のウインタースポーツだけでなく，夏場は避暑地としても多くの観光客が訪れています。

第2次産業の割合が高いのは，製造業が発達している，愛知県，静岡県，三重県，岐阜県からなる中京圏に顕著で，ほかに，富山県も高くなっています。中京圏は，自動車を中心に，自動車部品，織機，楽器など，古くからモノづくりが盛んな地域です。富山県は，医薬品などの化学工業，医療機器のほか，住宅用アルミサッシなどの金属製品製造業などが発達しています。また，第2次産業では付加価値の高い工業製品を製造しているため，これらの地域では1人当たり県民所得が高い傾向にあります。

DB p.49,150

都道府県	1人当たり県民所得（千円）2015	昼夜間人口比率（%）2015	産業別人口構成 2017	
			第２次産業(%)	第３次産業(%)
全国	**3 190**	**100.0**	**24.1**	**72.5**
北海道	2 589	99.9	17.4	**76.5**
青森	2 462	99.8	20.8	67.2
岩手	2 760	99.8	26.3	63.8
宮城	2 987	**100.3**	23.6	72.5
秋田	2 420	99.8	25.5	66.6
山形	2 677	99.7	28.5	63.1
福島	2 941	100.2	31.1	62.6
茨城	3 079	97.5	30.6	64.0
栃木	**3 481**	99.0	31.1	63.0
群馬	3 145	99.8	31.9	63.7
埼玉	2 977	88.9	23.6	74.7
千葉	2 920	89.7	19.6	**77.6**
東京	**5 378**	**117.8**	15.8	**83.7**
神奈川	2 986	91.2	21.1	**78.1**
新潟	2 778	99.9	29.7	65.1
富山	**3 373**	99.8	**33.9**	63.4
石川	2 949	100.2	28.2	68.9
福井	3 196	100.0	31.4	65.1
山梨	2 785	99.2	28.3	64.8
長野	2 927	99.8	28.8	62.7
岐阜	2 755	96.1	**32.6**	64.1
静岡	3 316	99.8	**33.4**	63.3
愛知	**3 677**	**101.4**	**32.7**	65.3
三重	**3 556**	98.3	**32.3**	64.7
滋賀	3 058	96.5	32.2	65.3
京都	2 942	**101.8**	23.6	74.7
大阪	3 127	**104.4**	23.8	75.7
兵庫	2 752	95.7	25.0	73.0
奈良	2 494	90.0	23.1	74.5
和歌山	2 738	98.2	21.0	70.6
鳥取	2 249	99.9	22.4	69.3
島根	2 647	100.1	23.3	70.5
岡山	2 744	100.0	27.2	68.5
広島	3 074	100.2	26.5	70.8
山口	2 774	99.6	25.9	69.9
徳島	2 921	99.6	22.6	69.4
香川	2 925	100.2	25.8	69.4
愛媛	2 535	100.0	23.7	68.5
高知	2 532	99.9	17.4	72.3
福岡	2 724	100.1	21.4	75.8
佐賀	2 412	100.2	24.9	66.7
長崎	2 388	99.8	20.3	72.3
熊本	2 438	99.5	20.7	70.2
大分	2 619	99.9	24.2	69.6
宮崎	2 315	99.9	21.1	68.6
鹿児島	2 384	99.9	19.7	72.2
沖縄	2 166	100.0	15.4	**80.7**

⬆1 都道府県別統計 （太字は第5位まで）

データブック オブ･ザ･ワールド ▶ p.152-156

① 国家群の結びつき

世界のさまざまな国家群

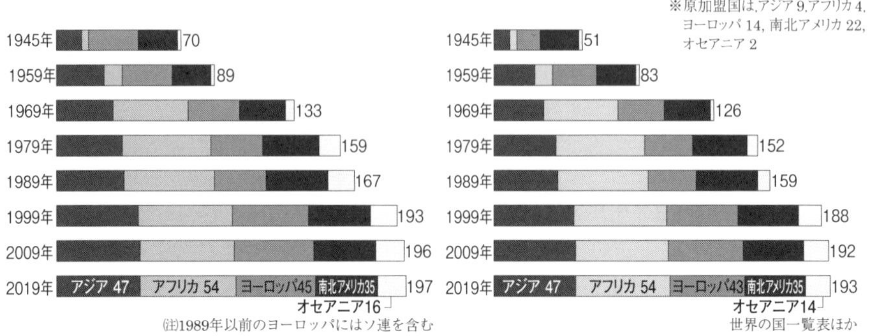

⬆1 世界の独立国の推移

⬆2 国連加盟国数の推移

国家とは，国民，主権，領域の三つをもっている独立国家のことをいいます(**図1**)。領域は，国民が生活する領土と，海岸線から12海里までの領海，そして，領土および領海の上空である領空を合わせたもので，この領域を排他的に支配する権利が主権です(→p.14「独立国と世界の地域区分」)。日本が独立国として承認しているのは195か国，承認していないのは北朝鮮です。こうした国々が，地域ごとに，政治や経済，文化，軍事面でまとまり国家群を形成しています。

世界最大の国家群は国際連合

世界最大の国家群は**国際連合**です(**図2**)。加盟しているのは193か国ですが，加盟していない国もあります。バチカン市国，コソボ，クック諸島，ニウエの4か国です。

バチカン市国はカトリック教会の総本山で，ローマ教皇が統治している国です。コソボは民族の対立から2008年にセルビアから独立しました。イスラームを信仰するアルバニア系住民が，セルビア正教を信仰するセルビア系住民と対立して，長い紛争のあと独立したのです。コソボの独立は，セルビアはもちろん，中国やロシア，スペインなども承認していません。他国の少数民族の独立を認めることで，自国内の少数民族の独立運動が誘発されることを恐れているからといわれています。クック諸島とニウエはニュージーランドからの独立国で，国際連合には加盟していません。日本政府は両国を国家として承認しています。

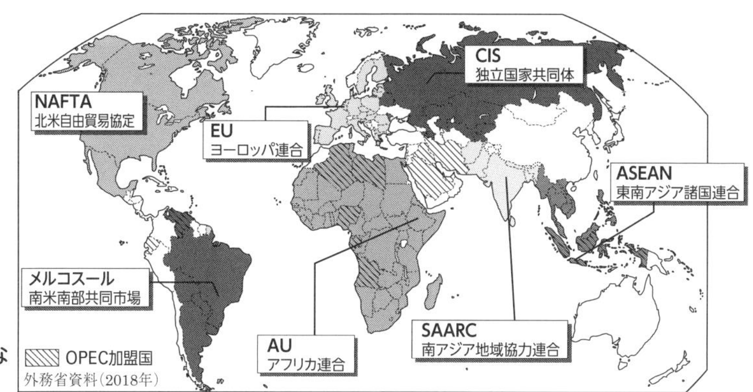

外務省資料(2018年)

➡3 世界のおもな国家群

ASEANもNAFTAも国家群

国際連合のほかにも国家群はたくさんあります(**図3**)。タイ，インドネシア，マレーシア，シンガポール，フィリピンの5か国を原加盟国として**ASEAN**(**東南アジア諸国連合**)が結成されました。当時は東西冷戦時代のさなか，東南アジアへの共産主義の拡大を防ぐためにつくられたのが始まりです。しかし，冷戦終結後は政治的性格が薄くなり，東南アジアの経済発展のために域内の経済協力を深め，域内貿易を促進する共同体として発展しました。1990年代後半以降は加盟国が増え，現在は10か国に拡大しています。

1994年，北アメリカに，アメリカ，カナダ，メキシコによって**NAFTA**(**北米自由貿易協定**)が結成されました。これは，アメリカとカナダの二国間の自由貿易協定にメキシコが加わったものです。域内経済の促進をはかるための自由貿易協定で，関税が撤廃されているほか，金融や投資などが自由化されていて，その経済圏は**EU**(**ヨーロッパ連合**)に匹敵する大きさです。域内貿易に関税がかからないため，日本企業は自動車産業を中心にメキシコに進出し，現地工場で生産した製品をアメリカに輸出しています。さらに，日本はメキシコと2005年に**経済連携協定**(**EPA**)を結んで企業進出を加速しています。また，アメリカ側でも，生産コストの削減をはかるために，工場を賃金水準の低いメキシコに移転し，現地で生産するようになりました。その結果，日本と同様に，アメリカ国内で産業の空洞化がおこり，失業率が増加しています。一方，メキシコは，対米輸出額が増加しましたが，アメリカ依存が進んで，国内企業の成長には結びついていません。そのため，NAFTAは見直されることになり，USMCA(アメリカ・メキシコ・カナダ協定)への切り替えが進められています。

度量衡換算表

長さ

尺(しゃく)	間(けん)	里(り)	メートル	インチ	フィート	ヤード	マイル
1	0.166666	0.000077	0.30303	11.9305	0.994211	0.331403	0.000188
6	1	0.000462	1.81818	71.5832	5.96527	1.98842	0.001129
12960	2160	1	3927.27	154619	12884.9	4294.99	2.44033
3.3	0.55	0.000254	1	39.3701	3.28084	1.09361	0.000621
0.083818	0.013969	0.000006	0.0254	1	0.083332	0.027777	0.000015
1.00582	0.167637	0.000077	0.3048	12	1	0.333333	0.000189
3.01746	0.50291	0.000232	0.9144	36	3	1	0.000568
5310.83	885.123	0.409779	1609.344	63360	5280	1760	1

1海里=1852m

面積

坪(つぼ)	反(たん)	町(ちょう)	平方メートル	アール	平方キロメートル	エーカー	平方マイル
1	0.003333	0.000333	3.30578	0.033058	0.000003	0.000816	0.000001
300	1	0.1	991.736	9.91736	0.000991	0.24507	0.000382
3000	10	1	9917.36	99.1736	0.009917	2.45072	0.003829
0.3025	0.001008	0.0001	1	0.01	0.000001	0.000247	0.0000003
30.25	0.100833	0.010083	100	1	0.0001	0.02471	0.000038
302500	1008.33	100.833	1000000	10000	1	247.11	0.3861
1224.17	4.0806	0.40806	4046.86	40.4686	0.004047	1	0.001562
783443	2611.47	261.147	2589988	25899.9	2.58999	640	1

体積

合(ごう)	立方センチメートル	リットル	立方インチ	立方フィート	ガロン(英)	ガロン(米)	バレル(石油用)
1	180.39	0.18039	11.0087	0.00637	0.0397	0.047654	0.001135
0.005543	1	0.001	0.061023	0.000035	0.00022	0.00026	0.000006
5.54352	1000	1	61.0236	0.0353	0.219969	0.264172	0.006290
0.090837	16.3871	0.016387	1	0.000578	0.0036	0.0043	0.000103
156.966	28316.8	28.3168	1728	1	6.2288	7.48	0.178182
25.2006	4546.09	4.54609	277.42	0.16054	1	1.20095	0.028571
20.9846	3785.41	3.78541	231	0.134	0.833	1	0.023810
881.2649	158987	158.987	9701.96	5.6122	35	42	1

重量

貫(かん)	斤(きん)	グラム	キログラム	オンス	ポンド	トン(英)	トン(米)
1	6.25	3750	3.75	132.277	8.26732	0.00369	0.004133
0.16	1	600	0.6	21.1641	1.32277	0.00059	0.000661
0.000266	0.001666	1	0.001	0.035274	0.0022046	0.0000009	0.000001
0.266666	1.66666	1000	1	35.2740	2.20462	0.0009842	0.001102
0.007559	0.047249	28.3495	0.028349	1	0.0625	0.000027	0.000031
0.120958	0.755988	453.592	0.453592	16	1	0.000446	0.0005
270.946	1693.41	1016050	1016.05	35840	2240	1	1.12
241.916	1511.97	907185	907.185	32000	2000	0.8928547	1

SI接頭辞

10^n	接頭辞	記号	漢数字表記	10^n	接頭辞	記号	漢数字表記
10^{24}	ヨタ(yotta)	Y	一𥝱(じょ)	10^{-1}	デシ(deci)	d	十分の一
10^{21}	ゼタ(zetta)	Z	十垓(がい)	10^{-2}	センチ(centi)	c	百分の一
10^{18}	エクサ(exa)	E	百京(けい)	10^{-3}	ミリ(milli)	m	千分の一
10^{15}	ペタ(peta)	P	千兆	10^{-6}	マイクロ(micro)	μ	百万分の一
10^{12}	テラ(tera)	T	一兆	10^{-9}	ナノ(nano)	n	十億分の一
10^{9}	ギガ(giga)	G	十億	10^{-12}	ピコ(pico)	p	一兆分の一
10^{6}	メガ(mega)	M	百万	10^{-15}	フェムト(femto)	f	千兆分の一
10^{3}	キロ(kilo)	k	千	10^{-18}	アト(atto)	a	百京分の一
10^{2}	ヘクト(hecto)	h	百	10^{-21}	ゼプト(zepto)	z	十垓分の一
10^{1}	デカ(deca, deka)	da	十	10^{-24}	ヨクト(yocto)	y	一𥝱分の一

コンピュータなどで用いられる情報量をあらわすビット(bit)やバイト(byte)の場合は，2進法で計算するため，1キビバイト(1KiB)=1024バイト(B)などの単位を使用することがある。

『データブック オブ・ザ・ワールド 2020』のおもな参考資料

United Nations	UNdata
〃	Statistical Yearbook
〃	Demographic Yearbook 2017
〃	International Trade Statistics Yearbook
〃	UN Comtrade
〃	Industrial Commodity Statistical Yearbook 2016
〃	Energy Statistics Yearbook 2016
〃	World Population Prospects 2019
〃	World Urbanization Prospects: The 2018 Revision
FAO	FAOSTAT(2019年7月ダウンロード)
Palgrave Macmillan	The Statesman's Yearbook 2019
World Almanac Books	The World Almanac and Book of Facts 2019
Routledge Taylor & Francis Group	The Europa World Year Book 2019
The World Bank	World Development Indicators
U.S. Census Bureau	Statistical Abstract of the United States 2012
The United States Geological Survey	Minerals Yearbook
Routledge Taylor & Francis Group	The Military Balance 2019
CIA	CIA The World Factbook
総務省統計局	日本統計年鑑 平成31年
〃	国勢調査報告
〃	世界の統計 2019
〃	日本の統計 2019
財務省	貿易統計(2019年2月ダウンロード)
環境省	環境白書 令和元年
国土交通省観光庁	観光白書 令和元年
防衛省	防衛白書 日本の防衛 令和元年版
経済産業省大臣官房調査統計グループ	工業統計表 平成29年
〃	資源・エネルギー統計年報 平成30年
〃	紙・印刷・プラスチック製品・ゴム製品統計年報 平成30年
農林水産省大臣官房統計部	第92次 農林水産省統計表
農林水産省大臣官房　食料安全保障室	食料需給表 平成29年度
石油通信社	石油資料 2018年度
国立天文台	理科年表 2019
電気事業連合会統計委員会	電気事業便覧 2018
日本鉄鋼連盟	鉄鋼統計要覧 2018
共同通信社	世界年鑑 2019
中国統計出版社	中国統計年鑑 2019
矢野恒太記念会	世界国勢図会 2019／20
〃	日本国勢図会 2019／20
東洋経済新報社	海外進出企業総覧 2019
二宮書店	改訂増補　栽培植物の起原と伝播

索　引

■さ

■し

■す

■せ

■そ

■た

あとがき

■「統計データは面白い！」

本書を読み終えた読者のみなさんが，こんな読後感をもっていただけたらとても嬉しく思います。なぜならば，「統計データは丸暗記するもの」といった印象をおもちの方の意識を変えるために，本書の存在意義があるといえるからです。

統計データを眺めていると，その背後に存在する「物語」，つまり「景観」がみえてきます。実に面白い。つまり，統計データは「事実」であるということです。世界のどこかで，誰かと誰かが出会い，そしてお金や物品，そして「心」のやりとりをする，そんな経済活動が昼夜を問わず繰り広げられています。そんなやりとりの数量を大小並べただけのものが統計データです。しかしそれは，「事実」として世界のどこかに存在するものです。だからこそ，これを丸暗記するのではなく，その背後に存在する「景観」を探っていくところに面白さがあるのです。

■いかにして「景観」を探っていくか？

「景観」を理解していくためには，やはり知識が必要です。「どの知識があれば統計データを『読める』ようになるのか？」，それを知るのは実に難しい。だからこそ，本書は「知る」ということを意識して書かれています。地理という科目は「思考力が大事だ！」と喧伝（せんでん）されることが多い印象があります。私はそれは一部が正しくて一部は間違っていると認識しています。つまり，思考するために必要な知識の集積が前提条件としてあるからこそ，思考することができると考えています。そうした知識の集積をさせることなく，またどんな知識を覚えれば良いのかを提示せず，ただ単純に「考えなさい！」では，いわれた方は何をどうして良いのか皆目見当がつかないはずです。掲載されている統計データの背後に存在する「景観」を理解するため，本書ではこれに必要な知識が何なのかを知ることができるように構成されています。

「まえがき」にも書かれてありますが，本書は「入門編」という位置づけです。「入門編」にて，「統計データを読むとはどういうことか？」，「そのために必要な知識は何なのか？」を意識することを覚えていただきたいと思います。そして，「こういう見方をすれば良いのか！」，「いや，私ならこういう見方ができる！」といった知的背景によって人それぞれの見方が異なる，ここに面白さがあると思います。

2022年より，「地理総合」が新設され，必履修科目となります。日本の高等学校に通う全ての生徒たちが，多かれ少なかれ統計データを目にする時代がきます。そんな時代に向けて，旧態依然とした「統計データを丸暗記！」といった教育は時代錯誤です。統計データの読み方を身につけ，そして自ら応用を利かせて未来を読んでいく。そんな人間をつくっていかなければならないと思います。そのための教育の一つが地理であり，本書がその一助となれば，大変嬉しく思います。

データブック入門編集委員を代表して

代々木ゼミナール地理講師＆コラムニスト　宮路 秀作

【Twitter】@miyajiman0621
日々，受験に役立つ地理情報を発信

【Voicy（音声配信）】
https://voicy.jp/channel/803
「宮路秀作の『やっぱり地理が好き』」
世界各国の地理情報を配信

表紙デザイン　株式会社 クリエイティブ・コンセプト
本文デザイン　株式会社 アトリエ・プラン

データが読めると世界はこんなにおもしろい

データブック オブ・ザ・ワールド入門

2020年1月10日　第1版第1刷発行
2022年9月5日　第1版第4刷発行

編　者　　データブック入門編集委員会
発行者　　大越 俊也
発行所　　株式会社 二宮書店
〒101-0047　東京都千代田区内神田1-13-13
山川出版社ビル5階
Tel. 03-5244-5850
Fax. 03-5244-5963
振替 00150-2-110251
印刷・製本　半七写真印刷工業株式会社

ISBN 978-4-8176-0444-6　C0025

https://www.ninomiyashoten.co.jp/